_dschungel

7   hügel

7 hügel———Bilder und Zeichen des 21. Jahrhunderts

II)dschungel

SAMMELN, ORDNEN, BEWAHREN: VON DER
VIELFALT DES LEBENS ZUR KULTUR DER NATUR

Herausgegeben von Bodo-Michael Baumunk und Jasdan Joerges

Henschel | Berliner Festspiele

7 hügel——Bilder und Zeichen des 21. Jahrhunderts 14. Mai — 29. Oktober 2000

im Martin-Gropius-Bau Berlin Eine Ausstellung der Berliner Festspiele

Ermöglicht durch die Stiftung Deutsche Klassenlotterie Berlin

SCHIRMHERR **Bundespräsident Johannes Rau**

VERANSTALTER **Berliner Festspiele GmbH** Intendant **Prof. Dr. Ulrich Eckhardt** | Geschäftsführung **Hinrich Gieseler**

AUSSTELLUNGSLEITUNG **Bodo-Michael Baumunk, Gereon Sievernich**

——IMPRESSUM I) **kern** Wissenschaftliche Konzeption **Dr. Peter Bexte** | Gestaltung **Ken Adam, London** | Wissenschaftliche Mitarbeit **Livia Bade, Ulrike Goeschen, Maria Kayser, Tilo Plake** II) **dschungel** Wissenschaftliche Konzeption **Dr. Jasdan Joerges** | Die Abteilung Dschungel wurde bis Dezember 1998 von **Eleonore Hein** konzeptionell betreut | Gestaltung **Tina Kitzing, Augsburg** | Wissenschaftliche Mitarbeit **Daniela Kratzsch, Anne Pfeil** III) **weltraum** Wissenschaftliche Konzeption **Dr. Ralf Bülow** | Gestaltung **Charles Wilp, Düsseldorf** | »Mondhaus« **Hans-J. Schmitt** | Wissenschaftliche Mitarbeit **Ekkehard Endruweit** IV) **zivilisation** Wissenschaftliche Konzeption **Dr. Thomas Medicus** | Die Abteilung Zivilisation wurde seit August 1999 von **Jean-François Machon** betreut | Gestaltung **Lebbeus Woods, New York** | Wissenschaftliche Mitarbeit **Jean-François Machon** V) **glauben** Wissenschaftliche Konzeption **Eva Maria Thimme** | Gestaltung **Gerrit Grigoleit, Lars Gräbner, Berlin** | Wissenschaftliche Mitarbeit **Miriam Rieger** VI) **wissen** Wissenschaftliche Konzeption **Dr. Hendrik Budde** | Gestaltung **Edouard Bannwart, Berlin** | Wissenschaftliche Mitarbeit **Bernd Graff** VII) **träumen** Wissenschaftliche Konzeption **Dr. Margret Kampmeyer-Käding** | Gestaltung **Kazuko Watanabe, Berlin** | Wissenschaftliche Mitarbeit **Annette Beselin, Philipp von Hilgers, Saskia Pütz** ——WEITERE WISSENSCHAFTLICHE MITARBEIT **Dr. Anna Czarnocka-Crouillère, Dr. Michaela Diener, Sabine Hollburg, Christoph Schwarz, Maya Shikata-Bröker** ——PRODUKTION **Christian Axt** | Produktionsbüro **Josef Binder** (ab November 1999), **Joachim Bredemeyer, Andreas Glücker, Christoph Schmuck** (bis Dezember 1999), **Susanne Walther** | Lichtgestaltung **Michael Flegel** | Medientechnik **Dr. Reiner Chemnitius** | Statik **Gerd-Walter Miske** | Sekretariat **Ingrid Schreiber, Evelyn Simhart** | Modellbau **Monath & Menzel (Berlin), Dwayne Oyler (New York)** ——ORGANISATION Koordination und Leihverkehr **Sabine Hollburg, Regina Gelbert, Christoph Schwarz** | Ausstellungsbüro **Bärbel E. Fickinger, Claudia Simone Hoff, Michaela Illner, José Jupy, Elke Kupschinsky** | Projektverwaltung **Thomas Schwarz** | EDV-Betreuung **Dr. Saleh Salman** ——KONSERVATORISCHE BETREUUNG **Klaus Büchel, Ernst Bartelt, Friederike Beseler, Petra Breidenstein, Ekkehard Kneer, Rüdiger Tertel** ——KATALOG I) **kern** Redaktion **Dr. Peter Bexte** | Mitarbeit **Ulrike Goeschen** II) **dschungel** Redaktion **Dr. Jasdan Joerges** | Mitarbeit **Daniela Kratzsch und Anne Pfeil** III) **weltraum** Redaktion **Dr. Ralf Bülow** IV) **zivilisation** Redaktion **Dr. Thomas Medicus** | Mitarbeit **Jean-François Machon** V) **glauben** Redaktion **Eva Maria Thimme** VI) **wissen** Redaktion **Dr. Hendrik Budde** | Mitarbeit **Bernd Graff** VII) **träumen** Redaktion **Dr. Margret Kampmeyer-Käding** | Mitarbeit **Saskia Pütz** | Gesamtredaktion und Koordination **Dr. Michaela Diener, Elke Kupschinsky** | Bildredaktion **Christoph Schwarz** | Grafische Gestaltung *fernkopie:* **Matthias Wittig, Claudia Wittig, Stefanie Richter, Sonja Jobs, Antonia Becht** | Übersetzungen **Dr. Ralf Bülow** (Englisch), **Dr. Gerd Burger** (Englisch), **Hatice Demircan** (Englisch), **Youssef El Tekhin** (Arabisch), **Doris Gerstner** (Englisch), **Dr. Gennaro Ghirardelli** (Englisch), **Ulrike Goeschen** (Englisch), **Dr. Henning Schmidgen** (Englisch), **Andreas Vollstädt** (Englisch) ——PRESSE- UND ÖFFENTLICHKEITSARBEIT **Nana Poll, Annette Rosenfeld** | Mitarbeit **Anna Badr** | Übersetzungen **Liliane Bordier** (Französisch), **Anna Cestelli Guidi** (Italienisch), **Dr. Anna Czarnocka-Crouillère** (Polnisch), **Stephen Locke** (Englisch), **Veronika Mariaux** (Italienisch), **Maria Ocon Fernandez** (Spanisch), **Holly Jane Rahlens** (Englisch), **Christine Rädisch** (Russisch), **Maya Shikata-Bröker** (Japanisch) ——TRANSPORTE / VERSICHERUNGEN **Hasenkamp Internationale Transporte GmbH & Co. KG** | **Kuhn und Bülow Versicherungsmakler GmbH**

——VERLAGSIMPRESSUM **Die Deutsche Bibliothek – CIP-Einheitsaufnahme.** Ein Titelsatz für diese Publikation ist bei Der Deutschen Bibliothek erhältlich. ISBN 3-89487-344-2 **Kern** | ISBN 3-89487-345-0 **Dschungel** | ISBN 3-89487-346-9 **Weltraum** | ISBN 3-89487-347-7 **Zivilisation** | ISBN 3-89487-348-5 **Glauben** | ISBN 3-89487-349-3 **Wissen** | ISBN 3-89487-350-7 **Träumen** | ISBN 3-89487-356-6 **Gesamtpaket** | © 2000 by Berliner Festspiele GmbH, Autoren und Henschel Verlag in der Dornier Medienholding GmbH, Berlin | Die Verwertung der Texte und Bilder, auch auszugsweise, ist ohne Zustimmung des Verlags urheberrechtswidrig und strafbar. Dies gilt auch für Vervielfältigungen, Übersetzungen, Mikroverfilmungen und für die Verarbeitung mit elektronischen Systemen | Grafische Gestaltung *fernkopie:* **Matthias Wittig, Claudia Wittig, Stefanie Richter, Sonja Jobs, Antonia Becht** | Druck und Bindung **Westermann Druck Zwickau** | Printed in Germany | Gedruckt auf alterungsbeständigem Papier mit chlorfrei gebleichtem Zellstoff ——COPYRIGHT-HINWEISE © für die abgebildeten Werke bei den Leihgebern und Autoren, bei den Künstlern oder ihren Rechtsnachfolgern sowie den Bildagenturen: © VG Bild-Kunst, Bonn 2000 für **Bettina Allamoda, Herbert Bayer, Max Beckmann, Karl Blossfeldt, Giorgio de Chirico, Max Ernst, Raoul Hausmann, Wifredo Lam, Germaine Richier, Brigitte Schirren, Anna Franziska Schwarzbach, Katharina Sieverding, Sophie Taeuber-Arp** | © VG Bild Kunst, Bonn/DACS, London für **Francis Bacon** | © VG Bild-Kunst Bonn/Demart Pro Arte, Paris – Genf für **Salvador Dalí** | © VG Bild Kunst, Bonn/ADAGP, Paris für **Le Corbusier, René Magritte** | © VG Bild-Kunst, Bonn/ SABAM, Brüssel für **Jan Fabre** | © VG Bild-Kunst, Bonn/Pro Litteris, Zürich für **Cornelia Hesse-Honegger, Meret Oppenheim** | © VG Bild-Kunst, Bonn/ Succession Matisse, Paris für **Henri Matisse** | © VG Bild-Kunst, Bonn/ARS, New York für **Georgia O'Keeffe** | © VG Bild-Kunst, Bonn/VEGAP, Madrid für **Jaume Plensa** | © Anton Räderscheidt – VG Bild-Kunst, Bonn für **Anton Räderscheidt** | © Albert Renger-Patzsch Archiv – Ann und Jürgen Wilde, Zülpich/VG Bild-Kunst, Bonn 2000 für **Albert Renger-Patzsch** | © 2000 Oskar Schlemmer, Archiv und Familien-Nachlass, I-28824 Oggebio für **Oskar Schlemmer** | Bildnachweis Umschlag siehe Anhang

———DANKSAGUNG FÜR WISSENSCHAFTLICHE BERATUNG UND UNTERSTÜTZUNG **Dr. Martin Aberhahn** Berlin **Dr. Manfred Ade** Berlin **Joseph Baillo** New York **Dr. Peter Bartsch** Berlin **Dr. Manfred Bäßler** Berlin **Dr. Ralph-Thomas Becker** Berlin **Dagmar Behr** Düsseldorf **Werner Bensch** Berlin **Jürgen Böhme** Kassel **Elke Bojanowski** Berlin **Isy Brachot** Brüssel **Hans Brammer** Kassel **Dr. Robert Brandt** Berlin **Dee Breger** New York **Tobias Buddensieg** Berlin **Armand Chauvel** (Prof. am Centre ORSTOM) Bondy, Frankreich **Joachim Chemnitzer** Strausberg **Jasmin Cirillo** Berlin **Dr. Charles Oliver Coleman** Berlin **Dr. Ferdinand Damaschun** Berlin **Dr. Jürgen Deckert** Berlin **Uwe Dressler** Stuttgart **Prof. Dr. Alexander Dückers** Berlin **Prof. Dr. Barbara Ehring** Berlin **Claudia Einecke** Omaha, USA **Prof. Dr. Eberhard Evers** Berlin **Dr. Till Faber** Berlin **Jürgen Fiebig** Berlin **Dr. Manuela Fischer** Berlin **Dr. Andreas Floren** Würzburg **Dr. Sylke Frahnert** Berlin **Marion u. Roswitha Fricke** Berlin/Düsseldorf **Dr. Karl-Heinz Frommelt** Berlin **Dr. Reinhard Gaedike** Eberswalde **Dr. Roland Garve** Geesracht, Niederlande **Dr. Hans Gelderblom** Berlin **Fritz Geller-Grimm** Wiesbaden **Dr. Frank Göritz** Berlin **Dr. Andreas Gumbert** Berlin **Dr. Rainer Günther** Berlin **Dr. Richard Haas** Berlin **Dr. Gundel Harms** Marl **Dr. Gertrud Hein** Marl **Dr. Wolf-Dieter Heinrich** Berlin **Prof. Dr. Klaus Helfrich** Berlin **Christoph Hellhake** München **Dr. Hans Herzog** Bielefeld **Dr. Thomas Hildebrandt** Berlin **Prof. Dr. Hannelore Hoch** Berlin **Prof. Dr. Bert Hölldobler** Würzburg **Cornelia Hopf** Gotha **Saskia Hüneke** Potsdam **Dr. Regine Jahn** Berlin **Dr. Vincent Janik** Woodshole, USA **Dr. Katarina Jewgenow** Berlin **Madeleine Joly** Berlin **Alain Josseau** Toulouse **Käthe B.** Berlin **Dr. Norbert Kilian** Berlin **Claudia Kluger** Kassel **Eleni Koroneou** Athen **Dr. Marion Kotrba** Berlin **Gisela Kuhlmann** Berlin **Siegfried Kulisch** Leverkusen **Dr. Jan Kunze** Berlin **Prof. Dr. Hans-Walter Lack** Berlin **Angela Lammert** Berlin **Detlev Langer** Berlin **Patrick Lavelle** (Prof. an der Université P. et M. Curie) Paris **Caren Liebscher** Berlin **Oren Lifshitz** Eilat **Prof. Dr. Eduard Linsenmair** Würzburg **Jürgen Matijevic** Frankfurt am Main **Detlev Matzke** Berlin **Dr. Wolfram Mey** Berlin **Helmut Middendorf** Berlin/Athen **Dr. Barbara Mohr** Berlin **Dr. Birgit Mori** Berlin **Jürgen Neuss** Berlin **H.-Helge Nieswandt** Münster **Dr. Michael Ohl** Berlin **Dr. Hans-Joachim Paepke** Berlin **Elizabeth Partridge** Berkeley, CA **Andrew McIntosh Patrick** London **Arnes Petrik** Hamburg **Dr. Klaus Riede** Bonn **Lars Rütz** Berlin **Dr. René Russek** Männedorf, Schweiz **Dr. Dietmar Schenk** Berlin **Bernd Scheuerlein** Würzburg **Ulrike Schmitt** Frankfurt am Main **Dr. Stephan Schultka** Berlin **Prof. Dr. Hans-Peter Schultze** Berlin **Joachim Schulze** Berlin **Prof. Dr. Peter-Klaus Schuster** Berlin **Dr. Jörn Sieglerschmidt** Mannheim **Dr. Angelika Sigl** Oberschleißheim **Indra Singh** Mailand **Prof. Dr. Dieter Stöffler** Berlin **Dr. Manfred Uhlig** Berlin **Dr. Jordi Vazquez** Barcelona **Frank Veit** Eilat **Tijs Visser** Antwerpen **Dr. Robert Vogt** Berlin **Friederike Weis** Berlin **Dr. Hella Wendt** Berlin **Susanne Werner** Gotha **Thomas Weski** Hannover **Ann und Jürgen Wilde** Zülpich-Mülheim **Edward O. Wilson** (Prof. Emeritus) Cambridge, Mass **Gerhard Winterle** Berlin **Prof. Dr. Marianne Yaldiz** Berlin **Prof. Dr. Ulrich Zeller** Berlin ——— UNTERSTÜTZENDE UNTERNEHMEN **ATR Kyoto** Dr. Ryohei Nakatsu | **BVG, Berliner Verkehrsbetriebe** | **DaimlerChrysler Services (debis) AG** | **Kronos Consulting** Berlin

———DANKSAGUNG FÜR WISSENSCHAFTLICHE KOOPERATION Freie Universität Berlin, Institut für Verhaltensbiologie, Prof. Dr. Dietmar Todt | Grande Galerie de l´Evolution, Musée d'Histoire Naturelle, Paris | Humboldt-Universität zu Berlin, Museum für Naturkunde | Institut für den Wissenschaftlichen Film, Göttingen | Institut für Tier- und Tropenökologie, Biozentrum der Universität Würzburg | Botanisches Museum und Botanischer Garten Berlin | Institut für Zoo- und Wildtierforschung Berlin | Zoologisches Forschungsinstitut und Museum Alexander König | Tierpark Berlin-Friedrichsfelde | Umweltstiftung WWF-Deutschland | Zoologischer Garten Leipzig, Peter Müller

BODO-MICHAEL BAUMUNK UND JASDAN JOERGES___Vorwort___009

ROLF PETER SIEFERLE___Im Einklang mit der Natur___012

BRUNO LATOUR___Übersehen wir den Erdwurm *Pontoscolex corethrurus* nicht!___017

01_schreie und flüstern

DANIELA KRATZSCH___Einleitung___027

ANDREAS FLOREN UND KARL-EDUARD LINSENMAIR___Biodiversität in tropischen Urwäldern___033

02_gen's thierleben

JASDAN JOERGES___Einleitung___043

OLIVER GRAU___›Lebendige Bilder‹ schaffen: Virtuelle Realität, *Artifical Life* und *Transgenic Art*___047

CHRISTA SOMMERER UND LAURENT MIGNONNEAU___Pico_Scan___053

03_wal-verwandtschaften

JASDAN JOERGES___Einleitung___057

ANDREAS SENTKER___Kunst-Stoff Käfer___061

DIETMAR TODT___Der Dschungel in uns selbst – Bemerkungen zur Natur des Menschen___066

04_die augen der göttin

ANNE PFEIL___Einleitung___073

CORNELIA VOGELSANGER___Kali – Mutter Wildnis___077

YESI MAHARAJ UND DEODATH MAHARAJ___»Kali-Interactive«___081

05_cats and chats – tiger im netz

ANNE PFEIL___Einleitung___089

GUNTHER NOGGE___Gen-Pool Management im Zoo der Zukunft___094

06_natur in der schublade

DANIELA KRATZSCH___Einleitung___103

LORRAINE DASTON___Wunderkammer des Lebens___107

ULRICH ZELLER UND HANNELORE HOCH___Das Naturkundemuseum der Zukunft___112

TINA KITZING___Der Dschungel als Bühne___117

Verzeichnis der Leihgeber___119

Verzeichnis der Leihgaben___120

Verzeichnis der Auftragsproduktionen___125

Literaturverzeichnis___126

Biografien der Autoren___127

Abbildungs- und Textnachweis___128

❶ Entenpräparate im Museum für Naturkunde Berlin Fotografie: Christoph Hellhake **❷ WWF-Projekt ›Global 200‹** *Pragmatischer Umweltschutz des nächsten Jahrhunderts oder aufwendige Schadens-Verwaltung? Auf der ganzen Erde wurden 232 Schlüsselregionen ausgewählt, die sich durch eine breite ökologische Vielfalt auszeichnen. Die Umweltstiftung ›World Wide Fund for Nature‹ will mit diesen Refugien ein weltweites Netzwerk von geschützten Gebieten schaffen und so 90 Prozent der globalen Lebensvielfalt bewahren. Karte: ›World Wide Fund for Nature‹*

—— BODO-MICHAEL BAUMUNK —— JASDAN JOERGES

»Es wird eine ganz neue, ganz andere Natur sein, die (...) im Wechselwirken von biologischer und kultureller Natur entstehen wird«, schreibt der Zoologe Hubert Markl. Dieser Band – und jener Teil der Ausstellung, für den er steht – versammelt Einblicke in unsere Epoche der Naturgeschichte, die Markl »Anthropozoikum« genannt hat. Zu besichtigen ist die »Kultur der Natur«, eine Natur, die ohne die Eingriffe des Menschen nicht mehr zu denken ist. Kaum ein Fleck auf dem Globus kann heute noch als »unberührt« gelten, allen Naturschutz-Anstrengungen zum Trotz. In den Bemühungen um den Erhalt von entlegenen Naturräumen und ihrer biologischen Vielfalt schwingt längst ein vom reinen Nutzen bestimmtes Moment mit. Sei es der Wunsch, »Naturschönheit« zu hegen, landwirtschaftliche Probleme zu lösen, medizinischen Nutzen zu gewinnen oder durch das Studium anderer Organismen mehr über das Wesen des Menschen zu erfahren. Insofern durchzieht viele Beiträge dieses Bandes ein Zweifel an der herkömmlichen Verwendung des Begriffes »Natur«, der mehr und mehr zur Hilfskonstruktion wird, wo sich »Natur« und »Kultur« nicht mehr voneinander abgrenzen lassen. ——— Es ist eine abstrakte Natur, die hier ausgebreitet wird, gesehen durch die Augen von Kunst und Wissenschaft. Es wird deutlich, wie sehr die »Natur« längst zum Artefakt geworden ist. Ob als landschaftsschützerische Inszenierung oder als computeranimiertes *artificial life*. Ob als ästhetisches Arrangement in Naturkundemuseen oder als Gegenstand einer weltweiten High-Tech-Fürsorge für bedrohte Tierarten, von denen längst mehr Exemplare in Zoologischen Gärten leben als in freier Wildbahn. Die Faszination, die von der Wildnis ausgeht, und die Forscher, Weltreisende und Safari-Touristen auch heute noch so schätzen, ist längst auch ein mediales Produkt geworden. Die Natur als ehemals widerspenstiges Gegenüber ist dem Menschen abhanden gekommen. Sie ist zu einer inzwischen fast beliebig manipulierbaren Größe geworden. Und selbst wenn sie »zurückschlägt«, ist das meist eine Konsequenz menschlichen Handelns. ——— Niemand vermag bisher schlüssig zu sagen, welche Auswirkungen der durch den Menschen hergerufene Verlust an Biodiversität, der biologischen Vielfalt, auf unsere Lebensverhältnisse haben wird. Katastrophenstimmung ist ebenso wenig am Platz wie Bagatellisierung. Daher kommen hier die unterschiedlichsten Interessenvertreter der »Natur« zu Wort: Institutionen unbeirrter Ermittlung der Artenvielfalt; Zoologische Gärten und Museen als Forschungsinstitute und Bewahrungsorte; kritische Stimmen, die unser Verhältnis zur Natur im Sinne eines neuen »Gesellschaftsvertrages« bestimmt sehen wollen; Künstler, die Produkte ihrer Verarbeitung und Überformung des Materials »Natur« zur Anschauung bringen. ——— Die wahre Natur des Menschen ist die Kultur, einen Weg zurück gibt es nicht. Die Kulturevolution ist die Fortsetzung der biologischen Evolution mit anderen Mitteln. Auf dem Wege der Gen-Manipulation scheint der Mensch zum Schöpfer seiner selbst zu werden und die letzten Naturgegebenheiten aufzulösen. Ob es schon Zeit ist für einen »Rückblick auf die Natur«, kann dieser Band kaum beantworten. Vielmehr möchte er Anregungen und Impulse vermitteln für eine Orientierung im Dschungel des »Anthropozoikums«.

❶ 2/1 Die Menagerie des Landgrafen Carl von Hessen-Kassel *Johann Melchior Roos (1659–1731). Obwohl mit guter Auftragslage, war er in seiner Zeit als »Samstags-Roos« bekannt, da sich hartnäckig das Gerücht hielt, er sei faul und liederlich und würde nur an Samstagen malen, wenn seine Frau das Marktgeld brauchte. Roos fertigte das abgebildete Gemälde 1722–1728 im Auftrag des Landgrafen Carl von Hessen-Kassel für dessen 1720 eröffnetes »Kunsthaus« im Ottoneum in der Residenzstadt. Heute befindet sich dort das Naturkundemuseum Kassels. In Form von Staffagefiguren vor einer idealisierten Landschaft sind in diesem Bild diejenigen Tiere versammelt, die sich jemals in der Menagerie des Landgrafen befunden hatten. Dabei scheint Roos seinen Auftrag mehr als erfüllt zu haben, da die Anzahl der dargestellten Tiere die aus den verfügbaren Dokumenten ermittelte Menge noch überschreitet. Die »Menagerie« stellt zugleich ein von Menschenhand geschaffenes künstliches Paradies dar. Die in kunstvollen Gartenanlagen, Orangerien und Menagerien gezähmte und beherrschte Natur als Gegensatz zur Wildnis bildete einen festen Bestandteil barocker Hofhaltung im Zeitalter des europäischen Absolutismus. Staatliche Museen Kassel* **❷ Der Erdwurm ›Pontoscolex corethrurus‹**

❶ ›Jungle Orchids and Humming-
birds‹ 1872, Martin Johnson
Heade, Öl auf Leinwand, Yale University Art Gallery, New Haven
❷ **Urwaldriese vor großflächiger Rodung** Aus: Carl Friedrich Philpp von Martius ›Flora
brasiliensis‹, erschienen in vierzig Bänden 1840 – 1906, Botanische Staatssammlung, München

❶
❷

im einklang mit der natur

—— ROLF PETER SIEFERLE

Alle reden von der Natur – wir machen sie: So könnte eine Devise der modernen Gesellschaft lauten. Jeder glaubt zu wissen, was Natur eigentlich ist, doch jeder versteht etwas
anderes darunter. Eine Extremposition könnte lauten, dass »Natur« dasjenige ist, was den
Gesetzen der Naturwissenschaft, etwa der Gravitation, gehorcht. Jede Maschine wäre in
diesem Sinne Natur, und Nicht-Natur könnten nur immaterielle Dinge, etwa Gedanken
oder Träume sein. Hier wäre Natur also fast alles; das Wort wäre identisch mit der physischen Welt außerhalb unserer Vorstellungen. Andererseits könnte »Natur« aber dasjenige
sein, was vom Menschen nicht geprägt, gemacht oder beeinflusst ist. Damit wäre also die
unberührte Natur gemeint, jenseits des Menschen, und sie ist – auf der Erde jedenfalls –
recht selten anzutreffen. _____ Der Geltungsbereich des Naturbegriffs liegt also zwischen
fast allem und fast nichts, und dies ist freilich sehr unbestimmt und unbefriedigend. Ist es

heute wirklich noch möglich, vorbehaltlos von Natur zu sprechen, oder gerät man damit in ein heilloses Durcheinander, so dass man diesen Begriff besser fallen lassen sollte? Treten wir zur Beantwortung dieser Frage einmal ein paar Schritte zurück und betrachten den Ursprung dieser Begriffe in einer fast vergessenen Vergangenheit. _____ Viele unserer Begriffe und Vorstellungen stammen aus der Tradition der agrarischen Zivilisation, die Anschauungsweisen plausibel gemacht hat, denen heute längst die Erfahrungsgrundlage entzogen worden ist. Mental leben wir vielfach noch im »Ancien régime«, orientieren uns an philosophischen und literarischen Konventionen, deren Korrelate in der Wirklichkeit schon lange verschwunden sind oder deren Restbestände gerade dabei sind, sich zu verflüchtigen. Einer dieser Begriffe ist »Natur«, und die Probleme, die wir damit haben, hängen mit der großen Transformation zusammen, die die Alte Welt seit den letzten zweihundert Jahren ergriffen hat. Meine These lautet daher, dass Natur ein Konzept der Agrargesellschaft ist und dass die prinzipielle Unterscheidung zwischen Natur und Kultur nur innerhalb des Erfahrungsrahmens der Landwirtschaft sinnvoll ist. _____ Die Grundstrategie der traditionellen Landwirtschaft bestand darin, Solarenergieflüsse zu kontrollieren, und zwar im wesentlichen auf der Basis von Biotechnologien. Die von der Sonne einstrahlende Energie wird von Pflanzen und dann auch von Tieren eingefangen und umgewandelt, sowie schließlich in eine für den Menschen brauchbare Form gebracht. Hierbei besteht das Problem, dass die Sonnenstrahlen (sowie Wind- und Wasserkraft) nur eine geringe Energiedichte besitzen, so dass umfangreiche Maßnahmen ergriffen werden müssen, um sie zu konzentrieren und zu kontrollieren. Der Mensch nutzt hierfür vor allem andere Lebewesen, die ihm als Nahrungmittel, als Werkzeug, als Baumaterial, als Kraftquelle und als Transportmittel dienen. Zu diesem Zweck versucht er, die fremden Lebensprozesse weitgehend unter Kontrolle zu bringen: Er rodet Wälder, legt Äcker an, sät und pflanzt, bewässert und dräniert, brennt ab und baut an, züchtet und rottet aus, vermehrt und schützt seine Nützlinge und bekämpft die Schädlinge, die Unkräuter, das Ungeziefer und die Raubtiere. _____ Die Strategie der Landwirtschaft besteht also darin, ursprüngliche »natürliche« Ökosysteme, vor allem die Vegetation zu beseitigen und die so gewonnenen Flächen für die eigenen Nutzorganismen zu monopolisieren. Aus dieser Strategie folgt die elementare Erfahrung, dass es »natürliche« und »kultivierte« Zonen in der Wirklichkeit gibt, Genutztes oder Ungenutzes, Kontrolliertes oder Unkontrolliertes. »Kultur« ist in diesem Sinne »Agri-Kultur«, also Bebauung und Pflege des Ackers, der landwirtschaftlichen Nutzfläche. _____ Jäger- und Sammlergesellschaften, die historisch den Agrargesellschaften vorangingen, nutzten selbstverständlich auch Elemente der Außenwelt, doch blieb es bei einem gelegentlichen Gebrauch der physischen Umwelt. Sie versuchten nicht, diese Umwelt dauerhaft zu kontrollieren oder sie gezielt in einen künstlichen Zustand zu versetzen und in ihm zu erhalten. Genau darin besteht aber die Grundstrategie der Landwirtschaft: Sie strebt dauerhafte Kolonisierung der Natur an, deren Resultat eben die Agri-Kultur ist. Kolonisierung der Natur ist der Versuch, an die Stelle eines natürlichen, spontanen Naturzustands einen kultivierten, kontrollierten Zustand zu setzen, der menschlichen Bedürfnissen angemessen ist. Agrikultur ist also ein Prozess der Kolonisierung, doch kommt dieser Prozess zu keinem Ende. Eine wichtige Erfahrung der Landwirtschaft besteht darin, dass die besiegte Natur immer wieder aufersteht. Wenn der Acker nicht bebaut wird, wachsen auf ihm Unkräuter, er verwildert und schließlich wird er wieder zum Wald. Um ihn als Acker zu erhalten, muss er permanent bearbeitet werden, sonst kehrt die ursprüngliche Natur zurück. ———— Diese Erfahrungen legen es nahe, aus der Unterscheidung zwischen Natur und Kultur weitere Unterscheidungen folgen zu lassen, die den Gegensatz von innen und außen konkretisieren, aber auch verallgemeinern: 1.) ———— Die Nahrungspflanzen müssen mühsam produziert werden, während die Unkräuter von selbst wachsen. Kultur bedeutet also Arbeit und Zwang, Natur aber Freiheit und Spontaneität. 2.) ———— Der umgrenzte Hof schützt vor wilden Tieren, während draußen im Wald Bestien und Dämonen hausen. Kultur bietet also Sicherheit und Stetigkeit, während die Natur gefährlich und widerspenstig ist. 3.) ———— Der Acker wird wieder zum Wald, wenn er nicht durch permanente und aktive Kolonisierung in seinem unnatürlichen Zustand gehalten wird. Dies bedeutet aber, dass der Naturzustand wesentlich ist, ihm die Dinge also von selbst zustreben, während die Kultur eine künstliche Welt schafft, die immer wieder vom Zerfall bedroht ist, also zum Rückfall in die Natur. ———— Diese Erfahrungen sind es, die den Begriff der Natur in den Agrargesellschaften so hochplausibel machen: Natur ist das Andere der Agri-Kultur, sie ist das Nicht-Kolonisierte und zugleich diejenige Kraft, welche dahin tendiert, jede Kolonisierung wieder zurückzunehmen. Natur ist somit dasjenige, was von der Kultur nicht (noch nicht oder nicht mehr) bearbeitet, umgestaltet und verbaut worden ist. ———— Aus dieser Unterscheidung folgt eine tiefe Ambivalenz des Naturbegriffs, die seit den Anfängen naturphilosophischer Spekulationen zu finden ist. Der Gegensatz von natürlich und künstlich kann nämlich mit konträren Eigenschaften ausgestattet werden, die leicht gegeneinander auszuspielen sind. 1.) ———— Wenn das Wesen der Dinge »natürlich« ist, dann wird gefordert, dass sie ihrer Natur entsprechen sollen. Natur ist dann der Maßstab, an dem die Zustände der Wirklichkeit gemessen werden, und was »unnatürlich« ist, verfällt der Ablehnung. 2.) ———— Wenn die Zustände der Kultur einer widerspenstigen Natur abgerungen werden müssen, dann gilt als »natürlich« das, was zu überwinden ist. »Naturwüchsigkeit« ist dann ein wilder, atavistischer Restbestand, den es zu beseitigen gilt. Das Programm einer Herrschaft der Vernunft richtet sich gegen eine dumpfe, dumme und unkontrollierte Natur. ———— Wir haben hier ein Gegensatzpaar vor uns, das sich im europäischen Denken seit der Antike in verschiedenen Verkleidungen immer wieder findet. Es ist zu einprägsamen Gestalten geronnen, die wir alle kennen: Es gibt den grausamen Barbaren und den edlen Wilden, das einfache Leben und die harten Entbehrungen, die Selbstverwirklichung und die Zügellosigkeit, die entfremdete Zivilisation und das urbane Leben. Beide Pole sind beliebig besetzbar und werden immer wieder gegeneinander ausgespielt. Die Unterscheidung zwischen Natur und Kultur ist jedoch nur solange sinnvoll, wie die Natur als aktive, widerständige Kraft spürbar ist. Sollte dagegen der Kolonisierungsprozess wirklich erfolgreich sein in seinem Bestreben, die Natur zu unterwerfen und zu kontrollieren, so verschwände sie und an ihre Stelle träte eine eindimensionale Welt der totalen Kultur. ———— Seit etwa zweihundert Jahren ist die Welt in eine fundamentale Transformation geraten. Das alte agrargesellschaftliche System existiert nicht mehr. Zwar gibt es noch immer Landwirtschaft, doch spielt sie keine zentrale Rolle mehr. In den Industrieländern sind nur noch etwa 2 Prozent der Bevölkerung in diesem Sektor beschäftigt, wichtiger ist aber, dass die Landwirtschaft ihre metabolische Bedeutung in das Gegenteil verkehrt hat: Sie liefert nicht mehr Energie, sondern sie wandelt Stoffe um, wobei ein Großteil der dafür benötigten Energie von außerhalb kommt, aus fossilen Vorräten. Die Landwirtschaft ist damit zu einem bloßen Sektor der Industrie geworden. ————

Die industrielle Transformation ist noch lange nicht abgeschlossen, und niemand kann wissen, wie eine dauerhafte, stabile oder »nachhaltige« Industriegesellschaft aussehen könnte. Wenn wir den explosiven Prozess, inmitten dessen wir uns heute befinden, näher charakterisieren wollen, so stehen zwei Elemente im Zentrum: 1.)⎯⎯ Es hat sich ein neuartiges metabolisches Regime aufgebaut, das auf dem Verbrauch bzw. der Mobilisierung von Beständen beruht. Hierbei ist zunächst an fossile Energieträger zu denken, an Kohle, Erdöl und Erdgas, die einen gegebenen, freilich sehr großen Vorrat bilden, der im Zuge der Industrialisierung irreversibel verbraucht wird. Interessant an diesem Vorgang ist jedoch nicht seine historische Endlichkeit, sondern das Ausmaß, die schiere Menge an Energie, die jetzt verfügbar wurde. Die Grenzen des Agrarsystems werden jetzt energetisch gesprengt, d.h. Energie ist nicht mehr knapp und teuer, sondern fast gratis zu haben.

2/22 ›Les Traveaux d'Alexandre‹ 1967, René Magritte, Privatbesitz

⎯⎯ Der enorme Energieüberfluss hat dazu geführt, dass Stoffe in bisher undenkbarer Menge mobil gemacht wurden. Um das Jahr 1500 wurde in Europa pro Kopf der Bevölkerung jährlich etwa ein Kilogramm Eisen produziert; heute sind es fast 500 Kilogramm. Berücksichtigt man zugleich das drastische Wachstum der Bevölkerung, so wird deutlich, dass wir in einen völlig neuartigen Zustand der physischen Wirklichkeit geraten sind, dessen wichtigstes Merkmal die Mobilisierung und Beschleunigung ist. Dies gilt gerade in stofflich-materieller Hinsicht. Die Welt bildet einen gewaltigen Strudel, der alles erfasst, es mit sich reißt und schließlich verflüchtigt. 2.)⎯⎯ Der Aufbau des neuen metabolischen Regimes ist mit einem sprunghaften Wachstum von Wissen und von technischen Fertigkeiten verbunden. Die Stoffe mobilisieren sich nicht selbst, auch wenn Energie dafür bereitsteht, sondern es müssen die entsprechenden Verfahren verfügbar sein. Agrargesellschaften, vor allem die agrarischen Zivilisationen (zu denen auch Europa bis ins 18. Jahrhundert gehörte), waren durchaus zu technischen Innovationen fähig, doch wurde deren umfassende Realisierung immer wieder von Energieknappheit ausgebremst. Im Zuge der industriellen Transformation kam es nun zu etwas völlig Neuartigem: Energieverfügung, Stoffmobilisierung und technische Innovation gerieten in einen Prozess der positiven Rückkoppelung, sie verstärkten einander, statt sich gegenseitig im Wege zu stehen. ⎯⎯ So ist die sensationelle Geschichte des Wirtschaftswachstums, des Wissenszuwachses, des umfassenden Zugriffs auf Naturverhältnisse zu verstehen, die sich in den letzten zweihundert Jahren vollzogen hat und noch immer vollzieht. Diese Welt besitzt nicht nur eine metabolische, sondern auch eine informationelle Dynamik. Der Prozess der Transformation betrifft nicht nur das produktive und reproduktive, sondern auch das kreative und metaphysische Muster. Ideen manifestieren sich im Design von Objekten, deren Zahl sprunghaft zunimmt und die die naturale Alte Welt zunehmend überformen. ⎯⎯ Die enge Koppelung von (potenziell immateriellen) Informationen und physischer Materie ist ein Grundzug dieser Epoche. Keine Zeit war so virtuell wie eine Vergangenheit, in der Stoffe knapp waren und Fantasien nur im Ausnahmefall materiell fixiert werden konnten. Die extrem niedrigen Kosten stofflicher Verfügung

DIE ERDE IST GEWALTIG SCHWER UND MASSIV MIT IHREN GEBIRGEN, MIT ELEFANTEN UND EISEN UND BLEI, MIT GEWITTERWOLKEN UND SCHNEEMASSEN, MIT WURZELSTÖCKEN UND STEINSCHLÄGEN. ES WÄRE NICHT AUSZUHALTEN OHNE SCHMETTERLINGE, OHNE LÖWEN-ZAHNSCHIRMCHEN, OHNE SPINNWEBEN, FLAUMFEDERN UND AKELEIENKELCHE. EIN EINZIGER SCHMETTERLING HEBT DAS GEWICHT DER ERDE AUF... ⎯⎯ HELLMUT VON CUBE

ermöglichen es dagegen im Zuge der industriellen Transformation, selbst den schlichtesten Einfall mit gewaltigem Materialaufwand zu verwirklichen. Die symbolische Welt verfestigt sich augenblicklich zu harten Artefakten, die nur schwer wieder zu entfernen sind, sondern die Müllhalden, Stadtlandschaften, Bibliotheken und Museen verstopfen._____ Betrachtet man diesen Vorgang unter dem Blickwinkel der agrargesellschaftlichen Unterscheidung zwischen Natur und Kultur, so handelt es sich um eine totale Transformation von Naturzuständen in Kultur: um den Abschluss der Kolonisierung. Natur als das Andere der Kultur scheint diesem verschärften Zugriff nicht gewachsen zu sein. Sie verflüchtigt sich in abstraktere Regionen, in den Mikrokosmos der Elementarteilchen oder den Makrokosmos des Weltalls. In der Anthroposphäre jedoch ist sie nicht mehr aufzufinden. Zwar drohen von ihr noch immer Gefahren, doch werden sie für weit geringfügiger gehalten als die Risiken, die von technischen Systemen ausgehen, und in der Tat fallen weit mehr Menschen Verkehrsunfällen statt Naturkatastrophen zum Opfer. Die Widerständigkeit der Natur scheint gebrochen, ihre Autonomie leidet an Plausibilitätsverlust, ihre Erfahrbarkeit zieht sich in imaginäre Räume zurück._____ Dieses Verschwinden der Natur wird im populären Konzept des Naturschutzes am deutlichsten. Unter dem Blickwinkel der Agrargesellschaft ist die Forderung nach Schutz der Natur eine völlig absurde Vorstellung: Natur ist gerade dadurch definiert, dass die Kultur vor ihr geschützt werden muss. Eine Natur dagegen, die selbst des Schutzes (durch die Kultur) bedarf, kann nicht mehr Natur sein, sondern sie ist zu etwas völlig anderem geworden, nämlich zu einem speziellen kulturellen Konzept vom ästhetischen Aufbau der äußeren Wirklichkeit. Die durch die Kultur vor der Kultur geschützte Natur ist selbst Kultur geworden, die eben nur auf eine spezifische Weise geformt werden soll. Landschaftsschutz und sogenannte »land-art«, die künstlerische Gestaltung von Landschaft, sind in ihrem Wesen ununterscheidbar; die einzige Differenz liegt in der Orientierung des zugrunde gelegten Formprinzips: Reminiszenz der agrarischen Kultur-Landschaft oder freie Invention. Es handelt sich also nur um eine Frage des Referenzbereichs, nicht aber um eine Prinzipienfrage._____ Die industrielle Transformation hat die Natur zum Verschwinden gebracht, indem sie die Kultur totalisiert hat. Im Selbstvollzug dieser Bewegung ist allerdings auch die Kultur verschwunden, die sich aus der Differenz zur Natur definiert hatte. Eine total gewordene Kultur ist keine Kultur mehr, sondern nur noch total, denn es fehlt ihr der Gegensatz, von dem sie sich abheben und dem gegenüber sie sich profilieren könnte. Dies hat aber zur Folge, dass Eigenschaften der ehemaligen Natur nunmehr der Kultur zugewachsen sind. Sie hat Naturcharakter insofern gewonnen, als sie zwingend und unkontrollierbar geworden ist. Die naturwüchsige Kultur ist zu einer Natur zweiter Ordnung geworden, die sich durch rekursive Prozesse erzeugt und erhält und vielleicht »vernünftigen« Kolonisierungsprozessen gegenüber widerständiger ist als die alte besiegte Natur.

pontoscolex corethrurus **nicht!**

—— BRUNO LATOUR

Der Erdwurm ›Pontoscolex corethrurus‹ *breitet sich in gerodeten Regenwaldgebieten rasant aus. Er versiegelt mit seinem Kot den Boden und hinterlässt eine fast betonartige Erdkruste, so kompakt, als hätten Bulldozer sie planiert.*

Der Regenwald Amazoniens ist so groß, dass man kaum eine Aussage über ihn verallgemeinern kann. Stets muss man auf überraschende Begegnungen und unerwartete Lektionen vorbereitet sein. Nehmen wir zum Beispiel den winzigen Erdwurm *Pontoscolex corethrurus*. Ist der Wald einmal abgeholzt, kann dieser Wurm für 90 Prozent der Biomasse verantwortlich sein, die von den wirbellosen Tieren unterhalb der Weiden produziert wird. Die kleinen Erdwürmer sind, wie wir seit Darwin wissen (er hat ihnen ein Buch gewidmet), erstaunliche Ingenieure. Sie bewegen mehr Erde als menschliche Maschinen es könnten. Es wird geschätzt, dass sie jedes Jahr über 1000 Tonnen Erde pro Hektar fressen können! Was diesen eigenartigen Bio-Ingenieur so interessant macht, ist, was er den schönen saftigen Weiden zufügt, welche Viehzüchter anstelle des undurchdringlichen Waldes zu erhalten hoffen: Statt hübsch aussehender, fester Würste hat *Pontoscolex corethrurus* in manchen Rodungssituationen die Angewohnheit, Erdhäufchen zu hinterlassen, welche die überaus merkwürdige Eigenschaft haben, flüssig zu sein. Kommt es darauf an? Ja, ganz erheblich, denn diese fast flüssigen Häufchen bilden auf der Erdoberfläche eine fünf Zentimeter dicke Schicht, die nach Trocknung so undurchdringlich ist, dass die Sauerstoffversorgung des darunter liegenden Bodens vollkommen blockiert wird. Folglich wird der Bauer – anstatt das gute Gras zu bekommen, welches für das Weiden seines Vieh erforderlich ist – auf eine überwiegend unproduktive Vegetation zurückgeworfen. Was den Untergrund der gehärteten und unfruchtbaren Oberfläche angeht, kommen dafür nur anaerobische Lebensformen in Frage, denn dort ist kein Sauerstoff mehr vorhanden. So wandeln diese Lebensformen die innere Dynamik des betroffenen Landstrichs tiefgreifend um. _____ Nachdem die biologische Vielfalt aufgrund der Baumrodung zurückgegangen ist, gelingt es dem Erdwurm, die Bodendecke nahezu undurchlässig zu machen. Diese Großtat wird doppelt so effizient vollbracht als es schwere Planierraupen oder das fortwährende Getrampel von Viehhufen zustande bringen könnten. Allenfalls Termiten und Ameisen kann es mehrere Jahre später gelingen, die harte und unfruchtbare Kruste wieder zu durchbrechen, so dass neues Gras wurzeln kann und langsam ein Erholungsprozess auftritt. In der Zwischenzeit mussten die Bauern die verwüsteten Felder aufgeben. Sie müssen ihre Landwirtschaftsgeschäfte anderswo betreiben, andere Teile des Waldes ausbeuten. _____ Könnte man dieses Tier als den Attila der Erdwürmer bezeichnen, gemäß dem Satz »Wo *Pontoscolex corethrurus* war, da wächst kein Gras mehr«? Nicht ganz. Wenn der Wurm zum Schädling wird, dann nur aufgrund des Verschwindens anderer Arten, die ihn unter dem Schutz des Waldes bis dahin im Zaum gehalten haben. Wir können weder die Bedeutung des *Pontoscolex corethrurus* abstreiten, noch ihn beschuldigen, die Ursache für die Bodenverwüstung zu sein. Das Problem besteht genau darin, herauszufinden, wie man eine Rangfolge in die relative Bedeutung aller Beteiligten bringt, die eine Rolle spielen bei der Herstellung und Erhaltung des Amazonienbodens. _____ Das ist keine einfache Aufgabe, denn wir müssen bei der hierarchischen Ordnung von Größen wie Erdwürmern, Planierraupen, Züchtern, Viehbestand, Termiten sorgfältig vorgehen. Manche behaupten, sie seien in der Lage, eine solche Rangfolge anzugeben. Manche argumentieren damit, dass für sie »Natur« die regelmäßige Ordnung ist, die vom wichtigsten Wesen (Kosmos oder Gaia) zum am wenigsten wichtigen herunterreicht. Und sie sagen, dass wir die »Natur schützen« sollen. Aber wie und von wem sollte diese Rangordnung aufgestellt werden? Wer wird die Rolle des am wenigsten wichtigen Elements in unserem Regenwald-Beispiel übernehmen? Angesichts seiner unglaublichen erdbewegenden Aktivität kann *Pontoscolex corethrurus* sicherlich nicht länger übersehen werden. Man kann nicht sagen, dass er »unbedeutend« ist, denn seine Bedeutung, jedenfalls in den Augen der Zoologen und Bodenwissenschaftler, die sie nun aufgezeigt haben, kann kaum überschätzt werden. Allerdings kann man den armen Bauern im Nordosten Brasiliens (»Nordeste«) auch nicht als unbedeutsam ausklammern, der zu der Überzeugung verleitet wurde, er werde sein Auskommen haben, indem er auf dieser anscheinend überreichen und unerschöpflichen Erde einige magere Kühe füttert. Wir können also auch nicht sagen, dass die Bauern innerhalb der natürlichen Ordnung »unbedeutend« sind und dass sie in ihrem Elend verbleiben sollten zum größeren Nutzen des Regenwalds. _____ Wie ist es also möglich, eine Rangfolge zu erstellen? Wir können etwas weiter gehen und sagen, dass die eigentliche Aufgabe der Politik darin besteht, fortschreitend eine Ordnung zu schaffen, etwas, das eine »gemeinsame Welt« genannt werden könnte. Und wir können auch sagen, dass diejenigen, die behaupten, diese Ordnung sei *schon* gegeben, den gerechten politischen Verfahrensweg abzukürzen versuchen. Wenn wohlmeinende Aktivisten oder Wissenschaftler bekräftigen, es existiere *eine* Natur und *eine* Ordnung für die Einstufung aller Größen, dann stellen sie politisch gefährliche Behauptungen auf. Denn sie halten etwas schon für beschlossen und zwar ohne Debatte, was nur nach einer solchen Debatte erreicht werden kann, an der Wissenschaftler, Viehzüchter und Bauern ebenso teilnehmen wie all die anderen, nicht-menschlichen Akteure, die von ihnen repräsentiert werden – einschliesslich der Erdwürmer. Der Fall unseres Wurms zeigt, dass wir, wenn es um ökologische Belange geht, nicht die Ordnung der Natur entdecken, sondern im Gegenteil ein fortwährendes Umgruppieren der jeweiligen Bedeutsamkeit der Akteure. Viele Darstellungen ökologischer Krisen von Wissenschaftlern, Bauern, Indianern oder Projektentwicklern sind gekennzeichnet durch das überraschende Auftauchen einer neuen Größe, die gegen die überlieferte Ordnung der Dinge »Widerspruch einlegt«: Man dachte, dass Erdwürmer unentbehrliche Geschöpfe seien, die das Land pflügen und die Durchlässigkeit der Erde vergrößern. Nun – hier ist eine Art, die, nachdem ihr die Konkurrenz durch biologische Vielfalt entzogen ist, zu einem wirklichen Attila wird und den Boden unfruchtbar macht. Der Wurm zwingt uns, unser wissenschaftliches Wissen über den Boden und unsere landwirtschaftliche Praxis zu verändern. _____ *Eine* geordnete Natur ist genau *nicht* das, worum es in der Ökologie geht. Das hat manche Theoretiker, zum Beispiel Ulrich Beck, dazu geführt, von der »Risikogesellschaft« zu sprechen. Und zwar nicht, weil unser bequemes westliches Alltagsleben verglichen mit der Vergangenheit zu einem stärker gefährdeten Dasein geworden wäre, sondern weil die »Ordnung der Dinge« nicht länger befriedet werden kann. Die Religionskriege sind durch etwas ersetzt worden, das man

❶ Urwaldvernichtung am Amazonas durch großflächige Rodung
❷ »Dort wo der Wurm ›Pontoscolex corethrurus‹ war, da wächst kein Gras mehr« — *der von dem Wurm bearbeitete Boden bleibt auf Jahre hinaus unfruchtbar.*

❶
❷

»Wissenschaftskriege« nennen könnte. Wir stimmen nicht länger darin überein, wer und was beim Bauen unseres gemeinsamen Lebens berücksichtigt werden soll. Wonach die wissenschaftliche und politische Ökologie sucht, ist etwas vollkommen anderes als eine schon existierende Ordnung: Sie versucht, die Ankunft einer Ordnung zu beschleunigen, die zugleich lebenswert und nachhaltig wäre. Ein Hauptmerkmal der »natürlichen Ordnung«, die im klassischen Zeitalter so bewundert wurde und die bei radikalen Ökologen noch immer hoch im Kurs steht, besteht darin, dass sie immer gegenwärtig war und soweit wie möglich unberührt bleiben sollte. Im Unterschied dazu liegt die Ordnung, die das Ziel einer, so könnte man sagen, »politischen Ökologie« ist, in der Zukunft, und sie wird nicht durch eine Zurückhaltung im Handeln erreicht werden, sondern muss durch willentliche Eingriffe hervorgebracht werden, die mannigfaltiger und subtiler sind. Es ist diese neue Subtilität, die wir alle kollektiv zu lernen haben und die diese Ausstellung zu veranschaulichen sucht. _____ Was zum Beispiel ist für die Entfesselung dieses Attila unter den Erdwürmern verantwortlich? Ist es die Rodung selbst? Zum Teil, denn *Pontoscolex corethrurus* hatte vor der Vernichtung des Waldes so viele Feinde, dass er sich nicht viel weiter verbreiten konnte, um seine vernichtende Bodenpolitik zu entwickeln. Unser Wurm ist allerdings nicht »von Natur aus« bösartig, sondern erst aufgrund der historischen Umstände, die ihn so todgefährlich haben werden lassen. Der Beweis für sein gutartiges Temperament ist, dass der Wurm nach der Rodung, wenn einige Bäume und Sträucher gepflanzt sind, gar nicht mehr in der Lage ist, viel Unheil anzurichten. Sein Vordringen wird dann durch die Verbreitung anderer Würmer und weiterer wirbelloser Tiere beschränkt, die unter dem Schutz der Wurzeln und Blätter dieser Pflanzen leben. In Verbindung mit sorgfältigen Anbaupraktiken und einigen anderen Pflanzen verliert der Wurm seine Gefährlichkeit und kann sogar zum wirksamen Mittler einer Wiederherstellung von Fruchtbarkeit werden. In Indien zum Beispiel wird er auf manchen Teeplantagen für die Verbesserung des Bodens verwendet. Wie das *pharmakon* im alten Griechenland ist er je nach Dosierung und Kombination ein Gift oder ein Heilmittel. _____ An diesem Punkt wird das Leben, das menschliche, tierische, politische und ökologische Leben, kompliziert: Beginnend mit derselben gerodeten Landschaft kann man, in einem Zeitraum von zwei oder drei Jahren, die Weide entweder in ein stark verwüstetes Land verwandeln oder sie zu einem erträglichen Garten entwickeln, der die Bodenoberfläche und einen Teil der biologischen Vielfalt erhält. Der Unterschied ist fein, und er erfordert die Vermeidung aller ausgeprägter Dichotomien – wie diejenige etwa, die natürliches gegen kultiviertes Land stellt, Erhaltung gegen Veränderung, industrielle Landwirtschaft gegen Ökotourismus. Wenn die Liste von wichtigen und unwichtigen Größen nicht länger durch Bezug auf die »eine« Natur hergestellt werden kann, dann sollten Bauern und ihre Berater Grundsätze dazu aufstellen können, was mit ihrem eigenen Wohlstand zu tun ist. Und mit dem Wohlergehen der Pflanzen und Tiere, was einen Unterschied in einem oder mehreren kleinen, aber entscheidenden Punkten bedeuten kann. _____ Warum ist es für die eingewanderten Bauern so schwierig, diese Feinfühligkeit in der Auswahl von Vorschlägen für ein sinnvolles Zusammenzuleben zu erwerben? Weil es ein großes historisches Missverständnis darüber gibt, was ein Boden ist und wie ein Wald erhalten werden kann. Spanische Siedler, moderne Agronomen, Ökonomen und Berater aller Art, die aus Europa oder Nordamerika kommen, sind durch ihre Mythologie, ihre Erfahrung und ihr Wissen an eine feste, schwere Bodenoberfläche gewöhnt, aus der der Wald herauswächst. Aus diesem Grund lieben wir den Wald so sehr und verwenden das Wort »Wurzeln«, um Festigkeit und Tiefe zum Ausdruck zu bringen. Wenn man – nach diesem Verständnis – den Wald entfernt, wie es Jahrtausende lang im größten Teil Europas geschah, wird immer etwas Wundervolles übrig bleiben: ein schwerer und gehaltvoller Humus, das reiche Füllhorn von Mutter Erde. _____ Wie könnten Siedler nun die Ökologie Amazoniens begreifen, wenn dort alles genau umgekehrt abläuft, wenn man buchstäblich sagen kann, dass der Wald dort den Boden festhält und er selbst durch die ständigen Regenwolken gehalten wird, die ihm seine Fruchtbarkeit und Feuchtigkeit spenden? Sogar jetzt, nach jahrzehntelanger Bodenforschung, stellt man mit Überraschung fest, wie schlecht der Boden Amazoniens eigentlich ist. Außer in einigen seltenen Ablagerungsbecken, die aber unglücklicherweise gerade jene Stellen waren, an denen die *Conquistadores* zuerst auf Amazonien trafen und so den Mythos von einem unglaublichen Reichtum nährten. Doch dieses Eldorado, das von vielen Hochglanz-

Wald (Forêt) 1927, Max Ernst, Öl auf Leinwand, Staatliche Kunsthalle Karlsruhe

magazinen und Filmen popularisiert wurde, ist »ein täuschender Schleier« wie das Leben für Buddha. Nur weil der Boden kräftig durch die Bäume gehalten wird, die beständig seltene Mineralstoffe als Gegenstand einer gigantischen Umwälzung in ihn hinein pumpen und neu verteilen, bleibt er an Ort und Stelle. Dies wiederum wird möglich aufgrund des Regenfalls – oftmals sehr viel reichhaltiger an Nährstoffen als der Boden tief unten – aus den ständigen Wolken, die das obere Blattwerk verhüllen und die Maschinerie der Bäume in Gang halten. Im Gegensatz zu Europa ist daher einige Jahre nach dem Fällen der Bäume gar kein Boden mehr übrig. Was in den Augen der Siedler die solideste Ursache des Waldes darstellt, die obere Schicht des Bodens, ist zumindest für manche der Bodenwissenschaftler eine höchst zerbrechliche Folge. Weit davon entfernt, in der festen Erde verwurzelt zu sein, wie das in unserer Vorstellungswelt und landwirtschaftlichen Praxis stets der Fall gewesen ist, wird der gesamte Amazonas-Urwald behelfsmäßig von den Baumwurzeln festgehalten, während die Bäume selbst prekär in den Wolken verwurzelt sind vermöge ihrer tollkühn instabilen Blattwerke. _____ An dieser Stelle ist der kulturelle, praktische, ideologische und mythologische Paradigmenwechsel komplett und das allein erklärt ein Stück weit die vielen landwirtschaftlichen Verwüstungen in Amazonien: Wie kann ein Westler sich vorstellen, dass solcher Reichtum tatsächlich das Ergebnis eines Umwälzens ist, das durch die pumpenden Bäume und die Makro- und Mikrofauna angetrieben werden muss? Deswegen waren die Ratschläge falsch, die den Siedlern gegeben wurden: Macht in Amazonien das, was wir in Europa gemacht haben, und ernährt eure Bevölkerung ohne euer Land in Gefahr zu bringen. Leider steht dort alles auf dem Kopf. Der Boden hängt an den Bäumen, die ihrerseits am Regen hängen. _____ Statt dass der Boden Amazoniens – wie man in Europa so lange gedacht hat – eine hauptsächlich chemische und physikalische Wirklichkeit ist, scheint er auf einer feingliedrigen Kette aktiver biologischer Größen zu beruhen. Abhängig von den jeweiligen Umständen können diese das Umwälzen entweder sehr schnell antreiben oder vollständig blockieren. Entweder verwandeln sie den reichhaltigen Boden in unfruchtbaren Staub oder schlechte Böden in einen Himmel biologischer Vielfalt. _____ Die Überraschung ist noch vollständiger und die Missverständnisse sind noch weitreichender, wenn radikale Ökologen behaupten (und so die Vorurteile früherer Zeiten umkehren), dass die eingeborenen Indianer die »Natur respektieren« und dass wir ihre Weisheit »imitieren« sollten. Unglücklicherweise ist dieser Stellungswechsel ebenso ethnozentrisch und fehlgeleitet wie die bizarre Idee, Bäume abzusägen, um den Boden intakt zu halten. Wie viele Anthropologen, zum Beispiel Philippe Descola oder Eduardo Viveiro de Castro, gezeigt haben, ist »Natur« eben nicht das, worin die Amazonas-Indianer leben. Für sie ist Amazonien eine Landschaft, die genauso unnatürlich, zivilisiert, heimisch und kultiviert ist wie das Umland von Berlin oder jener »urbane Dschungel«, in dem diese Ausstellung stattfindet. Manche Botaniker behaupten sogar, dass es wahrscheinlich keinen Teil des »wilden« Regenwalds gibt, der nicht das Ergebnis eines absichtlichen und willentlichen Säens und Gärtnerns der einheimischen Bewohner ist. Und

was die berühmte »Anpassung der Indianer an ihre Umgebung« angeht: wenn man ihnen eine Kettensäge gäbe, würde man schnell sehen, dass sie ihr Land ebenso wirkungsvoll verwüsten wie der *Pontoscolex corethrurus.* _____ Wenn die einheimischen Indianer eine Quelle der Weisheit für uns Westler sind, dann nicht weil sie die »Natur respektieren« (das tut keiner), sondern weil sie davon absehen die Natur als eine geordnete Reihe von Elementen zu benutzen,

›**The Jungle**‹ 1943, Wilfredo Lam, Gouache, Museum of Modern Art New York, Inter-American Fund

um dann demgemäß auch ihr politisches System ohne festen Verfahrensweg zu organisieren. Es ist an der Zeit, dass wir anfangen, ihre Weisheit zu übernehmen und unsere politischen Organisationen neu zusammensetzen, ohne dies durch einen verhängnisvollen Gebrauch von Natur abzukürzen. _____ Glücklicherweise ist die Natur tot. Der »große Pan ist tot«. Lang lebe die eigentliche Aufgabe der Politik: das fortschreitende Zusammenbringen einer gemeinsamen Welt. _____ *Mit den Kenntnissen und Anmerkungen von Armand Chauvel und Patrick Lavelle, die für den schließlichen Text aber nicht verantwortlich sind. Übersetzung von Henning Schmidgen.*

1 2

DA ICH DER FELSWAND ZU NAHE WAR, UM DAS GANZE ÜBERBLICKEN ZU KÖNNEN, VERTIEFTE ICH MICH IN DIE EINZELHEITEN. PFLANZEN, WEIT ÜPPIGER ALS DIE EUROPÄISCHEN, RICHTEN IHRE STENGEL UND BLÜTEN AUF, DIE WIE AUS METALL GEGOSSEN WIRKEN, SO FEST IST IHR WUCHS, UND SO SINNVOLL IHRE FORM, DER DIE ZEIT NICHTS ANZUHABEN SCHEINT. —— CLAUDE LEVI-STRAUSS

DIE WÄLDER BLIEBEN UNGERÜHRT, WIE EINE LARVE – WUCHTIG, WIE DIE GESCHLOSSENE TÜR EINES GEFÄNGNISSES –, SIE BLICKTEN MIT DER MIENE VERBORGENEN WISSENS, GEDULDIGER ERWARTUNG, UNNAHBA-REN SCHWEIGENS HERAB. —— JOSEPH CONRAD

❶ Regenwald in Ecuador
Fotografie: Andreas Gumbert
❷ 2/4_l Irgendwo auf einer Mücke Dee Breger, Lamont-Doherty Earth Observatory
❸ 2/4_n Kante eines Mücken-Flügels Dee Breger, Lamont-Doherty Earth Observatory

Das Mikroskop, 1608 von dem holländischen Brillenmacher Zacharias Janssen erfunden, hat die visuelle Naturerfahrung völlig verändert – auch im Sinne einer Ästhetisierung der Natur. Ein Pionier der Mikroskopie, Robert Hooke, schrieb 1665: »Wenn man sie [die Werke des Menschen] mit einem Organ betrachtet, das schärfer ist als jenes, mit dessen Hilfe sie hergestellt wurden, dann sehen wir umso weniger von ihrer Schönheit, je mehr wir von ihrer Form erkennen: in den Werken der Natur hingegen offenbaren die tiefsten Entdeckungen die größten Vortrefflichkeiten.« Heutige Rasterelektronenmikroskope erstellen erstaunlich plastische Bilder dreidimensionaler Strukturen bis in den molekularen Bereich hinein. Bei diesem Typ von Mikroskop trifft ein Elektronenstrahl auf das Präparat und wird von seiner Oberfläche »reflektiert«. Das so entstandene Bild wird auf einem Bildschirm sichtbar und von diesem abfotografiert.

❹ 2/4_d Aufgerollter Saugrüssel der Federmotte ›Pterophorus pentadactyla‹ Science Photo Library
❺ 2/4_e Kopf des Bandwurms ›Acanthocirrus retrirostris‹ Cath Wadfort, University of Hull, Department of Zoology, Science Photo Library

VON AUSSEN GESEHEN, GEHÖRT DIESE NATUR EINER ANDEREN ORDNUNG AN ALS DIE UNSRI-GE; SIE LÄSST EINEN HÖHEREN GRAD AN PRÄSENZ UND DAUER ERKENNEN. WIE IN DEN EXO-TISCHEN LANDSCHAFTEN VON HENRI ROUSSEAU GELANGEN AUCH HIER DIE LEBEWESEN ZUR WÜRDE VON OBJEKTEN. —— CLAUDE LÉVI-STRAUSS

»Dschungel-Chorus« Die Vielzahl fremdartiger Tierstimmen gehört mit zu den faszinierendsten Sinneseindrücken des tropischen Regenwaldes. Die Geräuschpegel der »Dschungel-Chöre« erreichen bis zu 80 Dezibel, das entspricht ungefähr der Lautstärke von starkem Verkehrslärm und trübt manch idyllische Vorstellung vom Regenwald. ——— Die Klang-Installation »Dschungel-Chorus« wurde in Zusammenarbeit mit Bioakustikern entwickelt und vollzieht einen Tagesablauf in gekürzter Form nach, denn viele Arten singen zu ganz bestimmten Zeiten. Die Forscher nutzen die Aufnahmen, um aus dem Stimmenmix die Anzahl der beteiligten Arten und Tiere abzuschätzen. So erhalten sie Angaben über die Biodiversität, also die Vielfalt der singenden Lebensformen, ohne die Tiere zu beeinträchtigen

①

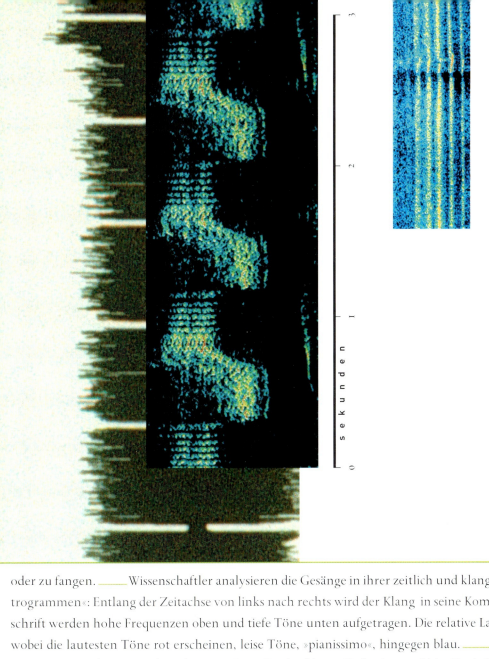

❶ 2/4_b Rüsselkäfer der Art ›Sitophilus granarius‹ Biophoto Associates

❷ 2/20_e Vogel aus Goldblech *Altamerikanischer Goldschmuck, Ica-Kultur (1000-1450)* Staatliche Museen zu Berlin, Museum für Völkerkunde

❸ 2/15_f Kurzlappen-Schirmvogel (Cephalopterus ornatus) *Tierpräparat aus dem Museum für Naturkunde der Humboldt-Universität zu Berlin*

❹ 2/18_a Jaguar, rituelles Grabgefäß der ›Moché‹-Indianer Perus *Die ›Moché‹-Kultur (um 200 v. Chr. – 800 n. Chr.) war um den Ort Moché im Nordwesten von Peru angesiedelt. In der Religion der Moché herrschten vergöttlichte Tiere vor, denen bestimmte Eigenschaften zugeschrieben wurden und deren Gestalt sich in vielfältiger Weise in hochentwickeltem Kunsthandwerk wiederfindet. Berühmt sind die plastisch gestalteten, teils szenisch bemalten, rothraunen und crémefarbenen Tongefäße.* Staatliche Museen zu Berlin, Ethnologisches Museum

❺ 2/13_d Mondfisch (Mola mola) *Tierpräparat aus dem Museum für Naturkunde der Humboldt-Universität zu Berlin*

❻ 2/4_k Dornen auf dem Schwanz eines Leguans Dee Breger, Lamont-Doherty Earth Observatory

❼ 2/17_b Lippenschmuck der ›Urubu‹ (Brasilien) *Für viele Ethnien Südamerikas sind Tiere Teil ihrer Mythologie und stehen*

oder zu fangen. ____ Wissenschaftler analysieren die Gesänge in ihrer zeitlich und klanglichen Dimension mit sogenannten »Spektrogrammen«: Entlang der Zeitachse von links nach rechts wird der Klang in seine Komponenten zerlegt. Wie die Töne der Notenschrift werden hohe Frequenzen oben und tiefe Töne unten aufgetragen. Die relative Lautstärke ist in der »Partitur« farbig kodiert, wobei die lautesten Töne rot erscheinen, leise Töne, »pianissimo«, hingegen blau. ____ *Aufnahmen: Dr. Klaus Riede, Zoologisches Forschungsinstitut und Museum Alexander König, Bonn. Durchgeführt im Tieflandregenwald des Kinabalu-Nationalparks auf Borneo.*

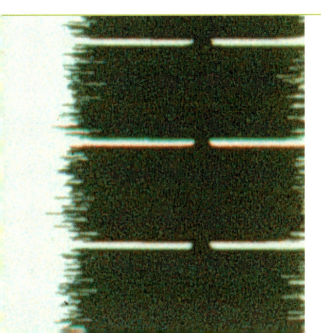

für bestimmte Eigenschaften wie Mut, Fruchtbarkeit, Schläue oder Kraft. Die Organismen des Waldes werden als Götter oder als Vermittler zu den Göttern betrachtet und die Materialien, aus denen kultisch bedeutsame Gegenstände gefertigt werden, liefern die Verehrten selbst. Verbreitet ist Federschmuck, welcher nur zu bestimmten Zeremonien angelegt wird. Die Vögel werden meist nicht getötet, sondern man verwendet entweder gefundene Federn oder entnimmt jedem Tier nur eine kleine Anzahl von Federn, was den Spender kaum beeinträchtigt. Staatliche Museen zu Berlin, Ethnologisches Museum

❶ 2/20_f,g Zwei Vögel aus Goldblech

❷ 2/20_a Taschenkrebs

❸ 2/20_h Votivgabe in Form eines Jaguars *Goldobjekte verschiedener altamerikanischer Kulturen in Tiergestalt Staatliche Museen zu Berlin, Ethnologisches Museum*

❹ 2/16_e Braunzottiges Gürteltier (Chaetophractus villosus)

❺ 2/16_k Plumplori (Nycticebus coucang)

❻ 2/15_b Quetzal (Pharomachrus mocinna)

❼ 2/16_j Fingertier (Daubentonia madagaskariensis)

❽ 2/14_b Fransenschildkröte (Chelus fimbriatus) *Tierpräparate aus dem Museum für Naturkunde der Humboldt-Universität zu Berlin*

❾ 2/23_a Vogel, Pneumatische Installation *Jim Whiting (*1951) baut die »Muskeln« seiner Maschinen-Wesen aus starken Feuerwehrschläuchen, die er zwischen zwei Stahlteile montiert. Wird Druckluft in das schlaffe Schlauchstück gepresst, rasen die beiden Stahlteile auseinander und der »Muskel« bewegt zuckend einen Teil der Figur. Dies und das Zufallsmoment der Bewegungen machen eine Art Käfig notwendig, in dem sich die Installationen bewegen. Jim Whiting, Leipzig*

❿ 2/21_g Gifttöpfchen mit Curare des brasilianischen Stammes der ›Coreguaje‹

Curare, ein Pfeilgift, wird aus der Rinde bestimmter Lianenarten gewonnen und ist ein klassisches Beispiel für die Nutzung exotischer Pflanzenwirkstoffe in der Medizin. Um 1800 in seiner Zubereitung erstmals von Alexander von Humboldt beschrieben, wurde der aktive Wirkstoff des Curare 1939 isoliert und 1943 erstmals erfolgreich in der Anästhesie eingesetzt. Staatliche Museen zu Berlin, Ethnologisches Museum

⓫ 2/2 ›Fourmi‹ (Ameise) *1953, Germaine Richier, Sprengel Museum Hannover*

01_ schreie
und flüstern)

IN DEN WÄLDERN SIND DINGE, ÜBER DIE NACHZUDENKEN MAN JAHRELANG IM MOOS LIEGEN KÖNNTE. — FRANZ KAFKA

⓫

—— DANIELA KRATZSCH

Der Wald – ein geheimnisvoller und mystischer Ort und Hort der Vielfalt des Lebens. Für den Menschen war er stets Bedrohung und Faszinosum zugleich; er wurde mit mythologischen Wesen wie Göttern, Geistern und Kobolden belebt und ist noch heute zentrales Motiv in vielen Sagen, Märchen und Erzählungen rund um den Globus. Christian Kaufmann beschreibt in *Magie der Bäume-Kräfte im Holz*, dass für viele Bewohner der Gebiete des Tropengürtels, die noch nach alten Überlieferungen leben, Menschen nicht selten als eine andere Erscheinungsform von Bäumen gelten: »Dabei sind diese Bäume oft gedanklich von oben nach unten gekehrt: Das dicke Stammende ragt nach oben, darüber befindet sich das Wachstums- und Steuerungszentrum – beim Menschen der Kopf – und darüber streben die Wurzeln (die Haare) auf. Unter dem Kopf befindet sich der zentrale Stamm – der Körper mit den lebenswichtigen Organen – ausgestattet mit ausgreifenden Ästen beziehungsweise den Extremitäten. Dieses Bild steht in vielen Kulturen Ozeaniens für die Transformation urzeitlicher Lebensformen in spezifisch menschliche. Dies geschieht durch die Vermittlung von sogenannten Kulturheroen, deren göttliche Erscheinungsform oft die eines ganz bestimmten Baumes ist.« _____ Den Menschen des frühen Mittelalters war der europäische Urwald heilig und besonders große alte Bäume wurden verehrt. Und sogar heute haben im täglichen Leben mancher Einwohner der nördlichen Länder Europas Naturgeister noch eine besondere Bedeutung: so gibt es in Island gar eine staatliche Feenbeauftragte. Der Wald mit seiner mythologischen und kulturellen Bedeutung kann mithin als Beispiel für das metaphysische Verhältnis von Mensch und Natur gelten, welches Simon Schama in seinem Buch *Der Traum von der Wildnis* folgendermaßen charakterisiert: »Denn wenn wir auch gewohnt sind, Natur und menschliche Wahrnehmung in zwei Bereiche zu scheiden, sind sie in Wirklichkeit nicht voneinander zu trennen. Bevor die Landschaft je ein Refugium für die Sinne werden kann, ist sie schon das Werk des Geistes. Ihre Szenerie ist ebenso aus Schichten der Erinnerung zusammengesetzt wie aus Gesteinsschichten.« _____ Bis zum frühen Mittelalter war auch ganz Europa noch in weiten Teilen von einem ursprünglichen, von forstwirtschaftlichen Maßnahmen weitgehend ungebändigten, dichten Wald bedeckt. Man vermied es, sich zu weit in ihn hineinzuwagen und wohnte »vor dem Wald«, auf Lichtungen und kleinen Rodungsflächen. Die einsetzende Inbesitznahme dieser Urwälder beschreibt Hansjörg Küster in seinem Buch *Geschichte des Waldes:* »Die Wälder [...] galten im frühen Mittelalter zunächst als ›res nullius‹, die niemandem gehörte. In einem zivilisierten Staatsgebilde konnte es aber keine Flächen geben, die ›Niemandsland‹ waren. Also übernahm die Grundherrschaft die Hoheit über diese Gebiete. Besitzlose Wälder wurden auf diese Art und Weise zu Reichsgut; die ersten Besitzer vieler Wälder in Mittel- und Westeuropa waren die fränkischen Könige«. Im *Capitulare de villis* von 795 bestimmte Karl der Große: »Jede Grundherrschaft habe zu verhindern, dass sich wieder wie in früherer Zeit Wald auf ehemaligem Ackerland ausbreite.« Zu dieser Zeit bedeckten Urwälder noch zwei Drittel Mitteleuropas, im 12. Jahrhundert dann erreichten die Rodungen ihren Höhepunkt. Der Holzbedarf war so immens, dass ganze Landstriche verkarsteten und sich das Bild Europas radikal wandelte. Erosion und Rückgang der Ackererträge führten vorübergehend zu Rodungsverboten und Einschränkung der Waldweiderechte. Dieser erste Waldschutz dauerte jedoch nicht an. Mit der einsetzenden Industrialisierung Europas im ausgehenden 18. Jahrhundert wuchs auch wieder der Bedarf an Holz und eine weitere Rodungswelle führte zu einem drastischen Rückgang der Waldflächen. Der ursprüngliche Wald war tot, nun trat der Forst seine Nachfolge an – gezüchteter, auf Ertrag hin angepflanzter Wald. _____ Ethnien der tropischen Wälder und ihre Kulturen sind vereinzelt noch immer Teil der Lebensgemeinschaft Wald und unterliegen somit auch noch direkt den Gesetzen dieses Lebensraumes. Die Menschen dort leben in kleinen nomadisierenden Gemeinschaften, die sich völlig den biologischen Gegebenheiten des Waldes angepasst haben und die Ressource Wald nur in dem Maße nutzen, wie sich diese selbst regenerieren kann. Dieses oft verklärte Bild vom »edlen Wilden«, der in »Harmonie mit der Natur« lebt, ist dabei nicht zuletzt auf die Tatsache zurückzuführen, dass diese Völker noch im Rahmen einer voreisenzeitlichen Kultur leben. Der Tourist oder Forscher, der sich in den Regenwald begibt, revidiert schnell jedes romantische Bild eines Garten Eden. Der moderne Mensch umgibt sich im Dschungel mit Moskitonetzen, um der Plage der stechenden Insekten Herr zu werden und verzweifelt daran, dass kein weiteres seiner mitgebrachten Mittel gegen die Mücken eine Wirkung zeigt. Nachts ist die Luft erfüllt von

❶

❷

❸

Pflanzenfotografien von Karl
Blossfeld
❶ 2/9_b ›Equisetum hyemale‹
(Winterschachtelhalm, basale
Stengelteile)
❷ 2/9_c ›Carex grayi‹
(Riedgras, Früchte)
❸ 2/9_d ›Taraxacum officinale‹ (Löwenzahn, Blütenknospe)
*Karl Blossfeldt (1865–1932) gilt
als Pionier der Fotografie der
›Neuen Sachlichkeit‹. Über
dreißig Jahre lang fotografierte
der Lehrer an der Berliner
Kunstgewerbeschule (1899–1930)
Pflanzendetails vor einem neu-
tralen Bildhintergrund und in
strenger Geometrie angeordnet –
Anschauungsmaterial für seinen
Unterricht. Das Werk des Auto-
didakten, der erst im Alter von
33 Jahren zur Fotografie kam, ist
zu einem Meilenstein der künst-
lerischen Fotografie geworden
und hat verschiedenste Künstler
in ihrem Schaffen beeinflusst.
Karl Blossfeldt Archiv – Ann
und Jürgen Wilde, Zülpich*

❹ 2/23_b Moskito, Pneuma-
tische Installation *Jim Whiting,
Leipzig*

Pflanzenfotografien von Imogen
Cunningham
❺ 2/10_a ›Calla Bud‹, 1920er
Jahre
❻ 2/10_b ›Water Hyacinth‹,
1920er Jahre
❼ 2/10_d ›Datura‹, um 1930

*Imogen Cunningham (1883–
1976) begann 1906 als Fotografin
in einem Studio in Seattle und
studierte 1910 an der Technischen
Hochschule in Dresden, wo sie
Alfred Stieglitz kennenlernte.
Ihre Pflanzenfotografien bilden
das fotografische Pendant zu den
Pflanzen-Gemälden der Malerin
Georgia O'Keeffe, der Lebens-
gefährtin von Stieglitz. Cunning-
hams Fotografien spielen bei
schöner Lichtführung mit der
Pflanzenform, wobei die Form im
Bild ungleich wichtiger wird
als das Motiv, die Pflanze selbst.*
The Imogen Cunningham
Trust, Berkeley

❹

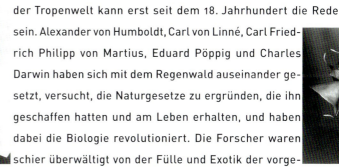

❺ ❻ ❼

seltsamen Geräuschen, die ihn nicht zuletzt wegen ihrer Lautstärke um den Schlaf bringen. Nach dem ersten Tag hat jeder Neuankömmling die Bekanntschaft mit einem typischen Bewohner des Regenwaldes, dem Blutegel gemacht, den er sich dann mit Abscheu vom Körper entfernen muss. Und bei einem längeren Aufenthalt stellt er fest, dass Plastik doch besser als Jute ist, da ihm alles, was nicht aus Synthetikfasern ist, von Mikroorganismen zersetzt, am Leibe langsam zerfällt. _____ Von einer systematischen wissenschaftlichen Erforschung der Tropenwelt kann erst seit dem 18. Jahrhundert die Rede sein. Alexander von Humboldt, Carl von Linné, Carl Friedrich Philipp von Martius, Eduard Pöppig und Charles Darwin haben sich mit dem Regenwald auseinander gesetzt, versucht, die Naturgesetze zu ergründen, die ihn geschaffen hatten und am Leben erhalten, und haben dabei die Biologie revolutioniert. Die Forscher waren schier überwältigt von der Fülle und Exotik der vorgefundenen Lebewesen. So schrieb Alexander von Humboldt am 17. Juli 1799 in einem Brief aus dem venezuelischen Cumaná an seinen Bruder Wilhelm: »Wie die Narren laufen wir bis jetzt umher; in den ersten drei Tagen können wir nichts bestimmen, da man immer einen Gegenstand wegwirft, um einen anderen zu ergreifen. Bonpland versicherte, dass er von Sinnen kommen werde, wenn die Wunder nicht bald aufhören.« _____ Die Eindrücke der frühen Forschungsreisenden vom Regenwald waren aber eher ausschnitthaft, da sie sich fast ausschließlich am Boden des Waldes bewegt haben. Das wirkliche Leben tobt im Regenwald in den oberen Stockwerken der Bäume. Heute sind Forscher nicht mehr nur am Boden unterwegs, sondern erobern die Wipfel des Waldes. Dabei bauen sie ganze Seilbahnen in das Dach des Dschungels oder installieren riesige Baukräne in der grünen Unendlichkeit. Hauptinteresse der Forschung ist die Vielfalt des Lebens in diesem eher unbekannten Lebensraum – die Biodiversität. Dieser Begriff, Mitte der achtziger Jahre durch Edward Wilson populär gemacht, steht stellvertretend für den ganzen Regenwald. Vergleicht man das Artenaufkommen in der

Kronenregion der Regenwälder mit dem des Bodens, wird erst der eigentliche Grund zum Staunen sichtbar: überall noch unbekannte Arten. Ein Teil der Biologen geht daher davon aus, dass die Schätzungen der globalen Tier- und Pflanzenvielfalt, die noch vor fünfzehn Jahren bei ca. vier Millionen Arten lagen, um ein Vielfaches nach oben korrigiert werden müssen: auf Zahlen zwischen zehn und hundert Millionen Arten. Über diese Schätzungen ist schon seit Jahren ein heftiger Disput im Gange, denn sie bilden die Grundlage zur Berechnung des Artensterbens. Anfänglich alarmierend hohe Raten, unter anderem von Wilson errechnet, werden heute durch neue Modelle teilweise in Frage gestellt. Allerdings scheint sich die Natur nicht immer so zu verhalten, wie Wissenschaftler es voraussagen und manches Ökosystem erweist sich dann doch als flexibler als zuvor angenommen. Arten, die als ausgestorben galten, tauchen plötzlich wieder auf, wie der Schomburgkhirsch: Die einst in Thailand beheimatete Art galt schon vor sechzig Jahren als ausgestorben, hat aber in einem Waldgebiet auf Laos überlebt – kürzlich verkaufte ein Wilderer sein Geweih auf einem lokalen Markt. Andererseits gibt es Arten, die eine entscheidende Rolle in dem komplizierten Gefüge von Ökosystemen zu spielen scheinen und deren Verschwinden einen viel massiveren Effekt auf die verbleibenden Arten ausübt, als man erwarten würde. Ein Beispiel für solche Arten mit »Schlüsselfunktion« sind *Mykhorizza-Pilze.* Sie leben im Wurzelwerk vieler Bäume und versorgen diese mit lebenswichtigen Salzen und Wasser, im Gegenzug erhalten sie dafür Kohlenhydrate. Wird diese wechselseitige Beziehung, Symbiose genannt, gestört, entzieht man damit dem gesamten Ökosystem Wald die Grundlage.

Wilson beschreibt dieses Phänomen in seinem Buch *Der Wert der Vielfalt* folgendermaßen: »Mit fortschreitendem Artensterben erweisen sich einige der erloschenen Arten als Schlüsselarten, deren Verschwinden den Verlust anderer Arten nach sich zieht und sich in einer Art Dominoeffekt auf die Populationen der überlebenden Arten auswirkt. Der Verlust einer Schlüsselart gleicht dem versehentlichen Anbohren eines Stromleitungskabels. Die Folge ist,

① 2/10_e ›Aloe‹ 1925, Imogen Cunningham
② 2/9_e ›Aristolochia clematitis‹ (Osterluzei, Stengel mit Blatt), Karl Blossfeldt
③ 2/11_b ›Epidendron prismatocarpum‹ (Orchidee), 1922/23, Albert Renger-Patzsch
④ 2/12_c Kieselalge (Diatomee Arachnoidiscus), 1928, Carl Strüwe

Pflanzenfotografien von Albert Renger-Patzsch ⑤ 2/11_e ›Heterotrichum macrodum‹, 1922/23 **⑥** 2/11_a ›Catasetum tridentatum‹ (Orchidee), 1922/23 **⑦** 2/11_d ›Mesembrianthemum tigrinum‹ (Mittagsblume), 1922/23 *Für Albert Renger-Patzsch (1897–1966), dem bedeutensten Vertreter der Neuen Sachlichkeit in der deutschen Fotografie, waren Pflanzen Zeit seines Lebens eines seiner Hauptmotive. Sein 1928 erschienener Bildband ›Die Welt ist schön‹ galt den ästhetischen Qualitäten zwischen Menschenwerk und Naturschöpfung. Anders als Blossfeldt mit seiner statischen genormten Annäherung an die Pflanzen war Renger-Patzsch an der Oberfläche des Abgebildeten interessiert und bezog das Umfeld der Pflanzen in das Bild mit ein. Albert Renger-Patzsch Archiv – Ann und Jürgen Wilde, Zülpich*

⑤

dass in allen Haushalten das Licht ausgeht.« Die kulturelle Entwicklung des Menschen gründet nicht zuletzt auf die spezifischen Eigenschaften zahlreicher Pflanzen, Tiere und Mikroorganismen. Den Tropen kommt dabei eine besonders große Bedeutung zu. Den Anteil tropischer Arten an unseren Nutzpflanzen machen wir uns heute kaum bewusst, so sehr sind Kartoffeln, Tomaten und Paprika schon Teil unserer Kultur. 40 Prozent aller Medikamente, die sich hierzulande auf dem Markt befinden, gründen ihre Wirkung auf Pflanzenwirkstoffe von nur neunzig Pflanzenarten, darunter auch tropischer Pflanzen. Rechnet man diese Zah-len hoch, so lässt die Artenvielfalt der Tropen noch zahllose vielversprechende medizinisch wirksame Verbindungen erwarten. Um an dieses »grüne Gold« zu gelangen, haben Pharma-unternehmen einen neuen Berufszweig mit begründet, den sogenannten »Ethnobotaniker«. Dieser wird in den Dschungel geschickt, um neue Arzneistoffe zu entdecken. Dabei vertraut er auf die Erfahrungen traditioneller Heiler und Medizinmänner, die über ein erstaunlich weitreichendes Wissen von den Vorgängen im menschlichen Körper und deren krankhafte Veränderungen verfügen. Die Diagnose- und Behandlungsverfahren sind dabei oft ebenso einfach wie effizient. So stellt ein afrikanischer Medizinmann bei seinem Patienten eine Dia-betes fest, indem er dessen Urin den Ameisen vorsetzt. Ein hoher Zuckergehalt führt dazu, dass die Tiere herbeieilen – der Beweis für Diabetes. Bleiben die Insekten den feuchten Flecken wieder fern, hat die vom Heiler verabreichte Medizin geholfen. Den beteiligten Stäm-men soll bei erfolgreicher Vermarktung eines Mittels, zu dessen Herstellung sie solcherma-ßen beigetragen haben, ein Teil des Gewinns zukommen. Ein anderes Modell gibt es in Costa Rica. Hier arbeitet eine staatliche Organisation namens InBIO an der Inventarisierung der reichhaltigen Flora und Fauna des kleinen Landes. Dabei ist InBIO eine Kooperation mit dem Pharmagiganten Merck eingegangen. Von jeder neu gefundenen Art werden von InBIO Proben zu Merck geschickt und dort auf medizinisch wirksame Substanzen hin geprüft. InBIO

❽ ❾

erhält dafür eine beachtliche Summe, die ihre weitere Forschungsar-beit garantiert. Sollte Merck aus einer der Proben ein markttaugliches Mittel entwickeln, wird Costa Rica prozentual am Umsatz beteiligt. Wenn nur drei Medikamente unter der Mithilfe von InBIO auf den Markt kommen, würde das dem Land mehr einbrin-gen als dessen gesamte Bananen- und Kaffee-Ernte zusammen. Solche Modelle zeigen, dass auch wirt-

❿

schaftliche Interessen für den Erhalt der Regenwälder sprechen. Allerdings sind die Erfolge bisher noch recht gering. Markttaugliche Arzneimittel bedürfen einer extrem langen Ent-wicklungs- und Testphase und so vergehen von der Entdeckung eines Wirkstoffes bis zum zugelassenen Medikament oft mehr als zehn Jahre. Jedoch gibt es auch schon einige Präpa-rate, die auf ein solches breit angelegtes »Screening-Verfahren« zurück gehen: so zum Bei-spiel *Vincristin*, heute das Mittel der Wahl für die Behandlung von Leukämie bei Kindern, oder *Taxol*, ein Mittel zur Behandlung von Eierstockkrebs. Ein direkter und pragmatischer Ansatz von Naturbetrachtung bezieht sich auf die von der Natur erbrachten öko-nomischen Leistungen. Mikroorganismen, Pflanzen und Tiere arbei-ten rund um die Uhr für uns, und das gratis. Ihre Dienstleistungen, wie das Reinigen von Luft und Wasser, die Schaffung fruchtbarer Böden oder die Bestäubung von Nutzpflanzen sind – das haben Öko-

❻

❼

2/6_b Typenplatte mit Kieselalgen (Diatomeen)

Otto Müller (1837–1917) war ein Berliner Verlagsbuchhändler und botanischer Autodidakt, der sich in seiner Freizeit ausgiebig dem Studium von Kieselalgen widmete. Der Ehrendoktor der Berliner Universität veröffentlichte 41 Publikationen hierzu und schuf ein Begriffssystem, das noch heute Gültigkeit hat. Für die Präparation der fast ornamentalen Kieselalgen-Arrangements – Typenplatten genannt – wurden die Algen mittels einer Wimper auf dem Objektträger sortiert und dann in ihrer endgültigen Position fixiert.

Georg Ferdinand Otto Müller, um 1870, Freie Universität Berlin, Zentraleinrichtung Botanischer Garten und Botanisches Museum, Berlin-Dahlem

nomen in einer Aufsehen erregenden Studie errechnet – 33 Billionen (33 000 000 000 000) US Dollar im Jahr wert – das entspricht etwa dem Doppelten des globalen Bruttosozialprodukts. Diese ökonomische Sicht der Natur ist eigentlich nichts Neues, aber sie unterscheidet sich in einem Punkt von der althergebrachten: War das wirtschaftliche Interesse des Menschen, was die Natur betraf, stets auf Ausbeutung ihrer Ressourcen ausgerichtet, so legt dieser neue Ansatz eine nachhaltige Nutzung und damit eine Bewahrung der Natur nach Maßgabe reiner Wirtschaftlichkeit nahe. Auch wurde schon errechnet, was es kosten würde, die Biodiversität weltweit zu erhalten. Dabei kamen die Wirtschaftswissenschaftler zu dem Schluss, dass es sich um eine Summe handelt, die lediglich ein Viertel der Subventionen betragen würde, die weltweit für umweltschädigende Maßnahmen gezahlt werden. Sie ließen in ihrer Studie keinen Zweifel darüber, dass dieser Betrag durch eine andere politische Gewichtung ohne große Anstrengungen aufzubringen wäre. Vielleicht liegt in diesem neuen Ansatz der ökonomischen Betrachtung der Natur der Schlüssel zur Bewahrung ihrer ökologischen Vielfalt, und die Ökonomie verkehrt sich so von einer einstigen Bedrohung zu der einzigen wirkungsvollen Retterin für die Vielfalt des Lebens.

tropischen urwäldern____ ANDREAS FLOREN UND KARL-EDUARD LINSENMAIR

❶ *Ein Urwaldriese wird einge-
nebelt. Das für Warmblütler
ungefährliche Gift führt dazu,
dass Insekten und andere Gliedertiere herunterfallen in Sam-
meltrichter. Jeder einzelne Baum
birgt einen eigenen Schatz der
Vielfalt: 2000–4000 Tiere leben
in dem Gehölz, viele davon
unbekannt. Oft kommt eine Art
nur einmal pro Baum vor und
jeder weitere Fang, auch in
direkter Nachbarschaft, bringt
neue Arten zum Vorschein.*
❷ *Der Einsatz eines kleinen
Luftschiffes ermöglicht den
direkten Zugang zu den Baumkronen mit ihren artenreichen
Tiergemeinschaften. Welche
Tiere sich im freien Luftraum
bewegen, lässt sich mit großen
Reusen- und Klebfallen untersuchen (hier die Untersuchung
eines europäischen Laubwaldes).*

❷

Der Begriff Biodiversität – ein modernes Schlagwort, das
heute in keiner umweltpolitischen Diskussion fehlt –
wird meist als Synonym für die Artenvielfalt auf unserer
Erde benutzt. Wissenschaftlich gesehen schließt die Diver-
sitätsforschung aber jede Form biologischer Vielfalt ein:
von den Genen einzelner Organismen über Populationen
und Lebensgemeinschaften bis hin zu ganzen Lebensräumen. Biodiversität ist also weit mehr als reine Artenzähle-
rei. Biodiversität steht für ein faszinierendes Forschungsgebiet, in dem die Artenvielfalt aber einen besonderen
Stellenwert besitzt, da Arten die Grundlage für die Vielfalt
aller höheren Ökosysteme bilden und nicht so abstrakt
sind wie Gene. Seine Aktualität erhielt der Begriff Biodi-
versität jedoch durch die Umweltzerstörung des Menschen. Erst langsam wächst die Erkenntnis, dass es eine der größten und für unser Überleben zentrale Herausforderung ist,
die Erosion der Biodiversität zu stoppen. ____ Zu dieser Thematik führen wir vergleichende Untersuchungen in Wäldern der Tropen und Mitteleuropas durch. Dabei konzentrieren wir uns auf Insekten- und Spinnentiere in Baumkronen (Arthropodengemeinschaften). Vornehmlich auf Grund der schweren Zugänglichkeit stellen
Baumkronen in den Wäldern der Tropen wie der gemäßigten Breiten einen
noch weitgehend unerforschten Lebensraum dar. Da es für die Baumkro-
nenforschung keine standardisierten Fangmethoden gibt, testen wir auch
unkonventionelle Methoden, wie z.B. den Einsatz eines Heißluft-Luftschif-
fes, mit dem es möglich ist, Proben aus einzelnen Baumkronen zu nehmen
und verschiedenste Fallentypen sowie Messgeräte in den Bäumen abzusetzen. So können
einzigartige Informationen aus dem obersten Kronenbereich auch unserer Wirtschafts-
wälder gewonnen werden. ____ Geht es aber darum, vollständige Insektengemeinschaften zu sammeln, um deren Struktur und Artenzusammensetzung zu analysieren, ist man
auf die noch relativ neue Methode der Baumkronenbenebelung angewiesen. Nur damit
ist es möglich, baumspezifische Unterschiede zwischen den Gemeinschaften zu entdecken
– eine wesentliche Voraussetzung für unsere Untersuchungen. Zu diesem Zweck wird ein
Insektengift in der Baumkrone vernebelt und die getöteten Insekten werden in Fang-
trichtern über dem Boden aufgefangen. Wir verwenden ausschließlich natürliches Pyre-
thrum, das hochgradig spezifisch auf Insekten und andere Gliedertiere wirkt und innerhalb
weniger Stunden vollständig abgebaut ist. Entgegen vieler Befürchtungen zeigen Kon-
trolluntersuchungen, dass der schädigende Einfluss einer Benebelung gering ist, da die
ganze Aktion räumlich und zeitlich sehr begrenzt ist. Darüber hinaus ist es absolut sicher,

❶

033

dass durch einen einmaligen und kleinräumigen Fang von Tieren keine Arten in irgendeiner Weise in ihrer Existenz bedroht werden. →**wie viele arten leben auf der erde?** Will man verstehen, was es bedeutet, wenn von einer hohen Biodiversität gesprochen wird, so lässt sich dies kaum besser als an tropischen Tieflandregenwäldern dokumentieren. Obwohl bereits zum Teil durch menschliche Aktivitäten vernichtet oder stark

❶ *Das wahre Dschungel-Leben tobt weit oben in den Baumkronen: Wissenschaftler dringen mit halsbrecherischen Klettertechniken bis in den obersten Blattbereich vor, in dem die meisten Insekten- und Spinnentiere leben.*
❷ *Käfer sind die artenreichste Tiergruppe auf der Erde: etwa ein Viertel aller bekannten Tierarten sind Käfer. Bisher sind etwa 370 000 Arten beschrieben.*
❸ *Auf der Erde leben etwa zehntausend Billionen Ameisen (10 000 000 000 000 000!). Zusammen wiegen diese etwa ebenso viel wie alle Menschen. In den tropischen Urwäldern spielen Ameisen als Räuber eine zentrale Rolle (hier die Gattung ›Pheidologeton‹).*
❹ *Schrecken und Zikaden, wie zum Beispiel diese Langfühlerheuschrecke, produzieren eigentümliche Gesänge, die das Klangbild des Regenwaldes maßgeblich prägen.*

in Mitleidenschaft gezogen, leben hier 70 Prozent, vielleicht auch über 90 Prozent aller terrestrischen Tier- und Pflanzenarten. Ging man noch bis vor wenigen Jahren von insgesamt etwa zwei Millionen auf der Erde existierenden Arten aus, von denen etwa 1,6 Millionen wissenschaftlich beschrieben sind, so weiß man heute, dass diese Zahl deutlich nach oben korrigiert werden muss. Zurückzuführen ist dies auf die Arbeit von Terry Erwin, der 1980 die Kronenfauna einer Baumart des tropischen Urwaldes in Panama untersuchte. In seiner Analyse kam er zu dem Schluss, dass allein in den tropischen Urwäldern mindestens 30 Millionen Arthropodenarten vorkommen. In den Folgejahren wurden immer mehr solcher globalen Artenschätzungen veröffentlicht, die heute zwischen 3 bis 100 Millionen Arten differieren! Für eine wissenschaftlich fundiertere Eingrenzung fehlen noch schlichtweg die Grundlagen. _____ Unsere Untersuchungen in einem Tieflandregenwald auf Borneo, im Kinabalu-Nationalpark in Sabah, Malaysia, liefern eindrucksvolle Belege dieser Artenvielfalt. Aus den Kronen von lediglich 19 Bäumen dreier kleiner Baumarten, die mit etwa 3000 weiteren Arten die dortigen Wälder bilden, sammelten wir annähernd 2000 Käferarten. Dies entspricht etwa einem Viertel aller in ganz Mitteleuropa nachgewiesenen Arten. Und in einer einzigen Baumkrone fanden wir 61 Ameisenarten. Zum Vergleich: aus ganz Deutschland kennen wir nur insgesamt 112 Arten. Als weiteres von vielen möglichen Beispielen seien noch die Heuschrecken angeführt. Sie galten als wissenschaftlich gut besammelte Gruppe und dokumentieren, wie einzigartig die
❸ Fauna in den Baumkronen ist. Aber 48 aller 49 aus unseren Proben bestimmten Arten waren bis dahin unbekannt, also auch nie mit anderen Methoden gefangen worden. Offensichtlich kommen diese Arten ausschließlich in den Bäumen vor, wo

sie Glieder hochkomplexer Gemeinschaften sind, deren Existenz wir erst seit wenigen Jahren wahrnehmen. _____ Typischerweise sind die meisten dieser Arten ausgesprochen selten und wurden nur mit einem oder wenigen Exemplaren gefangen. Dies hat zur Folge, dass wir selbst nach mehreren Jahren Forschungsarbeit noch immer bei jeder Fangaktion überwiegend neue Arten finden, ohne dass ein Ende absehbar wäre. Seltenheit ist ein Wesensmerkmal der tropischen Artenvielfalt. Über die Biologie dieser Arten, ihr genetisches Potential, ihre ökologische Bedeutung, die Art und Weise wie sie mit anderen Arten interagieren, wie sie Gemeinschaften und schließlich Ökosysteme bilden, darüber wissen wir faktisch nichts. →**wie konnten im laufe der evolution so viele arten in den tropen entstehen?** Die hohe Artenvielfalt insbesondere der Tieflandwälder wirft evolutionsbiologisch hochinteressante Fragen auf. Sind die Voraussetzungen für die Artbildung in den Tropen günstiger als in den höheren Breiten? Sterben vergleichsweise weniger Arten aus als in den gemäßigten Breiten, so dass im Laufe der Zeit immer mehr Arten akkumulieren? _____ In diesem Zusammenhang wird eine Reihe von Faktoren angeführt, die die hohe Biodiversität der Tropen begünstigen sollen: 1.)_____ Ein bedeutender Faktor ist sicher die große Fläche gleicher klimatischer Bedingungen – die Tropen bilden die einzige Zone, bei der die Süd- und Nordhemisphäre nicht voneinander getrennt sind – denn generell steigt die Artenvielfalt mit wachsender Fläche. 2.)_____ Einige dieser Urwälder zählen mit mehr als einhundert Millionen Jahren zu den ältesten Ökosystemen überhaupt. Zwar variierte ihre Größenausdehnung im Laufe der Kalt- und Warmzeiten, doch blieben zumindest Teilareale erhalten, in denen viele Arten trotz schlechter werdender Umweltbedingungen überdauern konnten. 3.)_____ Von Vorteil dürften die milden klimatischen Bedingungen sein, in denen saisonale Schwankungen nur schwach ausgeprägt sind. Dies erlaubt es vielen Arten, das ganze Jahr über aktiv zu sein und mehr Generationen als in den außertropischen Ökosystemen zu produzieren. 4.)_____ Sicherlich fördernd für die Biodiversität ist die große Strukturkomplexität der Urwälder, die vornehmlich auf die vielen Baum- aber auch die anderen Pflanzenarten zurückzuführen ist. Diese schaffen eine ungeheure Vielfalt von Nischen und ermöglichen die Ausprägung vielfältiger Interaktionen zwischen den Arten. 5.)_____ Vermutet wird auch ein Einfluss der Nährstoffarmut der meisten Böden auf die Pflanzenvielfalt, der zu einem schnellen und effektiven Nährstoffrecycling zwingt. Dennoch liegt die Primärproduktion vieler tropischer Wälder mindestens in der gleichen Größenordnung wie in den höheren Breiten. Die Zusammenhänge zwischen Nährstoffmangel, Produktivität der Pflanzen und der Diversität von Pflanzenfressern, deren Räuber usw., sind noch wenig verstanden. 6.)_____ Ein Aspekt, der wesentlich zu dem Nebeneinander so vieler Arten beitragen könnte, ist ihre Seltenheit (s.o.). Dabei ist es aus heutiger Sicht völlig unverstanden, wie sich so seltene Arten regelmäßig zur Paarung finden und wie sie einem schnellen Aussterben entgehen, für das seltene Arten sehr viel anfälliger sein sollten als häufige.

→**welche mechanismen strukturieren die artenreichen gemeinschaften der tropen?** Neben der Frage, wie es möglich war, dass im Laufe der Evolution so viele Arten entstehen konnten, ist auch danach zu fragen, wie diese dauerhaft koexistieren können, ohne dass gegenseitige Konkurrenz zum Aussterben führt. Diese Frage ist durchaus nicht trivial, denn sie ist auf Grundlage der in der Ökologie dominierenden Theorie der ökologischen Nische nicht zu verstehen. Danach sollte jede Art für eine ganz bestimmte Kombination von Umweltbedingungen am besten angepasst sein, die ihren sogenannten Nischenraum bilden, in dem sie allen potenziellen Konkurrenten überlegen ist. Folge einer solchen Spezialisierung ist, dass die Zahl der verfügbaren Nischen begrenzt ist und die Gemeinschaften ähnlicher Lebensräume ein hohes Maß an Vorhersagbarkeit besitzen sollten. Eine Schwierigkeit liegt nun darin sich vorzustellen, dass für die außerordentlich hohe Zahl von Arten in tropischen Ökosystemen auch entsprechend viele klar voneinander getrennte Nischen existieren. _____ Inwieweit die Nischentheorie für die tropischen Ökosysteme Gültigkeit besitzt, untersuchen wir in einem Urwald Borneos. Hierzu sammeln wir die Insektengemeinschaften mehrerer Individuen derselben Baumart an sehr ähnlichen Standorten und vergleichen sie miteinander. Überraschenderweise und entgegen der Vorgaben der Nischentheorie sind die Urwaldgemeinschaften nicht von Zufallsgemeinschaften zu unterscheiden und bestehen aus Arten, die in ihren Nischenansprüchen stark überlappen. Dies steht in deutlichem Gegensatz zur Nischentheorie, die hier ganz offensichtlich nicht zutrifft. Einen völlig anderen Eindruck bekommt man allerdings, wenn Sekundärwälder untersucht werden, die vom Menschen gerodet, ackerbaulich genutzt oder in Plantagen umgewandelt wurden. Hier findet man eine große Übereinstimmung der Struktur der Arthropodengemeinschaften mit den Vorgaben der Nischentheorie. Nicht nur, dass in einzelnen Gruppen über 90 Prozent der Arten lokal aussterben, einige wenige Arten werden sehr häufig und die Gemeinschaften insgesamt sehr viel vorhersagbarer. _____ Diese Ergebnisse deuten auf einen bislang unberücksichtigt gebliebenen Zusammenhang zwischen von Menschen verursachten Störungen eines Ökosystems und der Struktur seiner Gemeinschaften. Ein Aspekt, der auch für die Länder der gemäßigten Breiten von großer Bedeutung sein dürfte. In Deutschland etwa wurden bereits vor mehreren hundert Jahren alle Urwälder in Kulturland umgewandelt, vermutlich mit ähnlich tiefgreifenden Konsequenzen für die Vielfalt und Organisation der Insektenwelt, wenn hier auch zu bedenken ist, dass die Gesamtartenzahlen immer sehr viel niedriger als in den Tropen waren. Sollte sich diese Hypothese als richtig erweisen, würde sie die vorherrschende Theorie der ökologischen Nische in Frage stellen. Dabei ist

Fauna des ecuadorianischen Tieflandregenwaldes
❶ Schmetterlingsraupe mit Haarkleid
❷ Nachtaktive Webnetzspinne
❸ Ameise mit Latex
❹ Tropischer Schmetterling
❺ Giftige Wanze mit Warntracht
Fotografien: Andreas Gumbert

festzustellen, dass wir diese Fragen in dieser Deutlichkeit nur stellen können, weil es in den Tropen noch intakte Urwälder gibt. Dies führt uns zu dem letzten Aspekt. →welche konsequenzen hat der verlust an biodiversität? Wie wenig wir noch darüber wissen, wie Biodiversität und die Leistungen der Ökosysteme zusammenhängen, wird immer dann klar, wenn sich Ökosysteme anders verhalten, als es den Erwartungen der Menschen entspricht. Es ist wichtig sich klarzumachen, dass die Hauptursache für den Verlust von Biodiversität die Vernichtung von Lebensräumen ist. Die Zerstörung der Umwelt wird heute mit einer solchen Geschwindigkeit und Gründlichkeit durchgeführt, dass sie eine menschlich verursachte Aussterbewelle unvorstellbaren Ausmaßes nach sich zieht. Dabei findet das große Artensterben beinahe unbemerkt statt, zumindest für die Bevölkerung der Industriestaaten, die hierzu weder einen unmittelbaren Bezug hat, noch direkte Konsequenzen zu fürchten braucht. Paradoxerweise bestreitet aber niemand, dass diese Zerstörung dramatische Konsequenzen nach sich ziehen wird, die sich nicht mehr regional begrenzen lassen, zum Beispiel in Folge der Zerstörung der Bodenfruchtbarkeit, der Veränderung des globalen Wasserhaushaltes oder des Klimas, in dessen Folgen wiederum unkalkulierbare soziale Spannungen entstehen werden. Um dieser höchst gefährlichen Entwicklung vorzubeugen, ist es wichtig, ein Höchstmaß an Vielfalt zu erhalten, denn nur so besteht Hoffnung, die Funktionsfähigkeit der immer mehr verarmenden Ökosysteme und ihre lebenswichtigen Leistungen zu erhalten. _____ Intakte Regenwälder sind die produktivsten Laboratorien der Evolution, in denen sich über Jahrmillionen eine ungeheure Artenvielfalt angesammelt hat. Im Erbgut dieser unzählbaren Mikroben-, Pilz-, Pflanzen- und Tierwelt sind alle nur denkbaren Überlebensstrategien gespeichert, die der Mensch erst zu einem Bruchteil kennen und nutzen gelernt hat. Viele dieser Arten könnten auch für menschliche Bedürfnisse einmal von unschätzbarem Wert werden – wenn sie erhalten bleiben. Gleichzeitig mit der fortschreitenden Zerstörung der Urwälder steigt der Nutzungsdruck durch die Menschen. Wie stark diese Ökosysteme aber genutzt werden können, ohne sie substanziell zu schädigen, darüber ist bis heute noch sehr wenig bekannt. So hängt der Fortbestand der Pflanzenarten von speziellen Bestäubern und Samenverbreitern ab, Räuber und Parasiten halten die Pflanzenfresser in Schach und Zersetzerarten sorgen für ein sofortiges Recycling der Abfallstoffe. Alle diese Arten bilden ein filigranes, interaktives Netzwerk, das irgendwie das Gesamtsystem steuert. Wird diese chaotisch erscheinende Vielfalt gestört, treten die bekannten Schäden auf, die Artenvielfalt der Pflanzen und Tiere sinkt dramatisch, einzelne Insektenarten verursachen enorme Schäden, die Stoffkreisläufe geraten durcheinander usw., bis schließlich die irreversible Erosion ganzer Ökosysteme einsetzt. Wer kann da den Wert einer Käfer- oder Pilzart bemessen? Bis heute ist der Mensch nicht in der Lage, irgendein Ökosystem erfolgreich zu managen, auch nicht die wesentlich artenärmeren und viel besser erforschten Systeme in den temperaten Breiten. Für die hochkomplexen tropischen Urwälder fehlen selbst noch die basalen Grundlagen. Wie aber soll man adäquat auf Schäden reagieren, ohne zu wissen, wie ein System funktioniert? Unter diesen Umständen zu glauben, wir könnten einen degenerierten Wald nachhaltig nutzen und langfristig erhalten, ist völlig utopisch. So bleiben die Antworten Platitüden; sicherlich erfordert der Erhalt solcher hochdiversen Wälder enorm große Schutzgebiete, man stelle sich nur einmal die Fläche vor, wenn jeweils zweihundert Baumindividuen von 3000 Baumarten zu einem Wald arrangiert werden. Aber reichen zweihundert Individuen, oder müssen es fünfhundert oder tausend sein – niemand kann das mit Sicherheit sagen.

1 ›Dendrobates tinctorius‹ Französisch Guyana
2 ›Dendrobates tinctorius‹ Brasilien
3 ›Dendrobates azureus‹ Surinam
4 ›Dendrobates leucomelas‹ Venezuela
5 ›Dendrobates histrionicus‹ Ecuador

Die Familie der Farbfrösche signalisiert durch ihre auffällige Warntracht ihre mitunter extreme Giftigkeit. Einige Arten besitzen Toxine, die wesentlich stärker wirken als das Pfeilgift Curare Fotografien: Jordi Vazquez

Tierstudien des Giorgio Liberale aus der Ambraser Sammlung des Erzherzogs Ferdinands von Tirol *Die Arbeiten sind Teil einer hundert Blätter umfassenden Sammlung von Tierstudien, welche Giorgio Liberale von Udine (um 1527–1579) im Auftrag von Erzherzog Ferdinand II. in der Zeit von 1562/63–1576 anfertigte. Das vornehmlich der Meeresfauna gewidmete Werk war für die Kunst- und Naturaliensammlung des Herzogs auf Schloss Ambras bei Innsbruck bestimmt. Liberales Zeichnungen stellten insofern ein Novum dar, als sie die Wiedergabe von Tierarten in möglichst natürlicher Größe und natürlicher Formenvielfalt anstrebten.* Wien, Österreichische Nationalbibliothek

❶ 2/25_c Zwei Kugelfische
❷ 2/25_a Schnecken und Heuschrecken Detail vergrößert nachfolgende Seite
❸ 2/25_d Zwei Schildkröten, Eidechsen und Feuersalamander
❹ Pico_Scan 1999/2000, *Screenshots mit künstlichen Lebewesen.* Christa Sommerer und Laurent Mignonneau

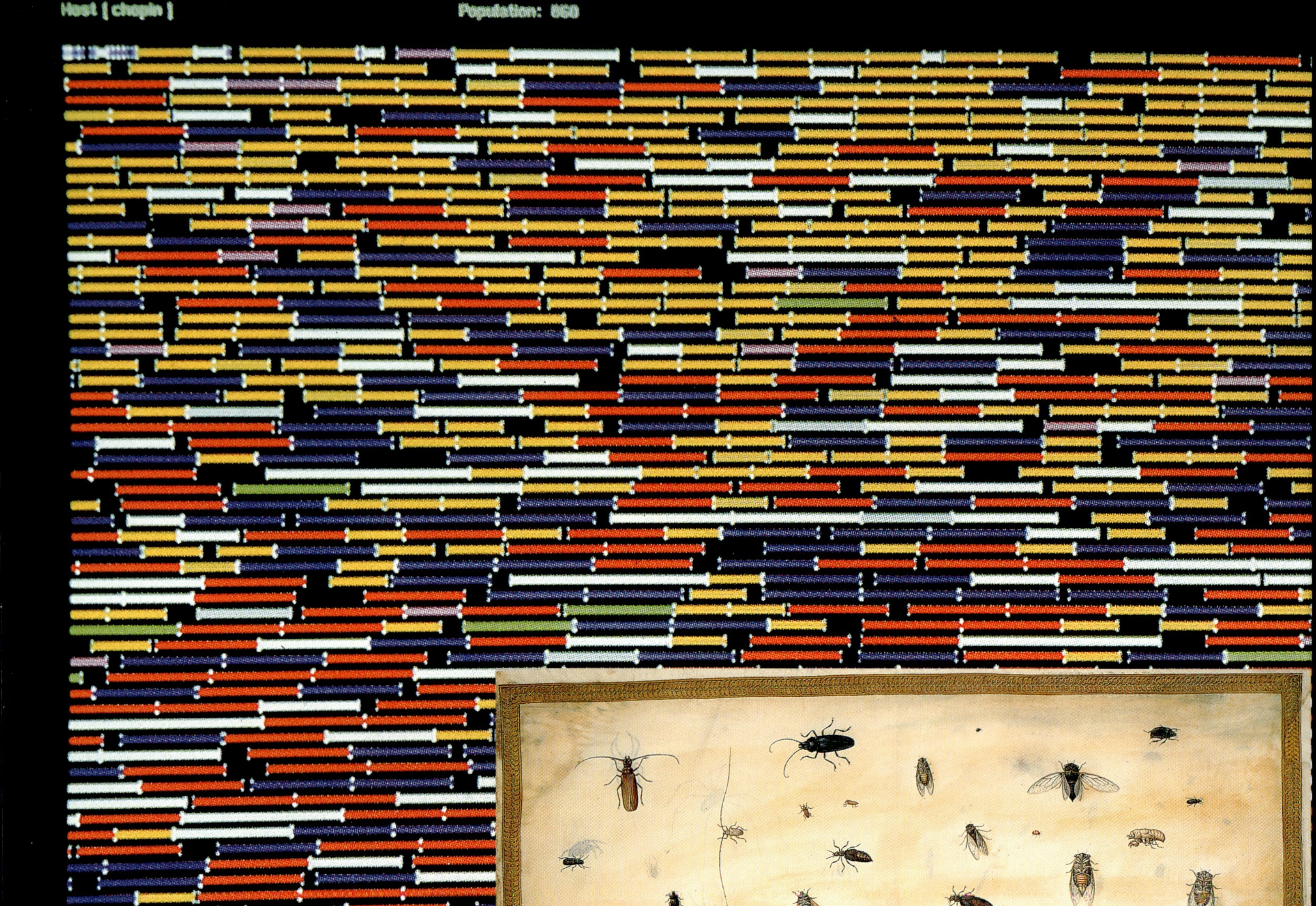

❶

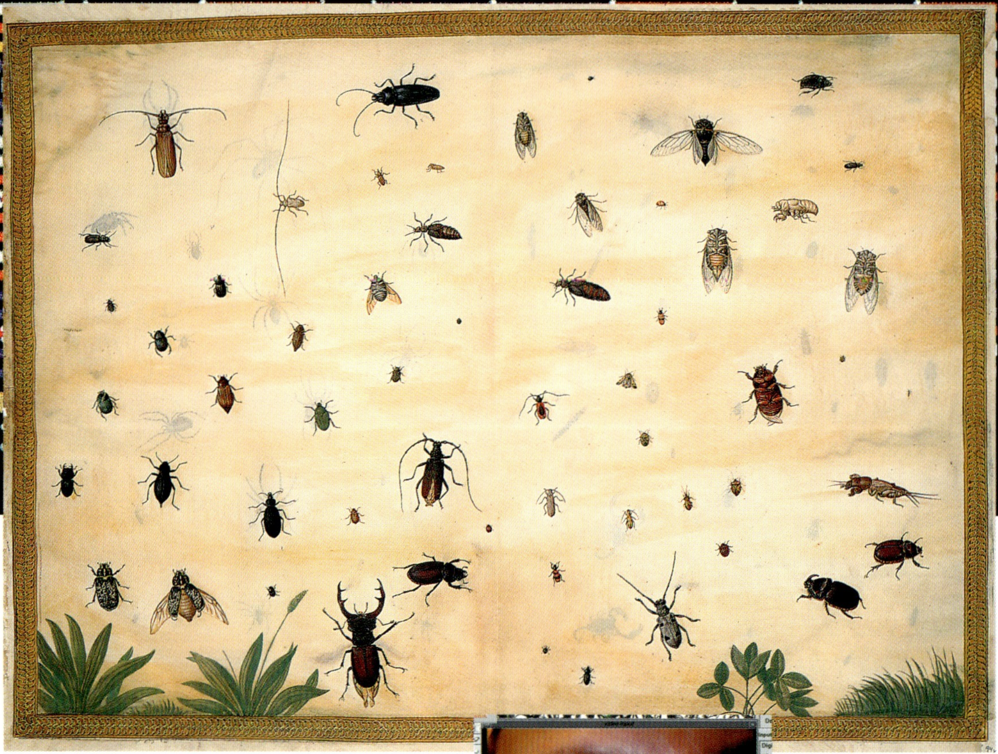

❷

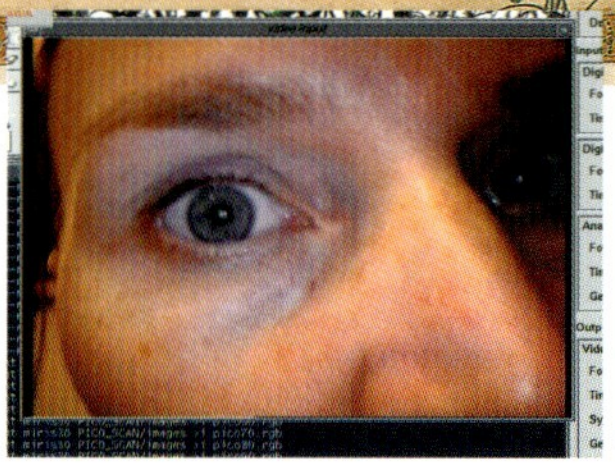

❸

❶ ›Tierra‹, *eines der ersten Computerprogramme mit »künstlichem Leben« von Thomas S. Ray – »Ein Reservat der Biodiversität für digitale Organismen«*
❷ 2/25_b Käfer, Grillen, Fliegen *1562/63–1576, Giorgio Liberale.* Wien, Österreichische Nationalbibliothek
❸ Pico_Scan *1999/2000, Chista Sommerer und Laurent Mignonneau. Interaktive Computersimulation, mit der »künstliches Leben« erzeugt werden kann*
❹ 2/26_a Springhase *Tierstudie des Johann Georg Forster von der zweiten Weltumsegelung des James Cook.* Forschungsbibliothek Gotha
❺ 2/25_e Seekuh, Weintrauben fressend *1562/63–1576, Giorgio Liberale.* Wien, Österreichische Nationalbibliothek

—— JASDAN JOERGES

»Wie in der Literatur oder in der Malerei, so gibt es auch in der Wissenschaft einen Stil« schreibt der französische Molekularbiologe und Nobelpreisträger François Jacob in seinem Buch *Die Maus, die Fliege und der Mensch,* »eine Art, Experimente auszuhecken, sie durchzuführen, Schlüsse daraus zu ziehen, Theorien zu formulieren. Und dies alles in eine Form zu bringen und eine Geschichte daraus zu ziehen, die erzählt oder niedergeschrieben werden kann.« —— Ein Großteil dieser Geschichten wird seit jeher nicht in Worten, sondern in Bildern erzählt. Außenansichten der Natur und die Illustration des Lebendigen sind eben nicht lediglich ästhetische Beigaben zu wissenschaftlichen Abhandlungen. Für den einflussreichen Wissenschaftsphilosophen Ian Hacking bewegen sich die Naturwissenschaften gerade zwischen zwei Polen: dem der Darstellung, insbesondere auch der bildlichen »Repräsentation« und dem des experimentellen Eingriffs, der »Intervention«. —— Die visuelle Darstellung der Natur prägte entscheidend den jeweils zeitgemäßen wissenschaftlichen Stil. Dennoch haben Wissenschaftsphilosophen diesen Aspekt lange vernachlässigt und sich traditionell eher auf die verbale Formulierung des Wissens beschränkt. Goethe als Naturforscher verabscheute – Eckermann zufolge –

»symbolische Hülfsmittel, hieroglyphische Überlieferungsweisen, welche sich nach und nach an die Stelle des Phänomens, an die Stelle der Natur setzen und die wahre Erkenntnis hindern, anstatt sie zu befördern.« Ohne die bildhafte Repräsentation der Natur indes wären die Naturwissenschaften kaum denkbar. Diagramme, Fotos, Grafiken und Zeichnungen – in Lehrbüchern und naturwissenschaftlichen Zeitschriften wimmelt es davon. Ein Moment der Ästhetisierung von Naturwissenschaften klingt darin schon an. Umgekehrt lassen künstlerische Interpretationen der Natur die Grenze zur Wissenschaft oft verschwimmen. Die zentrale Bedeutung der Visualisierung wird denn auch seit einigen Jahren von Kunstwissenschaftlern und Historikern intensiver betrachtet. Und das Wissenschaftsmagazin *Nature* druckte 1998 gar eine wöchentliche Kolumne über das Verhältnis von Kunst und Wissenschaft – verfasst von dem Kunsthistoriker Martin Kemp. _____ Die überbordende Üppigkeit und Vielfalt der Natur hat Künstler und Wissenschaftler aller Epochen betört. Spätestens seit der Zeit von Leonardo da Vinci und Albrecht Dürer wurden natürliche Formen und Geometrien zum Untersuchungsgegenstand der bildenden Kunst. Es war nicht zuletzt der Mangel an modernen Konservierungs- und Präparationstechniken, der seit dem 16. Jahrhundert künstlerische Naturstudien begünstigte und in Detailtreue und Formensprache neue Maßstäbe setzte. Schließlich ließen sich viele der exotischen Geschöpfe nicht unbegrenzt aufbewahren, sollten aber dennoch dokumentiert und so in das Inventar der »Naturalienkabinette« integriert werden. Das Problem der begrenzten Haltbarkeit stellte sich in besonderem Maße bei der Meeresfauna. Mit deren Darstellung wurden häufig italienische – in Meeresnähe lebende – Künstler beauftragt, wie zum Beispiel der udinesische Maler Giorgio Liberale (um 1527 bis 1579). _____ Visuelle Darstellungen der Natur haben eine klare Aufgabe – zumindest scheint es so. Sie sollen objektiv die Formen des Lebens zeigen durch direktes Studium der Organismen. Doch jede Beschreibung beruht auf den Eigenschaften unseres Wahrnehmungsapparates, und dem sind wiederum Grenzen gesetzt. Auch Sehen ist ein subjektiver Prozess, mitunter gerät es selbst zum Eingriff und damit zum Experiment. Die vermeintlich objektive Darstellung wird dann zur kulturell geprägten Interpretation. Abbildungen können in solchen Fällen ebenso kontrovers sein wie der begleitende Text. So veröffentlichte Leonhard Fuchs (1501–1566) im Jahr 1542 *De historia stirpium*, eine mit fünfhundert Holzschnitten illustrierte Naturgeschichte medizinisch nutzbarer Pflanzen. Es handelte sich um einen der ersten Versuche, in einem Herbarium einen engen Zusammenhang zwischen Bild und Text herzustellen. Bis dahin war es durchaus üblich gewesen, verschiedene Pflanzen mit gleichen Abbildungen und Namen zu versehen. Indem Fuchs versuchte, das Wissen über die Heilkräfte der Pflanzen mit den klassischen Schriften von Galen und Dioskurides zu verbinden, wurden die Abbildungen gleichsam zu einer Brücke zwischen Spätantike und der damaligen Zeit. Daraufhin ließ Sebastianus Montuus, ein Zeitgenosse von Fuchs, schwerwiegende Einwände verlauten. Er meinte, die Abbildungen zeigten nur dem jahreszeitlichen Wandel unterworfene Eigenschaften und würden die Essenz der Pflanze vernachlässigen. Danach wurden Pflanzen nur noch selten als Ganzes dargestellt. _____ Die von Carl von Linné (1741 bis 1783) eingeleitete neue Epoche der Botanik hatte weitreichende Folgen für die visuelle Darstellung. In seinen Werken spielten aufwendige Illustrationen nie eine große Rolle. Möglicherweise auch ein Grund für ihren Erfolg: die dadurch bedingte günstige Herstellung sicherte hohe Auflagen und weite Verbreitung. Statt Bildern machte Linné nummerisch fassbare Eigenschaften wie die Anzahl der Staub- und Fruchtblätter zur Grundlage seiner Klassifikation. In seiner *Genera*

❶

❷

❸

Plantarum (1763) schlug er vor, ein »botanisches Alphabet« zur Artbeschreibung zu nutzen, wobei jeder Buchstabe einem bestimmten Teil der Pflanze entsprechen sollte. Damit hoffte er, Illustrationen mit ihren individuellen Interpretationen überflüssig zu machen. _____ Vor allem die großen Weltumsegelungen und Expeditionen im 18. Jahrhundert brachten es mit sich, dass eine Fülle bis dahin unbekannter Tiere und Pflanzen illustriert und dokumentiert wurde. Dabei entwickelte sich eine bis heute noch aktuelle Art der umfassenden Naturbeschreibung. Ihr ging es nicht nur um die bloße Form, sondern auch um die Einordnung der Lebewesen im ökologischen Kontext. Im 19. Jahrhundert beeinflussten Künstler wie James Audubon und John Gould dann wieder wesentlich die Wahrnehmung der Natur. Audubon eröffnete einen Blick auf dramatische Szenen des täglichen Tierlebens. Und Goulds Bilder waren ein Plädoyer für die Stabilität der Arten und für eine Harmonie der Natur – was Darwin aber nicht hinderte, die Wirksamkeit der Bilder für seine Zwecke zu nutzen. _____ Die Schönheit der Natur war wohl nicht der einzige Grund, Bilder von ihr anzufertigen. Es mag genauso die alte Frage nach dem Kern des Lebens gewesen sein, die Künstler und Wissenschaftler dazu trieb, das Lebendige in toten Bildern festzuhalten. *Was ist Leben?* So lautet auch der Titel eines Essays mit dem der österreichische Physiker, Philosoph und Nobelpreisträger Erwin Schrödinger vor einem halben Jahrhundert eine ganze Generation von Wissenschaftlern inspirierte. Lösen konnte Schrödinger das Rätsel des Lebens zwar nicht, doch gab er einen entscheidenden Anstoß zu der rasanten Entwicklung der Molekularbiologie und den Grundlagen der Gentechnik. Dennoch, eine übergreifende und allgemeingültige Definition von Leben scheint bis heute unmöglich: die Vielzahl der Erklärungsversuche ist fast so bunt wie das Leben selbst. Die amerikanische Evolutionsbiologin Lynn Margulis umschreibt es zum Beispiel so: »Lebewesen sind Inseln der Ordnung in einem Meer des Chaos«. Ein lebender Organismus baut Ordnung auf und repariert sich ständig selbst. Jedes Jahr werden 98 Prozent der Atome in unserem Körper ersetzt. Vor allem dieser ständige Austausch – der Stoffwechsel – ist kennzeichnend für die »Maschine Leben«. François Jacob fasst dies zusammen: »Ein dreifacher Strom durchfließt die Lebewesen: ein Strom von Materie, von Energie und von Information.« In Zukunft wird es zunehmend dieser dynamische Aspekt sein, der uns in den Abbildern des Lebendigen wiederbegegnet. _____ Heute hat das Zusammenspiel von Text und Bild, von Wissenschaft und Illustration eine neue Dimension bekommen. Die moderne Biologie macht den Mikrokosmos der Zelle zum unerschöpflichen Bildreservoir. Gentechnik und Gehirnforschung dringen in immer kleinere Bereiche vor und verlangen nach ausgefeilten Methoden zur Visualisierung ihrer Ergebnisse. Die Suche nach dem Kern des Lebens und dem Inneren des Denkens führt in neue Welten, die mit großem Aufwand sinnlich erfahrbar gemacht werden. Nicht mehr die äußere Form zählt, sondern das »Innen-Leben« wird nach außen gekehrt und visualisiert. Dreidimensionale, virtuelle Rekonstruktionen illustrieren nie gesehene Strukturen. Und nach der dritten Dimension gesellt sich die Zeit als vierte hinzu. Die Dynamik der Lebensprozesse tritt in den Mittelpunkt: Wellen von Kalzium durchschiessen das Innere von Muskelzellen – gebannt auf Video. Und Hirnscanner messen Erregungswellen unseres Denkorgans. Schemenhafte Abbilder von Gedanken blitzen auf für Millisekunden – und werden gespeichert auf der Festplatte. Die Bilder des Lebens werden immer komplexer. Sie gleichen sich dem Lebendigen mehr und mehr an und könnten vom Original bald kaum mehr unterschieden werden. _____ Dem Leben selbst nähern sich derweil auch neue Formen der interaktiven Kunst an, basierend auf der Idee des *Artificial Life.* »Künstliches Leben« entsteht hier im Rechner. Der Begriff *Artificial Life* wurde 1987 von

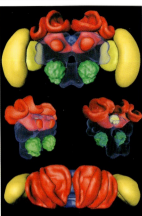

Christopher Langton geprägt. Diese Forschungsrichtung fragt nach den Gesetzmäßigkeiten des Lebens und versucht sie per Computersimulation nachzuvollziehen. Selbstorganisation heißt die Devise – vom Einfachen zum Komplexen durch simple Regeln und sogenannte genetische Algorithmen. Eine grafische Umsetzung der dabei entstehenden Daten spiegelt das Eigenleben von elektronischen Kreaturen wider. Die artifiziellen Lebensformen sollen spontan entstehen, sich vermehren und, so hoffen die Wissenschaftler, intelligentes Verhalten hervorbringen. Thomas Ray, ein Biologe, der einige Jahre in Costa Rica staunend die Komplexität des Regenwaldes betrachtet hatte, schuf mit dem Programm *Tierra* eines der ersten – noch sehr einfachen – elektronischen Ökosysteme. Dazu Kevin Kelly in seinem Buch *Das Ende der Kontrolle:* »Als Tom Ray seine kleine handgefertigte Kreatur zum ersten Mal in seinen Computer entließ, vermehrte sie sich so rasant, dass bald mehrere hundert Kopien von ihr den verfügbaren Speicherplatz belegt hatten. [...] Nach wenigen Stunden Laufzeit hatte Tom Rays digitale Evolutionsmaschine eine Suppe aus beinahe 100 verschiedenen Computerviren erzeugt, die in dieser isolierten Welt einen Kampf ums Überleben führten.« _____ Wie im echten Leben will auch das Künstliche visualisiert werden. Die bildliche Umsetzung der Algorithmen erzeugt komplexe und filigrane Formen, die von wirklicher Natur bald nicht mehr zu unterscheiden sind. Darüber hinaus sollen sie – so Rays Vision – die Schönheit des organischen Lebens bald noch übertreffen. Die erste neue Spezies der digitalen Evolution scheint allerdings ein neuer Künstlertypus zu sein: eine Mischung aus programmierendem Bildhauer und künstlerischem Naturwissenschaftler. Ein Beispiel hierfür sind die interaktiven Installationen von Christa Sommerer und Laurent Mignonneau, die auf den Ergebnissen der *Artificial Life*-Forschung basieren. Die Künstler geben hier einen Selektionsrahmen vor, in dem die Evolution von elektronischen Kunstwesen, beeinflusst durch den Betrachter, abläuft. Die virtuelle Bildkultur erreicht damit eine neue Ebene: das Werk ist nicht mehr statische Größe sondern unterliegt – wie das Leben – stetem Wandel. _____ Einen Schritt weiter gehen diejenigen, die das Leben nicht nur abbilden, sondern manipulieren oder gar neu erschaffen wollen. Der amerikanische Genforscher Craig Venter zum Beispiel hat einem altbekannten Vorhaben neues Leben eingehaucht: er möchte aus schlichter Chemie eine neue Kreatur erzeugen. Während eines »Gen-Strips« konnten einem einfachen Bakterium bereits 170 Gene ohne Einbußen entfernt werden. Der kleinste Nenner des Lebens soll am Ende künstlich nachgebaut werden, auf dass der ganze Mix zu leben beginnt. Inzwischen stoppte Venter weitere Experimente – aufgrund ethischer Bedenken. Er werde erst dann weitermachen, wenn eine Ethikkommission ihn vom Vorwurf frankensteinesker Motive freispreche. _____ Schließlich schickt sich auch die Kunst an, mit dem »Stabilbaukasten« der Natur zu spielen: der brasilianische Künstler Eduardo Kac hat gerade sein Konzept »Transgenic Art« vorgestellt. Durch Manipulation der Erbsubstanz soll das Leben selbst geformt werden. Kac schreibt: »Die Molekulare Genetik erlaubt dem Künstler, das Erbgut von Pflanzen und Tieren zu bearbeiten und neue Lebensformen zu schaffen [...]. Transgenetische Kunstwerke können die Besucher mit nach Hause nehmen und im Garten weiterwachsen lassen oder als Haustier aufziehen. Da heute jeden Tag mindestens eine bedrohte Tier- oder Pflanzenart ausstirbt, schlage ich vor, dass Künstler zur globalen Biodiversität beitragen können, indem sie neue Lebensformen erfinden.« Was bei Kac noch mit recht ironischem Unterton daher kommt, mag früher Realität werden als mancher glauben will. Und die Kreationen der neuen Allianz von Kunst und Wissenschaft werden wohl nicht unumstritten bleiben – ganz ähnlich wie die Holzschnitte des Leonhard Fuchs.

»lebendige bilder« schaffen:
virtuelle realität, ›artificial life‹ und ›transgenic art‹ —— OLIVER GRAU

Der Verbindung von Kunst und Wissenschaft – und ihrer intimen Annäherung – verdankten die Menschen seit jeher glaubwürdige, illusionäre Repräsentationen des Lebens. Gegenwärtig erleben wir den Aufstieg des Bildes zum computererzeugten virtuellen Raumbild, das sich scheinbar autonom wandeln und ein »lebensechtes«, visuell-sensorisches Umfeld zu erzeugen vermag. In der langen Evolution der Illusions-Bildmedien präsentiert sich damit zwar eine technologisch neue Spielart, die jedoch gleichwohl den Wunsch nach spürbarer Beherrschung der Betrachter durch die Bilder erneuert. Inner-

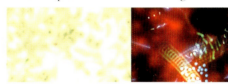

halb der Tradition des Illusionismus verstehen sich die virtuellen Bildräume als Fluchtpunkt, an dem sich die Relation Mensch – Bild in besonderer Klarheit offenbart. →historische vorläufer der virtuellen realität Historisch verliefen die Versuche immersiver Bildräume, also solcher, die das Sichtfeld der Betrachter vollkommen ausfüllen, über die breite, primär europäische Tradition der bildlichen Illusionsräume, die zumeist in Landvillen und Stadthäusern des Adels zu finden waren. Und im öffentlichen Raum gewannen die Illusionsräume gleichermaßen an Bedeutung: so die gigantischen Deckengemälde der Barockkirchen, die Panoramen des 19. Jahrhunderts, die Cineoramen, Sensoramen, Geruchs-, 3-D-, Rund- und IMAX-Kinos, bis hin zu virtuellen High-End-Installationen der Computerkunst. Illusionsräume dieser Art verbinden sich in ihrer Methode, das Sichtfeld der Betrachter möglichst vollkommen von der Welt abzuschneiden. _____ Ein frühes mediales Großprojekt, das immersive Präsenz und den Eindruck von Leben erzeugen wollte, markieren die *Sacri Monti*. Es handelt sich um dioramatische Bildräume, wie an einer Perlenschnur aufgereihte Kapellen, die zunächst entlang der Alpen errichtet und später in die gesamte katholische Welt exportiert wurden. Mit der kunsttechnischen Erfindung des Panoramas, Rundbildern von oftmals mehreren tausend Quadratmetern, stand seit dem Ende des 18. Jahrhunderts ein Bildmedium zu Verfügung, das viele nicht nur als geeignetes Surrogat für das reale Reisen empfanden, sondern diesem gegenüber sogar vorzogen. Das seit 1883 von Millionen Besuchern erlebte Sedanpanorama in Berlin repräsentierte schließlich die Summe des illusionstechnischen Könnens und wahrnehmungsphysiologischen Wissens seiner Zeit, wie es von Hermann von Helmholtz formuliert worden war. →virtuelle kunst: synthese von kunst und wissenschaft Sind Kunst und Wissenschaft parallele Universen, die miteinander kommunizieren, sich immer wieder überschneiden, durchlässig sind und phasenweise zusammenlaufen? Natürlich existieren nicht nur die »zwei Kulturen« von C. P. Snow, sondern vielleicht unendlich viele. Die Wissenschaft »der Natur«, die der Tendenz folgt, die Dinge zu distanzieren, zu »objektivieren«, steht einem Konstrukt aus Subjekten, Gefühlen und

Träumen entgegen. Bei genauer Betrachtung erscheint Wissenschaft jedoch gerade dort anziehend, wo Subjekte und Artefakte verschmelzen, fern einer sterilen Scheidung in kalte Wissenschaft und autonome Kunst. Jede neue Kunst schafft ihre eigenen Regeln und Methoden. Fixiert Wissenschaft sich traditionell auf eine Kombination weniger Methoden – ein Denken, das Paul Feyerabend bereits 1978 mit seinem berühmten Plädoyer »anything goes« für pluralistische Methodenvielfalt in der Forschung konterte – so erfährt Kunst ihre Kraft von vornherein aus der Toleranz für eine Vielzahl von Methoden. Wissenschaft, so Feyerabend weiter, sei in ihren Mechanismen sozial konstruiert und damit dem sozialen Konstrukt Kunst vergleichbar. Und gerade diese, ihre spielerische Dimension führt die Kunst im experimentellen Umgang mit den neuen Medien zu oftmals verblüffenden Ergebnissen und Einsichten. _____ Heute lotet die Medienkunst als fein gesponnenes Gewebe zwischen Wissenschaft und Kunst das ästhetische Potenzial der neuesten Computertechnik aus. So entstand die Virtuelle Kunst zunächst an einer begrenzten Anzahl von weltweit verteilten Hightech-Forschungszentren, die über die komplexen und kostenaufwendigen technischen Voraussetzungen verfügen. Dreißig Jahre nachdem Snow die Formel von den zwei Kulturen prägte, geraten vermeintlich scharf konturierte Grenzen zwischen Technologie und Kunst erneut in Auflösung. Die virtuelle Bildkultur arbeitet an innovativen Interfacegestaltungen, Interaktionsmethoden oder evolutionär-genetischen Bildprozessen. Renommierte Künstler wie Charlotte Davies, Monika Fleischmann, Wolfgang Strauss, Maurice Benayoun oder Christa Sommerer und Laurent Mignonneau leisten an ihren Forschungseinrichtungen Grundlagenforschung, verbinden Kunst und Naturwissenschaft erneut im Dienst der komplexesten Methoden der Bilderzeugung. Sie verwenden die Werkzeuge auf experimentelle, spielerische Weise, machen die Technik so erfahrbar und könnten künftig noch stärker in eine Schlüsselposition in der Gestaltung neuer Kommunikationssysteme gelangen. _____ Bei aller Determination durch die Technik erwachsen dem Künstler, mit den neuen Parametern Interface-Design, Interaktion, Raumorganisation, Erzählstrategie und der Bestimmung eines evolutionären Rahmens bisher kaum absehbare Gestaltungsmittel. Künstler formulieren mit ihren Werken kritische Positionen zur medialen Kultur, hinterfragen und offenbaren die neuen Strukturen. Zudem jedoch, und das ist weitgehend neu, verlangt die künstlerische Anforderung, die Vision der *research-artists*, oftmals die Weiterentwicklung der bestehenden Visualisierungs- und Kommunikationstechnik. Innovative Medienkunst wird auf diese Weise zum Bindeglied zwischen Kunst, Technologie und ökonomischer Entwicklung. _____ Sommerer und Mignonneau am ATR Forschungslabor bei Kyoto etwa haben nicht nur eine Anzahl von technischen Patenten angemeldet und publizieren in den entsprechenden naturwissenschaftlichen Zeitschriften, es ist auch nachweisbar, dass manch einer der am Labor forschenden Informatiker sich an der Bildästhetik der Künstler orientiert. Historisch meldet sich hiermit ein Künstlertypus zurück, der gleichermaßen Wissenschaftler ist. So entstanden überwiegend Installationen, die mit neuen Schnittstellen die Betrachter nicht nur intensiver als zuvor ins Bild versetzen, sondern durch umfassende Interaktionen diese auch weitaus stärker in die Werkentstehung einbeziehen. →**künstliches leben** Die szenischen Bildwelten des Computers erfahren jüngst mit dem Einsatz genetischer Algorithmen den Anschein der Belebung. Plastisch wirkende Softwareagenten vererben nach dem Muster evolutionärer Fortpflanzung ihr Erscheinungsbild. Das heisst, die programmatischen Grundlagen des Bildes werden unvorhersehbar, vergänglich und unwiederholbar. Sie werden dem Zufall entsprechend neu kombiniert, begrenzt einzig durch einen vom Künstler festgelegten Selektionsrahmen. _____ Seit die Forschungsrichtung Künstliche Intelligenz in Misskredit geraten ist, entwickelte sich, ebenfalls mit umfassenden Verheißungen ausgestattet, seit Ende der achtziger Jahre ein neuer Forschungszweig mit Namen *Artificial Life* oder »Künstliches Leben«. Dieser fragt nach den Gesetzmäßigkeiten des Lebens und seinen charakteristischen Erscheinungen. Artifizielle Lebensformen, sogenannte Agenten, können spontan und autonom durch evolutionäre Zufallsprozesse entstehen und Neues hervorbringen – mit Hilfe des Konzeptes der Zellularautomaten. Deren Idee geht auf John von Neumann zurück und wurde grafisch umgesetzt in John Conways »Game of Life«. Von Neumann formulierte ein Konzept von Maschinen, die sich autonom organisieren und reproduzieren können. Wo evolutionäre Prozesse, Anpassungen an Vorgaben, Optimierungen oder, wenn das Wort auch im strengen Sinne nicht korrekt ist, Lernvorgänge einsetzen, treten komplexe Vorgänge ein, die sich auf lange Sicht der Kontrolle entziehen. Ein Ansatz, der sich primär für die Prozesse, Gesetzmäßigkeiten und charakteristischen Erscheinungen des Lebens interessiert, der Leben zunächst als Wandel komplexer Information begreift und sich weniger um seine Materialität bekümmert. So unterhält die *Artificial Life*-Forschung nicht nur enge Wechselbeziehungen mit der theoretischen Biologie, Morphologie, Kognitiven Psychologie, Evolutionstheorie und Informatik, sondern stärkt insbesondere funktionalistische Ansätze. _____ Letztlich wurzeln derartige Szenarien in uralten Konzepten vom künstlichen Leben. Sie erstrecken sich vom Mythos des Pygmalion über die Geschichte der Automaten und Roboterfantasien bis hin zur jüngsten utopischen Übersteigerung, Leben, Bewusstsein und eine Gemeinschaftsintelligenz im Internet zu generieren: Einige Vertreter der Cyberkultur, so originell sie auf den ersten Blick erscheinen, fügen sich historisch betrachtet in gängige Schemata. Obgleich heute noch niemand sagen kann, wie Bewusstsein funktioniert, konstatiert Pierre Lévy: »als künftige Quelle menschlichen Bewusstseins eine transzendente ›kollektive Intelligenz‹, eine ›Über-Sprache‹, die globaler, direkter Kommunikation entspringt.« Mark Pesce, ein Verfechter virtueller Welten im Internet, und Bruce Damer ziehen mit religiöser Rhetorik über die Tagungen. Gepredigt wird das Phantasma der Vereinigung in einer globalen Netzgemeinde, der *Cybergnosis,* einer Erlösung im Technischen, entleibt, als postbiologisch ewig lebende Datenstreuung, wie dies am radikalsten

Hans Moravec formulierte. Hier berühren sich technische Utopien mit religiösen Vorstellungen. Problematisch ist, dass führende Vertreter des harten *Artificial Life*-Ansatzes wie Langton und Ray, Computer-Ökosphären mit sich fortpflanzenden digitalen Organismen bereits im tradierten Sinne des Wortes für fähig halten, Leben hervorbringen zu können. Ungeachtet aller religiös-naturwissenschaftlichen Mystik scheint zumindest sicher, dass die virtuelle Bildkultur ihren intensivsten Schub in Richtung Illusion nicht durch minutiöse Detailberechnung erfahren wird, sondern durch kombinatorische Prozesse, die Zufälliges erbringen. _____ Der Anspruch der *Artificial Life*-Computerbilder, nicht nur dem Leben ähnlich, sondern dieses selbst zu sein, kann medientheoretisch nur als naiv gewertet werden: Zwar wird die Bildlichkeit des *Artificial Life* als Bild bezeichnet, ist jedoch wie alle digitalen Bilder zugleich

Computermodell eines Baumes. Die Zweige konkurrieren um das Licht 1996, Przemyslaw Prusinkiewicz

❷
❸

Berechnung. Was Funktion und Programmatik der Lebensprozesse angeht, ist sie Abstraktion, bezüglich der lebensähnlichen Struktur hingegen Konkretion. Die wissenschaftliche Legitimation rührt folglich nicht nur aus der Lebensähnlichkeit, sondern insbesondere aus der Analogie der »Lebensprinzipien«. Es handelt sich vielmehr um Visualisierungen wissenschaftlicher Theorien, und es bleiben nun einmal Bilder, nicht mehr, aber eben auch nicht weniger. So kommt es, dass Betrachter der Artificial Life-Bilder meinen, das »Leben selbst« vor Augen zu haben, ganz ähnlich wie die Pilger des 16. Jahrhunderts auf dem Sacro Monte oder Panoramabesucher um 1800, die in den Bildraum springen wollten, um abgebildete Feuer zu löschen, oder die entsetzten Zuschauer der ersten Lumière-Filme, die vor dem einlaufenden Zug Reißaus nahmen. Missverständnisse dieser »Natur« wiederholen sich in der Geschichte der Illusionsmedien wieder und wieder. **→transgene kunst** Unmittelbar, so die Rhetorik, stehen wir vor der Erweiterung des bildlich-digitalen Entwurfs auf reale Körper. Noch kaum absehbare Konsequenzen werden implantierte digitale Prothesen und insbesondere die Gentechnik zeigen. Nicht nur Forscher fahnden heute weltweit nach dem Erbgut ausgestorbener Arten, um in einer zweiten Schöpfung aus winzigen Partikeln alter Erbsubstanz Beutelwölfe, Mammute oder etwa ausgestorbene Riesendodos zu klonen – auch Künstler bewegen sich auf diesem Terrain. Eduardo Kac, brasilianischer Medienkünstler und international renommierter Theoretiker, skizzierte kürzlich einen Denk- und Projektionsraum, der die absehbare biotechnische Entwicklung reflektiert. Seine sogenannte *Transgenic Art* behauptet nicht das Leben von Bildern, *Transgenic Art* will durch Transplantation bzw. Implantation von DNA genetische Werke erschaffen, das Leben selbst transformieren. So plant Kac gemeinsam mit Gentechnikern pflanzliche, tierische und künstliche Gene zu übertragen und zu vermischen, um neue, einmalige Lebewesen, Originale zu erschaffen. Am Beispiel des seit 15 000 Jahren wohl am intensivsten domestizierten Säugetiers schlechthin, des Hundes, entwickelt Kac einen nahezu dadaistischen Beitrag zur Biodiversität: Seinem Werk »GFP K-9« ist das *Green Fluorescent Protein* (GFP) einer nordpazifischen Quallenart implantiert worden. Bestrahlung mit ultraviolettem Licht wird »GFP K-9« in die Lage versetzen, leuchtend grünes Licht zu emittieren. Freilich sind Wissenschaft und Kunst erst nach der Kartierung des Hundegenoms – was noch Jahrzehnte dauern kann – in der Lage, tatsächlich ein Artefakt dieser Erscheinung zu kreieren. Andererseits existieren bereits Ziegen mit Spinnengenen oder Schweine, die menschliche Proteine erzeugen. Kac propagiert den transgenen Organismus als Original, Materie, automatische Skulptur gewordenes Elaborat jener sich ehedem verflüchtigenden digitalen Künstlervisionen, als Alternative gegen das Artensterben. »Mit der zukünftigen Schaffung und Zeugung biolumineszenter Säugetiere und anderer Lebewesen«, so Kac weiter, »wird die dialogische Kommunikation zwischen den Arten unser gegenwärtiges Verständnis von interaktiver Kunst tiefgreifend verändern.« Folgte man Kacs positivistischer Forscherrhetorik, erschiene sein Konzept als falsch verstandener Avantgardismus, ein nur scheinbar kritischer Impuls, verhaftet im Theoretischen – *l'art pour l'art*. Offensichtlich sind es ja zur Zeit nicht die Künstler, sondern die Genetiker, die Hunde grün färben, und folglich existiert eine *Transgenic Art* noch nicht. Nichtsdestoweniger visualisiert Kac mit künstlerisch-konzeptionellen und zugleich wissenschaftlichen Informationen denjenigen Disput, der unter dem Stichwort Sloterdijk-Debatte seinen Weg ins öffentliche Bewusstsein fand – bemerkenswerterweise ohne dass es bislang zu Berührungen zwischen diesen parallel verlaufenden Diskursen gekommen wäre. Kacs Ziel ist, die bislang

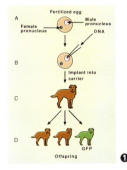

›Projekt GFP K-9‹ 1999,
Eduardo Kac

❶ Schema zur Erzeugung eines transgenen Hundes
❷ Computermodell von GFP, einem grün fluoreszierenden Molekül
❸ Transgener Hund mit modifiziertem Erbgut. *Durch »GFP«, einen grün fluoreszierenden Eiweissstoff, leuchten die Körperzellen bei UV-Licht.*

nahezu ausschließlich im wissenschaftlichen Feld geführte Debatte um die Transgenese, die ein integraler Teil unseres künftigen Lebens sein wird und unter erheblichen Finanzinteressen steht, in eine ethische, soziale und historische zu überführen. Dieses kann den provokanten Sloterdijk-Thesen an die Seite gestellt werden. Ein Mensch zu sein, wird dann vielleicht einmal heißen, dass das menschliche Genom nicht Beschränkung, sondern Ausgangspunkt ist. _____ Ist *Artificial Life* zunächst Herrschaft über Bilder und damit vielleicht über das Bewusstsein, bezeichnet *Transgenic Art* den Willen zur puren Konsequenz, zur Herrschaft über das Leben. Beide Wissenschafts- und Ideenmodelle konfrontieren uns erneut mit den Mechanismen der Evolution, wie sie Darwin formulierte und den Ideologien, die aus ihr gemacht wurden. Darwin erkannte die natürliche Zuchtwahl als die bestimmende Kraft der Evolution. Diese verdankt sich jedoch keinesfalls nur dem Kampf. Brutfürsorge, Kooperation oder Symbiose mit anderen Tieren und Pflanzen und gute Tarnung sind ebenso wichtig. Häufig ist für das Überleben nicht die schiere Kraft

›A-Volve‹, Interaktive Computerinstallation 1994, Christa Sommerer und Laurent Mignonneau

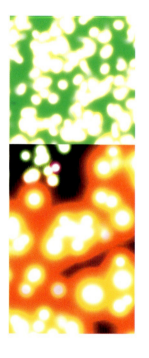

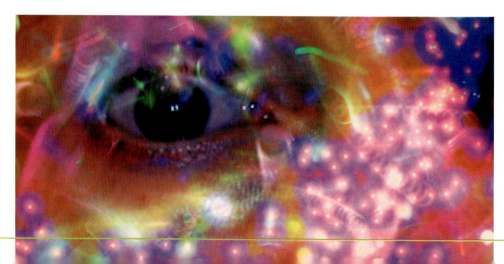

ausschlaggebend sondern die Fähigkeit zur Symbiose, Kooperation, Selbstbeschränkung. Der allgegenwärtige, schonungslose Wettbewerb aller gegen alle – der in der wirtschaftsliberalen Theorie, dem Sozialdarwinismus bis zur Eugenik und der Rassenhygiene der Nationalsozialisten Konjunktur erlangte – war gerade nicht der Schluss Darwins. In der Idee der Eugenik liegt, wie der Biologe Ernst Ulrich von Weizsäcker feststellte, bereits ein Keim des Verbrecherischen. Denn wer entscheidet über gut und schlecht? Welche Gene sind erwünscht? Was darf der Mensch? Wie schützen wir die Vielfalt vor der Tyrannei des Modegeschmacks, der Krankenversicherungen, des Geldes oder der Ideologien? Und wäre vor diesem Hintergrund nicht Bruno Latours Vorschlag überlegenswert, Rechte, wie sie für Menschen gelten auch auf Nichtmenschen und ihre technischen Schöpfungen auszudehnen?

PICO_SCAN_____ pico_scan ist eine interaktive Computer Installation, mit der Besucher künstliches Leben und virtuelle Organismen erschaffen können. Fünf pico_scanner sind mit fünf Plasmabildschirmen verbunden: wenn Besucher einen dieser pico_scanner aufnehmen und damit am eigenen Körper entlangscannen, werden dadurch verschiedene Körperdaten sowie ein Videobild der Person aufgenommen. Die Daten geben Auskunft über die Interaktionen des Besuchers und ermöglichen dem System, damit künstliche Lebewesen zu erschaffen. Abhänging von den Farb-, Textur- und Lichtwerten des Körpers des Besuchers sowie von dessen Körperspannung, werden immer wieder neue und verschiedenartige künstliche Organismen erzeugt. Genetische Algorithmen erlauben es, die Interaktionen der Besucher an das Design der künstlichen Lebewesen anzubinden. Das Verhalten der einzelnen Organismen wird durch deren Körperbeschaffenheit und Bewegungsfähigkeit bestimmt: manche dieser Kreaturen sind schneller und aggressiver, während andere langsamer und friedfertiger sind.
_____ Mit pico_scan können fünf Besucher gleichzeitig Kreaturen erzeugen und füttern. Besucher und deren künstliche Lebewesen können jedoch auch miteinander interagieren und kommunizieren: indem ein Besucher einen anderen berührt, immigrieren »seine« Organismen zum benachbarten Bildschirm und pflanzen sich dort mit Partnerorganismen fort: so entstehen immer wieder neue Kindorganismen, die eine genetische Mischung ihrer Elternorganismen darstellen. In einigen Fällen sind die Schöpfungen unterschiedlicher Besucher jedoch miteinander nicht kompatibel: in diesem Falle werden die beiden Populationen versuchen, sich gegenseitig zu attackieren. Die Besitzer können jedoch versuchen, »ihre« Kreaturen zu schützen._____

Christa Sommerer & Laurent Mignonneau (entwickelt am ATR Media Integration and Communications Research Lab, *Kyoto. Unterstützung beim Interface Design: Stephen Jones)*

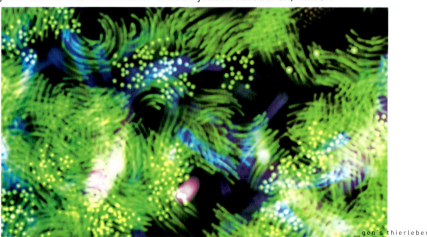

_gen's thierleben

❶ 2/39 ›Fakes‹ 1990, William
Wegman, Privatsammlung
Essen, Courtesy Galerie Bugdahn und Kaimer, Düsseldorf
❷ Delfine im ›Dolphin Reef‹
Eilat, Israel. Fotografie: Elke
Bojanowski
❸ 2/40 ›Posed Preserve‹
1990, William Wegman, Privatsammlung Düsseldorf,
Courtesy Galerie Bugdahn
und Kaimer, Düsseldorf

ALLEIN, DASS SIE AUF VIER BEINEN LAUFEN,

IST NOCH KEIN GRUND SIE »TIERE« ZU TAUFEN.

DOCH STEHT DAHIN, OB WIR SIE »MENSCHEN« RIEFEN,

WENN SIE STATTDESSEN AUF ZWEI BEINEN LIEFEN. — ROBERT GERNHARDT

WENN ER SITZT, DENKT ER NACH, SEHR GESAMMELT UNTER SEINEM PANZER, WENN ER KRAB-

BELT, TUT ER DIES MIT DEM GEWICHTIGEN UND ZIELBEWUSSTEN EIFER EINES WESENS, DAS SEI-

NER GROSSEN SACHE SICHER IST, WENN ER FLIEGT, SURREND UND KNATTERND SCHEINT ER

ENTWEDER VON DEN KRÄFTEN BESONDERS KÜHNER LAUNE GETRAGEN ODER, IM GEGENTEIL,

SEINE FLÜGEL NUR ZUM ZWECKE EINER UNERLÄSSLICH SCHNELLEN BEFÖRDERUNG NACH

EINEM GANZ BESTIMMTEN PUNKT ZU REGEN ...

— HELLMUT VON CUBE

DIE NATUR MACHT NICHTS VERGEBLICH — ARISTOTELES

❶

❸

❹

Die Portraits der Weimaraner Hunde »Man Ray« und »Fay Ray« von William Wegman entstanden ab 1978. Damals wurde William Wegman von der Firma Polaroid eingeladen, mit einer speziellen stationären Soforthild-Kamera zu arbeiten, die Aufnahmen im Großformat 60 x 50 cm ermöglichte.

❶ **2/38 ›Do‹** *1991, William Wegman, Courtesy Galerie Bugdahn und Kaimer, Düsseldorf*

❷ **2/42_3397 ›X Ray Lab‹** *1993, William Wegman, Courtesy Galerie Bugdahn und Kaimer, Düsseldorf*

❸ **›A Consilience‹** *Martin Brendel, Kurator für Käfer bei der Performance von Jan Fabre im Londoner Naturkundemuseum, 1999/2000 Fotografie: Sheila Burnett*

❹ **›Domino‹ im Dolphin Reef** *Eilat, Israel. Fotografie: Elke Bojanowski*

ALS GREGOR SAMSA EINES MORGENS AUS UNRUHIGEN TRÄUMEN ERWACHTE, FAND ER SICH IN
SEINEM BETT ZU EINEM UNGEHEUREN UNGEZIEFER VERWANDELT. ER LAG AUF SEINEM PAN-
ZERARTIG HARTEN RÜCKEN UND SAH, WENN ER DEN KOPF EIN WENIG HOB, SEINEN GEWÖLB-
TEN, BRAUNEN BAUCH, AUF DESSEN HÖHE SICH DIE BETTDECKE, ZUM GÄNZLICHEN NIEDER-
GLEITEN BEREIT, KAUM NOCH HALTEN KONNTE. —— FRANZ KAFKA

❷

—— JASDAN JOERGES

Ein Erbgutvergleich, kürzlich durchgeführt am Roslin Insitute in Edinburgh, hat es an den Tag gebracht: die genetische Verwandtschaft zwischen Huhn und Mensch ist doch enger als bisher angenommen. Das
Erbgut des Menschen zeigt demnach größere Übereinstimmung mit dem des Federviehs als
mit dem einer Maus. Mensch und Tier sind miteinander verwandt – keine Frage. Doch über
den Grad der Verwandtschaft ließ sich schon immer streiten. Und welches Tier dem Menschen
am nächsten steht war historisch meist weniger wissenschaftlich begründet denn durch kulturell geprägte Denkmuster bestimmt. Georges Buffon schrieb 1762 in seiner äußerst populären *Histoire naturelle:* »Die Vollkommenheit eines Tieres hängt ab von der Vollendung seines
Sentiments«, und daher beurteilte er die »inneren Qualitäten« des Hundes als dem Menschen
am nächsten stehend. Plinius der Ältere (24 – 79 n.Chr.) dagegen bevorzugte in seiner nicht
minder bedeutenden *Historia Naturalis* noch den Elefanten, seiner Intelligenz wegen. ——
Bei den Philosophen des 18. Jahrhunderts war die Frage nach der Existenz einer »Tierseele«
noch umstritten. Erst im 19. Jahrhundert wurde sie in der zoologischen Literatur zu einer Selbst-
verständlichkeit. Man begriff die Seele als Nervenfunktion und erklärte sie zu einem Produkt

ES GIBT 193 ARTEN HEUTE LEBENDER AFFEN. BEI 192 IST DER KÖRPER MIT HAAR BEDECKT.

DESMOND MORRIS

❶

❷

❸

des Gehirns. Der Mediziner Ludwig Büchner schreibt 1855 in seinem naturphilosophischen Werk *Kraft und Stoff,* dass der Mensch wegen der großen Ähnlichkeit der geistigen Fähigkeiten »(...) kein Recht hat, sich über die organische Welt vornehm hinauszusetzen und als Wesen verschiedener und höherer Art anzusehen«. Hier deutet sich schon vor Erscheinen von Darwins Hauptwerk (1859) die Tendenz zur »Vertierung« des Menschen und »Vermenschlichung« des Tiers an. Der Biologe Ernst Haeckel wird in den folgenden Jahrzehnten zum eifrigsten Vorkämpfer dieser Strömung. _____ Doch die Ursprünge der Vermenschlichung von Tieren liegen viel weiter zurück. Über den Delfin schrieb Aristoteles (384 – 322 v.Chr.) in seinen *Parva naturalia:* »Sie nehmen das Wasser nicht zum Zwecke der Kühlung auf. Die Kühlung erhalten sie nämlich durch das Atmen (sie haben ja eine Lunge). Daher kommt es auch, dass sie mit dem Mund über Wasser schlafen und wenigstens bezüglich der Delfine, dass sie schnarchen.« An der besonderen Stellung des Delfins hat sich seit der Antike nicht viel verändert. Aushängeschild der New Age-Bewegung und Gegenstand vielschichtiger Mystifizierung zugleich, schwappt ihm seit den siebziger Jahren eine Woge der Sympathie entgegen. Spätestens seit dem Erscheinen der Monographie *Der Geist in den Wassern – Ein Buch zu Ehren des Bewusstseins der Wale und Delfine* wurde er instrumentalisiert als Leittier der Esoterik-Szene und deren Suche nach »außer-menschlichem« Bewusstsein. Herausgeber Joan McIntyre schreibt »Dies ist der Geist, von dem ich schon immer glaubte, dass es ihn irgendwo geben müsse. Der tiefgründige, ruhige Geist des Ozeans, mit dem Körper verbunden, *in* der Welt lebend, nicht sie betrachtend. Umgeben vom sanften Klicken der Laute ihrer Artgenossen, ziehen diese Geschöpfe dahin, glitzernde Blasenkreise im stillen Wasser hinter sich lassend, Traumgeistern gleich, die der unwandelbaren Vergangenheit des Meeres zu entstammen scheinen. Die sie umgebende Welt nicht verändernd – nur lauschend, tastend, essend, seiend. Dies scheint genug.« _____ Aller Verklärung zum Trotz herrscht heute weitgehend Übereinstimmung unter Wissenschaftlern, dass Delfine außerordentlich intelligent sind. Sie zeigen hochentwickelte Lernleistungen und weisen komplexe Sozialstrukturen auf. Die Tiere haben ein großes Repertoire von Lautäußerungen und nutzen dieses neben der Orientierung unter Wasser zur Kommunikation. Die Verwendung der Laute im Sinne einer wirklichen Sprache konnte allerdings noch nicht eindeutig belegt werden. Erfolgreicher waren Versuche, Menschenaffen Sprache beizubringen, allerdings auch nur in Grenzen. Das erste derartige Experiment machte in den vierziger Jahren das amerikanische Psychologen-Ehepaar Keith und Katherine Hayes. Es zog ein Schimpansenmädchen namens Viki wie ein Kind zuhause auf und versuchte, ihm das Sprechen beizubringen. Bei aller Mühsal lernte es aber nur vier Worte, und die nur undeutlich: *momma, poppa, up* (hochnehmen) und *cup* (Tasse). Erst in den siebziger Jahren kamen Beatrix und Allen Gardner, ein anderes Psychologen-Ehepaar, darauf, dass diese magere Ausbeute vielleicht nur an Vikis Unvermögen lag, Lautsprache zu artikulieren. Der bei Primaten höherliegende Kehlkopf scheint differenzierte Lautäußerungen, wie sie gesprochene Sprache erfordert, nicht zu ermöglichen. Daraufhin wurden Experimente mit Zeichensprachen begonnen, die zu bescheidenen Erfolgen führten: bis zu einige hundert Symbole lernten die Tiere in mühsamem Training. Bei einer Satzlänge von zwei bis drei Worten erreichte ihr Sprachvermögen in etwa das Niveau eines dreijährigen Kindes. Aber auch diese Experimente konnten nicht alle überzeugen – wie zum Beispiel den Linguisten Noam Chomsky, der das Fehlen einer konkreten Syntax und Grammatik bemängelt: »Wie ein Kind, das mit den Armen flattert, noch lange kein Vogel ist, so haben diese Schimpansen noch lange keine Sprache.« _____ Die Sprache sei einmal dahingestellt, genetisch und ethologisch gesehen sind drei Menschenaffenarten unse-

❶ 2/32 **Siegel mit Meerland-schaft und zwei schwimmenden Delfinen** 1700–1500 v.Chr, By Courtesy of the Visitors of the Ashmolean Museum, Oxford

❷ 2/31 **Siegel mit unter Wasser schwimmenden Delfinen** Um 1800–1500 v.Chr., By Courtesy of the Visitors of the Ashmolean Museum, Oxford

❸ 2/33 **Ostionische Schale** *Die auf der Schale dargestellte Verwandlung von Menschen in Delfine spielt vermutlich auf den Mythos des Gottes Dionysos an. Er geriet bei der Überfahrt zur Insel Naxos in einen Hinterhalt von Piraten, die ihn gefangen nehmen wollten. Nachdem er sie in die Flucht geschlagen hatte, bestrafte er sie,*

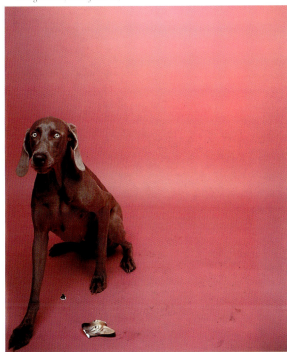

indem er sie in Delfine verzauberte. Samos, 6. Jh. v. Chr., Archäologisches Museum der Universität Münster

❹ 2/37 ›**Bad Dogs**‹ 1987, William Wegman, Courtesy Galerie Bugdahn und Kaimer, Düsseldorf

❺ 2/35 **Lekythos (Amphore) mit der Darstellung eines Delfins, auf dem zwei Eros-Figuren reiten** Böotien, um 430/420 v. Chr., Staatliche Museen zu Berlin, Antikensammlung

re nächsten Verwandten: der Gorilla, der gewöhnliche Schimpanse und der Zwergschimpanse, auch Bonobo genannt – alle in Afrika beheimatet. Dort begann die Entwicklung des Menschen vor rund sieben Millionen Jahren als etwas Eigenständiges, von der Geschichte der Tiere Getrenntes. Die materielle Basis für diese Trennung liegt in unseren Genen – die Frage ist nur wo? Schon vor 25 Jahren haben die Genetiker Mary-Claire King und Allan Wilson von der Universität Berkeley festgestellt, dass die Erbsubstanz von Schimpanse und Mensch fast identisch ist – zu rund 99 Prozent. Die erste und bis heute ungeklärte Frage war damals: was ist die Bedeutung des fehlenden Prozents? Könnte man schließen, dass Schimpansen »fast« Menschen sind? Nicht ganz, denn fast 75 Prozent unserer Gene haben auch ein Pendant in *Nematoden* – millimetergroßen Würmern. Niemand würde daraus folgern, dass ein Wurm zu drei Vierteln Mensch ist. Die Ergebnisse verdeutlichen, dass nur eine Handvoll Gene und deren spezifische Anordnung verantwortlich ist für menschliche Eigenschaften wie den aufrechten Gang bis hin zur Fähigkeit, Gedichte zu rezitieren oder Musik zu komponieren. _____ Dennoch, zum Ende des 2. Jahrtausends sind Menschenaffen dem Menschen einen kleinen, aber bedeutungsvollen Schritt näher gerückt: Neuseeland hat ihnen 1999 als erster Staat überhaupt besondere Rechte verliehen. Die Schimpansen im Zoo von Wellington genießen von nun an ein besonderes, gesetzlich zuerkanntes Recht, das sie vom übrigen Tierreich trennt. Die »nicht humanen Hominiden«, also Schimpansen, Gorillas, Orang-Utans und Bonobos, dürfen demnach in Zukunft nur noch dann in Tierexperimenten eingesetzt werden, wenn die Ergebnisse ihnen selbst zugute kommen. Die Aktivisten des *Great Ape Project* sind begeistert. In ihrem Nachrichtenblatt schreibt der umstrittene Philosoph Peter Singer: »Dies ist, wie wir glauben, die erste nationale Gesetzgebung auf der Welt, die die Artgrenze durchbricht.« _____ Das wissenschaftliche Bestreben, die Ähnlichkeit zwischen Tier und Mensch hervorzuheben, scheint heute stärker denn je. Fähigkeiten und Eigenschaften wie der Gebrauch von Werkzeugen, komplexes Lernen und einfache Sprache sind längst bei Tieren nachgewiesen. Nach Frederic Skinners Behaviorismus, Konrad Lorenz' vergleichender Verhaltensbiologie und Edward Wilsons Soziobiologie wird die molekulare Genetik zu einer »Gen-Ethologie« führen. Schon die Soziobiologie reduzierte vermeintlich kulturell bedingte Verhaltensweisen auf biologische Mechanismen – wie zum Beispiel ethisches Verhalten. Die Verhaltensbiologie der Zukunft wird sich zunehmend auf individuelle Erbanlagen von Tieren und Menschen konzentrieren. Die Verantwortung für (Fehl-) Verhalten wird an spezifischen Genen oder Gengruppen festgemacht werden. Gleichzeitig werden spätere Verhaltensmerkmale schon von Geburt an voraussagbar sein. _____ Schließlich wird eine genetische Durchmischung von Mensch und Tier zumindest in einigen medizinisch sinnvollen Fällen Realität werden, zum Beispiel wenn einzelne, vor bestimmten Krankheiten schützende Gene von Tieren auf den Menschen übertragen werden. Mit hoher Wahrscheinlichkeit werden Genetiker auch die spezifischen Gene identifizieren, die uns zu Menschen machen. Daraus folgende ethische Probleme sind geradezu vorprogrammiert. »Was wird passieren, wenn Forscher ein menschliches Gen identifizieren, das die Entwicklung des Kehlkopf kontrolliert, ein Gen, das Schimpansen die anatomischen Voraussetzungen gäbe, um sprechen zu können?« fragt der Molekularbiologe Edwin McConkey. »Können Sie sich die ethische Debatte darum vorstellen, ob transgene (sprechende) Schimpansen gezeugt werden sollen? Pandoras Büchse wäre geöffnet.« Zu tiefen Gesprächen mit Menschenaffen wird es wohl nie kommen, aber zumindest die Folgen für das Selbstverständnis des Menschen wären erheblich.

1

ALLE SCHWERE, ALLER STOFF WIRD ZU NICHTS BEI SEINEM ANBLICK.
ES BLEIBT VON IHM ETWAS SO LEICHTES UND FEINBESCHWINGTES ZURÜCK, DASS WIR AN ENGEL
UND ELFEN GLAUBEN MÖCHTEN. SO MACHT ER AUCH NOCH DAS IRDISCHE LEICHT, UND DAS
IRDISCHE IST SCHWERER ALS DIE ERDE. GESEGNET SEI DER SCHMETTERLING. ——— HELLMUT VON CUBE

03_2)**kunst-stoff**

käfer——— ANDREAS SENTKER

Früher hat Jan Fabre zum Kugelschreiber gegriffen. Kugelschreiber des französischen
Herstellers Bic, Farbe Blau. Nein, nicht irgendein Blau, es musste dieses Bic-Blau sein, iri-
sierend, schimmernd, irritierend. Fabre zeichnete manisch, stundenlang, tagelang. Das
Bic-Blau bedeckte Zeichenblätter, Wände, Fassaden, ja
selbst Fabres Körper. ——— Der Bic-Stift, das industrielle
Massenprodukt wurde von Renate Puvogel einmal als
verlängerter Insektenfühler des Künstlers interpretiert.
Eine gewagte Interpretation – doch gewagt nur auf den
ersten Blick. Denn auch Fabre selbst beschreibt sein
Zeichnen gleichsam als biologischen Vorgang: »Da stam-
melt und stottert es. Dann kriecht es, dann wandert es.«
Dass die meisten seiner Zeichnungen wie Schmetter-
lingssammlungen gerahmt oder »fast wie Insekten aufgespießt werden« – wie Fabre 1994 im Gespräch mit Jan
Hoet und Hugo de Greef feststellte – passt ins entomo-
logische Bild. Doch da hatte Jan Fabre längst den Spieß
umgedreht – und montierte Käfer zu Skulpturen. Hunderte von ihnen werden aufgespießt, auf ein Drahtge-
flecht gewoben. Ihre die Flügel bedeckenden Panzer
drängen sich dicht an dicht. ——— Die Insekten haben es
dem Belgier angetan – die Käfer besonders. Wer diese
eigentümliche Faszination verstehen will, muss ihm ins
Museum folgen, ins Naturkunde-Museum, noch genauer: in das Londoner *Museum of Natural History*. ——— Der

③

Der Käfer, ein Symbol für Auf-
erstehung, ewige Wiederkehr
und Metamorphose, ist im Werk
des Jan Fabre (*1958) von zen-
traler Bedeutung – das Insekt
als Engel der Metamorphose. Es
repräsentiert metaphorisch die
dunklen Kräfte im Menschen,
die es im Zaum zu halten gilt.
① **2/30 Cocon IV** 1994, Jan
Fabre, Jacques Morrens, Bonheiden
② **›A Consilience‹** *Dick Vane-*
Wright, Chefkurator für Insek-
ten bei der Performance von Jan
Fabre im Londoner Naturkunde-
museum 1999/2000 Fotografie:
Sheila Burnett
③ **2/27 Flämischer Krieger
(Krieger ohne Hoffnung)** 1996,
Jan Fabre, Angelos, Antwerpen

Prachtbau sieht aus wie eine Kathedrale der Wissen-
schaft. Genau das hatten seine Erbauer beabsichtigt. Wer hier eintrat, sollte erstarren – aus
Ehrfurcht vor all der hehren Erkenntnis. Wer heute hier eintritt, wird nur mit viel Glück
auf Martin Hall treffen. Denn Martin Hall interessiert sich wenig für die vielen Besucher,
die ungestümen Schulklassen, die ergrauten Stammgäste, die sich nach unzähligen Besuchen noch immer voller Ehrfurcht über jedes einzelne Objekt beugen. Hall ist vor allem
eines: Wissenschaftler aus Leidenschaft. Der Insektenkundler denkt mit einer merkwürdigen Mischung aus Begeisterung und Unbehagen an die erste Begegnung mit Jan Fabre
zurück. Dieser verrückte Belgier wollte ihn doch in ein Kostüm stecken und mit dem so
Verkleideten ein Interview aufzeichnen. Thema: Die Made. ——— Hall ist Experte auf diesem Feld. »Ja, die Made«, sagt er, »das ist schon ein erstaunliches Wesen. Wussten Sie, dass
Fliegenmaden innerhalb einer Woche einen ausgewachsenen Elefanten verspeisen können?
Da bleiben nur noch Haut und Knochen übrig. Oder dass parasitierende Maden in den

❶

Schafherden Australiens Millionenverluste verursachen? Dass auch Menschen von
Maden befallen werden können?« _____ Hall hat sich von Fabre überzeugen lassen. Er wird
sich verkleiden: als Martin Hall, die Made. Jeder wird ihn so sehen können, wenn er die
Halle des gewaltigen Museumsbaus im Londoner Stadtteil Kensington betritt. Rings um
die fast 30 Meter lange Dinosauriernachbildung im Entrée des Hauses sind dann Monitore
aufgestellt. Die Forscher des ehrwürdigen Hauses treten auf, als Made – wie Hall –, als
Käfer, Schmetterling oder Kriebelmücke. _____ Die Herren schließen sich einer Massen-
bewegung an: Vier von fünf Lebewesen auf diesem Planeten – zugegeben, die Bakterien
sind nicht mitgerechnet – besitzen im Laufe ihres Lebens einmal drei, und zwar genau drei
Beinpaare. Das kennzeichnet sie als Insekten. Sie sind leicht zu erkennen. Ihr Körper ist
in drei Abschnitte geteilt: Kopf, Thorax und Abdomen. Am Thorax, dem Brustsegment,
tragen sie ihre Beine. Der auffälligen Körpergliederung verdanken die Insekten ihren biologischen Namen. Das lateinische Wort *insecta* bedeutet »eingeschnitten«. Die Insekten-
forschung, die Entomologie, leitet ihre Bezeichnung dagegen aus dem griechischen *ento-
mos* ab, die Bedeutung ist dieselbe. Bis heute haben Insektenkundler mehr als 850 000 Arten
entdeckt, kategorisiert, katalogisiert. Die Forscher hoffen auf weitere 30 Millionen mög-
liche Neuentdeckungen – Arbeit für Jahrhunderte. _____ Die Gesamtzahl der Insekten
hat nach ihrem ersten Auftritt auf diesem Planeten zu jedem Zeitpunkt in der Erdge-
schichte, auch den gegenwärtigen Moment eingeschlossen, etwa zehn Trillionen (oder
1 000 000 000 000 000 000) betragen, zehn Trillionen krabbelnde, fliegende Konkurrenten. Wer
glaubt, die Zahl sei übertrieben, kann leicht eines Besseren belehrt werden. Schon ein ein-
ziges Termitennest kann mehr als eine Millionen Individuen beherbergen. Heu-
schreckenschwärme bestehen aus bis zu einer Milliarde Einzeltiere. Die schwersten unter
ihnen – wie der Herkuleskäfer – wiegen 30 Gramm. Die leichtesten bringen weniger als
ein zehntausendstel Gramm auf die Waage. _____ 28 Millionen Einzeltiere haben die Londoner konserviert und gesammelt. Ein strenger Geruch durchzieht die gesamte entomo-
logische Abteilung. Mehr als 100 Wissenschaftler erforschen und ordnen hier die Welt der
Kerbtiere. Und die Entomologie ist nur eine von fünf wissenschaftlichen Abteilungen im
Haus. »Die meisten Besucher wissen gar nicht, dass hier auch geforscht wird«, sagt Dick
Vane Wright, der Leiter der Abteilung. »Dabei ist das Museum, gemessen an der Zahl der
Wissenschaftler, die größte biologische Forschungseinrichtung Großbritanniens.« _____
Jan Fabre ist an Rekorden wenig interessiert. Für ihn ist dies das Paradies. »Hier können die
Leute ungestört arbeiten. Eine Insel der Ruhe mitten in der hektischen Metropole.« Von
solch einem Ort träumt der Belgier. Und eben einen solchen Ort hatte sich schon sein
Stiefgroßvater Jean-Henri Fabre geschaffen, als er sich im Alter auf einen kleinen Landsitz
zurückzog, um sein Leben fortan nur noch den Insekten zu widmen. Jean-Henri Fabre.
Geboren 1823, gestorben 1915, Lehrer, Doktor der Naturwissenschaften und Insektenfor-
scher aus Leidenschaft. »Seid mir gegrüßt, meine lieben Mauerbienen, die ihr mir jedes
Jahr, wenn der Ventoux noch eine Schneemütze trägt, die ersten Nachrichten überbringt
vom Wiedererwachen der Insektenwelt. Ich zähle mich zu euren Freunden, wir wollen
ein wenig von euch plaudern.« So plauscht Fabre 30 Jahre lang, und am Ende hat er ein
zehnbändiges Werk geschrieben, sein Opus magnum: *Souvenirs entomologiques.* Dieses Werk
sollte Jean-Henri Fabre zum berühmtesten Insektenkundler Europas werden lassen, zum
Poeten der Entomologie. _____ »Der Name Fabre hat mir bei den Forschern in London die
Türen geöffnet«, gibt sein Enkel zu. Aber das sei auch schon alles gewesen. Dann kam die

❷

Neugierde, gleich beim ersten Treffen Fragen über Fragen – und ein wenig Skepsis. »Für die meisten von uns ist dieser Dialog ein Experiment«, sagt der Kriebelmückenexperte Rory Post. »Schon die Sprache ist ein Problem. Niemand von uns würde die Sozialstruktur eines Ameisen- oder Bienenstaates eine Zivilisation nennen.« Großvater Jean-Henri Fabre hätte über eine solche Bemerkung gelacht: Insekten, schrieb er, zeigen »uns das Leben in der unversiegbaren Vielfalt seiner Äußerungen« und helfen uns, »das unter allen dunkelste Buch ein wenig zu entziffern, nämlich jenes über uns selbst«. _____ Der Enkel steht, anders als der Großvater, bereits im Brockhaus: Jan Fabre, geboren 1958, Doppelstudium an der Königlichen Akademie für schöne Künste und an der Hochschule für Kunsthandwerk in Antwerpen, Dramatiker und Choreograf, Filmemacher, Autor, Verleger – und bildender Künstler. Erst malte er gewaltige Flächen mit Kugelschreibern bicblau an, dann begann er, aus Käfern und anderen Insekten Fantasiegeschöpfe zu montieren. Schließlich wurden die Käfer zum Material. Aus ihren Leibern formt Fabre Skulpturen, von denen der Betrachter glaubt, im nächsten Moment würden die Hundertschaften der Kerbtiere wieder auseinanderlaufen, würde sich das Werk augenblicklich in seine Einzelteile zerlegen. Auch Fabre selbst ist ständig in Bewegung. Wenn er von den Begegnungen in London berichtet, wird deutlich, mit welcher Leidenschaft der Belgier das Projekt verfolgt. *Artist in residence* will er in London werden. Ein kleines Atelier im Museum, das reicht. Viele Gespräche mit den Wissenschaftlern, das ist das eigentlich Wichtige. _____ Doch haben sich Kunst und Wissenschaft überhaupt etwas zu sagen? In den vergangenen Jahren häuften sich Projekte, in denen Künstler und Wissenschaftler zusammenfanden. In Amsterdam und London entstanden Agenturen für solche Begegnungen: Formule 2 in den Niederlanden, The Arts Catalyst in Großbritannien. _____ Man bemüht sich, Verbindendes zu betonen. »Künstlern und Wissenschaftlern ist vor allem gemeinsam, dass sie die Grenzen des Natürlichen, des Denkbaren und manchmal des Zulässigen verlegen oder ausweiten«, heißt es im Programm von Formule 2. »Kunst und Wissenschaft, Mythos und Religion sind ja im Grunde Symbolisierungen eines zugrunde liegenden gleichen Mechanismus des Ausdruckswillens des menschlichen Gehirns, des menschlichen Geistes«, sagt Ernst Pöppel. Kein Wunder – der Mann ist Hirnforscher und hat am Deutschen Museum in Bonn die Ausstellungsreihe *Art and Brain* ins Leben gerufen. Wissenschaft und Kunst seien nicht streng voneinander zu trennen, »sondern künstlerische Verfahren kommen überall in den Wissenschaften vor und besonders dort, wo neue und überraschende Entdeckungen gemacht werden«, schrieb der Wissenschaftstheoretiker Paul Feyerabend 1984 in seinem Aufsatz »Wissenschaft als Kunst«. Weder bildeten die Wissenschaften die begriffliche Einheit, »aus der man ihre große Autorität im Staate herleitet, noch ist die Vielfalt der Praktiken, aus denen sich das Gebiet der Wissenschaft zusammensetzt, so scharf von anderen Bereichen getrennt, wie es die Idee einer wesentlichen Verschiedenheit der Wissenschaften und der Künste nahelegen würde«. Das Argument sitzt, doch Folgen hat es kaum. _____ Denn der Dialog fällt allen Beteiligten schwer, mögen sie auch noch so oft die gemeinsamen Ursprünge von Kunst und Wissenschaft in der griechischen *techne* zitieren oder darauf verweisen, dass auch ein mathematischer Beweis ästhetisch sein kann. Während Forscher ihre Ergebnisse leidenschaftlich interpretieren, verweigern sich die meisten Künstler einer Auslegung ihrer Werke. »Viele Ausstellungen zum Thema Kunst und Wissenschaft laufen nur auf eine wechselseitige Ästhetisierung und die Zementierung wechselseitiger Klischeevorstellungen hinaus«, moniert Hans-Ulrich Obrist, der als Kurator schon mehrere dieser schwierigen Kooperationsprojekte betreut hat. _____ Vielleicht ist es Fabres Insekten gegeben, die Brücke über die Gräben der Klischees zu schlagen. Schließlich sind die Kerbtiere seit jeher eine wahre Fundgrube für Metaphern. Wollte man alle Hinweise auf Insekten aus dem Werk von Shakespeare tilgen, man hätte eine Menge zu tun. Maler und Schriftsteller haben die geheimnisvolle Metamorphose vom Ei zur Larve, von der Larve zur Puppe, von der Puppe zum Schmetterling ausgeweidet. Das Werden des Schönen aus dem Unscheinbaren, ja Hässlichen hat so manchen Wiedergeburtsmythos befruchtet. _____ Mythologie, Wissenschaft, Kunst – Insekten lassen das scheinbar Entfernte zusammenrücken, das Wesensfremde verwandt erscheinen:

❶ ›A Consilience‹ *Jan Fabre bei seiner Performance im Londoner Naturkundemuseum 1999/2000*

❷ ›A Consilience‹ *Rory Post, Kurator am Londoner Naturkundemuseum bei der Performance von Jan Fabre, 1999/2000* Fotografien: Sheila Burnett

❸ 2/28 ›Mur de la Montée des Anges‹ (Mauer der aufsteigenden Engel) 1993, Jan Fabre, Marco Baiardo, Genua

❶

❷

❸

der Mythologe ein Naturforscher, der Künstler ein Alchemist, der Forscher ein staunendes Kind. Es ist die Vielfalt der Insekten, die sie alle in den Bann schlägt, ihre überraschenden Erscheinungsformen, ihre frappierenden Überlebensstrategien. Selten sind Ekel und Ästhetik, Furcht und Faszination, so innig vereint. Selten läßt sich so eindrucksvoll mit den Gegensätzen und Widersprüchen des ästhetischen Empfindens spielen. _____ »Die künstlerische Freiheit kann sich kein Wissenschaftler leisten«, gesteht Schmetterlingsexperte Dick Vane Wright, wenn er über Fabres Projekte spricht. »Aber wir können uns Anregungen holen, unser eigenes wissenschaftliches Weltbild überprüfen.« Martin Hall hat vor allem das Publikum im Sinn: »Wir wollen Wissenschaft unters Volk bringen. Dabei hilft uns die Kunst.« Dafür ist Hall auch bereit, zur Made zu mutieren. _____ Auch Fabre selbst hat sich schon als Insekt verkleidet, gemeinsam mit seinem ukrainischen Künstlerkollegen Ilya Kabakov 1997 in New York. Kabakov war eine Fliege, Fabre – wen wundert's – ein Käfer. Diese Rolle soll im Herbst Martin Brendell übernehmen. So heißt der Herr über 200 000 Käferarten im Londoner Museum. »Das hier sind immerhin zwei Drittel der bekannten Käferwelt«, sagt Brendell und gerät ins Schwärmen. _____ »Schauen Sie sich den an. Da können Sie mit einem Lkw drüberfahren. Der Käfer wird's überleben.« Vor uns liegt ein unscheinbares, etwa markstückgroßes Tier. Gleich nebenan sind viel spektakulärere Käfer zu besichtigen. Sie schillern in allen erdenklichen Farben. »Wenn man etwas über Gott wissen kann, dann, dass er Käfer geliebt haben muss«, lautet ein geflügeltes Wort unter Entomologen. »Warum sonst hätte er so viele erschaffen?« _____ Martin Brendell schleppt immer ausgefallenere Exemplare herbei. Am Ende trägt er vorsichtig ein großes Einmachglas heran. Darin schwimmt ein totes Meerschweinchen – nein, es ist die Larve des Herculeskäfers, groß wie eine ausgewachsene Meersau. Brendell genießt die Faszination seiner Gäste wie einen Triumph. Aber auch er selbst staunt immer wieder aufs neue. _____ Fabres Käferobjekte und Brendells Sammelkästen, sie sind sich trotz aller Distanz erstaunlich ähnlich. Hier wie dort beschleicht den Betrachter das Gefühl, es bewege sich etwas im Augenwinkel – ein Bein hier, ein Flügel dort. Und wippte da nicht eben eine Antenne? Und dann ist es da, das Schaudern, von dem Wissenschaft und Kunst leben.

)der dschungel
in uns selbst – bemerkungen zur natur
des menschen___ DIETMAR TODT

Vor nicht langer Zeit ging eine Nachricht durch die Medien, die weithin aufhorchen ließ. Sie lautete: Wissenschaftlern der Universität Cambridge ist es gelungen, die DNA-Sequenz des Chromosoms 22 aufzuklären. Und nun, hieß es ferner, sei es nur noch eine Frage von wenigen Monaten, bis auch die Nukleinsäureketten der anderen Chromosomen des Menschen analysiert und beschrieben vorlägen. Was bedeutet diese Meldung? Lässt sie den Schluss zu, dass es endlich gelungen sein könnte, etwas Licht in jenes Dunkel zu bringen, welches das Wesen der Kreatur »Mensch« bisher so beharrlich zu verbergen scheint? ___ Die Frage nach dem Wesen des »Menschen« hat eine weit zurück reichende Geschichte.

Um Antworten darauf zu finden, wurden viele verschiedene Wege beschritten. Fasst man diese zusammen, so lassen sich folgende zwei Vorgehensweisen unterscheiden. Bei einem der Ansätze wurde der Mensch als einzigartig betrachtet und als sogenanntes Kulturwesen der restlichen Natur gegenübergestellt oder im Extremfall sogar aus ihr ausgeklammert. Bei dem anderen Ansatz galt der Mensch dagegen als Teil der Natur, behielt darin aber seine Sonderstellung. Inzwischen hat die biologische Forschung eine Fülle von Beweisen dafür zusammengetragen, dass nur der zweite Ansatz aufrecht erhalten werden kann. Zu dieser Beweislage tragen nun auch die genannten Erkenntnisfortschritte auf dem Gebiet der Genetik bei. In erster Linie werden die neuen Entdeckungen der Genetik allerdings zu wichtigen Konsequenzen im medizinischen Bereich führen und dort beispielsweise die Chancen für frühe Diagnosen sowie bessere Therapien steigern. Was die Fortschritte der genetischen Forschungen demgegenüber aber vorerst nicht bringen werden, das sind neue Einblicke in gerade jene Bereiche der Kreatur »Mensch«, in denen sich unsere geistige und emotionale Zukunftsfähigkeit entscheiden dürfte. ___ Im Zuge der Rückschau, die unseren Aufbruch in das zweite Jahrtausend neuer Zeitrechnung begleitet, gibt es berechtigten Anlass für eine Bewunderung dessen, was der Mensch bislang geschaffen hat. Daneben gibt es aber auch gute Gründe nachdenklich zu werden und zu fragen, ob und wie sicher wir in der Lage sein werden, die richtigen Lösungen für die in den kommenden Jahrzehnten zu erwartenden Probleme zu entwickeln und durchzusetzen. Mit den folgenden Bemerkungen zur Sonderstellung des Menschen möchte ich zum Nachdenken über unsere Zukunftsfähigkeit anregen. ___ Carl von Linné, der als erster die Mannigfaltigkeit der organismischen Formen systematisch ordnete, gliederte den Menschen unter dem Gattungsnamen Homo und dem Artnamen sapiens in das Tierreich ein. Mit dem lateinischen Wort für »weise« sollte der Artname die geistigen Fähigkeiten als Kennzeichen herausstellen. Immanuel Kant, der in Königsberg auch Vorlesungen zur Biologie hielt, erweiterte dieses Prädikat und nannte als Charakteristika des Menschen neben dem aufrechten Gang und der Sprache vor allem die Vernunft. Johann Wolfgang von Goethe, dessen Studien viele verschiedene Aspekte der Natur

❶ ❷

❸

❹

Untersuchungen zum Sozialverhalten von Berberaffen

❶ Balgende Berberaffen

❷ Soziales Spiel: *Spielsignale sind eine Vorstufe des Lachens*

❸ Spiegelversuche *als Test der Selbsterkennung. Berberaffen reagieren auf ihre Spiegelbilder, erkennen aber nicht sich selbst, sondern meinen einen anderen Artgenossen zu sehen. Dieser wird dann häufig angedroht.*

❹ Kinder-Betreuung: *Bei vielen Affen gibt es ein regelrechtes System von Babysittern. Jungtiere werden von anderen Gruppenmitgliedern betreut, die sich dadurch spätere Verbündete sichern. Die Entwicklung von intelligentem Verhalten im Laufe der Evolution wurde wahrscheinlich durch die Anforderungen des sozialen Gruppenlebens beschleunigt.*

❺ Vorform von Besitz: *Attraktive Objekte werden gerne monopolisiert. Das Tier zieht sich zurück auf einen gut sichtbaren Platz und zeigt offen seinen Fund, der ihm von den Gruppenmitgliedern aber nicht streitig gemacht wird. Dies wird als frühe Form von Besitz interpretiert, der von anderen respektiert wird.*
Fotografien: Dietmar Todt, Freie Universität Berlin

behandelten, ergänzte schließlich diese Merkmale und stellte die Bedeutung von Humanität und sittlicher Verpflichtung als Besonderheit heraus. So formulierte er etwa in dem Gedicht *Das Göttliche:* »Edel sei der Mensch, hilfreich und gut. Denn das allein unterscheidet ihn von allem Wesen, die wir kennen«. ____ Diesen drei Ansätzen war gemeinsam, dass sie Besonderheiten nannten, die für typisch menschlich gehalten wurden; und zwar ohne zugleich zu prüfen, ob und in welcher Form die Charakteristika auch im Tierreich vorkommen könnten. Das geschah erst historisch später und verstärkt bis in die Gegenwart hinein. Solche Untersuchungen behandelten beispielsweise Fragen nach dem Einsatz von Werkzeugen, dem Sinn für ästhetische Gleichgewichte, dem Gebrauch von Sprache oder der Fähigkeit, geplant und einsichtig zu handeln. Die Ergebnisse der Studien zeigten vor allem zweierlei. Erstens: es gab auch bei Tieren Phänomene, die zumindest als Vorstufen der getesteten Leistungen gelten konnten. Dadurch stimuliert hat sich die weitere Forschung auf die Eigenschaften solcher Vorstufen konzentriert und begonnen, auch deren Grundlagen aufzuklären. Zweitens: es gab jeweils nur bestimmte Tierarten und oft sogar nur bestimmte Individuen einer Art, die in der Lage waren, die besonderen Leistungen zu erbringen. Dadurch wurden Forschungen zum Anpassungswert stimuliert, den die betreffenden Fähigkeiten im Leben der jeweiligen Tiere haben könnten. Unabhängig davon wurde daraus zusätzlich aber noch geschlossen, dass es zu den wichtigsten Besonderheiten des Menschen gehöre, eine Art Allroundtalent zu sein, dessen Fähigkeitsspektrum vieles vom jenem einschließt, was sich im Tierreich sonst nur vereinzelt wiederfindet.

____ Die Frage, was an typisch Menschlichem im Tier zu finden ist, muss verständlicherweise auch in umgekehrter Ausprägung gestellt werden und kann dann etwa heißen: Was und wieviel an typisch Tierlichem steckt im Menschen? Um korrekt zu sein, müsste sie allerdings anders formuliert werden und lauten: Was sind die biologischen Anteile der Kreatur »Mensch«? ____ Nach den heute vorliegenden Erkenntnissen lässt sich vereinfacht sagen: Insbesondere der Bau des menschlichen Körpers sowie die Physiologie des Menschen sind durch und durch biologisch determiniert. Jeweils spezielle Strukturen und Prozesse dieser körperlichen Ebene bilden die biologische Grundlage für eine höhere Ebene. Das heißt, für die Formen und Regeln unseres Verhaltens, die psychischen Korrelate des Verhaltens sowie für unsere geistigen Leistungen. Wie aber die Beziehungen zwischen körperlichen und den geistigen Anteilen des Menschen sind, muss zunächst noch ausgiebig erforscht werden. Die Sammlung von Antworten hierzu fand in den vergangenen Jahrzehnten vorrangig im Rahmen eines

❺ speziellen Fachs statt, der Natur-Anthropologie. Inzwischen hat sich die Lage allerdings geändert. Zum einen durch die Auflösung von Grenzen zu der Schwesterdisziplin dieses Fachgebiets, der Kultur-Anthropologie. Zum anderen und vor allem aber durch Verlagerung von Forschungsschwerpunkten in andere Human- und Naturwissenschaften. Hierdurch werden jetzt viele Fragestellungen nicht mehr allein von einer einzigen Perspektive aus ins Visier genommen. Die Aufklärung der typisch menschlichen Leistungen ist also längst zu einem interdisziplinär verfolgten Anliegen geworden. Neben der Psychologie und der Verhaltensbiologie beteiligen sich daran auch medizinische Fächer sowie insbesondere die Neurowissenschaften. Letztere sind beispielsweise mit Nachdruck dabei, die physiologischen und strukturellen Grundlagen unserer Gefühlswelt oder die Mechanismen unserer Gedächtnisleistungen aufzuhellen. Soweit sich zur Zeit abschätzen lässt, geht die Mehrzahl der sogenannten höheren Verhaltensleistungen des Menschen auf spezifische Vernetzungen von mehreren verschiedenen neuronalen Systemen zurück. ——— Wenn es darum geht, unsere Zukunftsfähigkeit abzuschätzen, müssen neben den genannten Aspekten unserer Innenwelt auch Aspekte berücksichtigt werden, die unseren Beziehungen zur Außenwelt zugerechnet werden können. Biologisch gesehen gilt nämlich, dass wir – wie die anderen Organismen – an eine ganz bestimmte Umwelt angepasst sind, und dass Veränderungen dieser Umwelt unsere optimale Existenz gefährden können. In einigen Ländern hat sich diese Erkenntnis inzwischen etabliert und dazu beigetragen, dass die Erhaltung unserer Natur zu einem anerkannten gesellschaftlichen Anliegen geworden ist. Weniger bekannt ist dagegen, dass unsere Existenz außer von einer intakten Natur, auch von einer intakten sozialen Umwelt abhängt. Und diese scheint vielerorts durchaus nicht gegeben zu sein. Eine anonyme Massengesellschaft dürfte jedenfalls keine optimalen Existenz-Bedingungen bieten. Deshalb sollten wir, wie namhafte Sozialpsychologen und Humanethologen wiederholt betont haben, möglichst eingebettet in das Beziehungsgefüge einer überschaubaren Kleingruppe leben können. Parallel dazu muss allerdings erreicht werden, dass Gruppenkonflikte, wie sie sich gerade gegenwärtig wieder in den verschiedensten Regionen der Welt häufen, verhindert oder abgebaut werden können. Viele der hier erkennbaren Risiken gehen auf Unzulänglichkeiten der Kreatur »Mensch« zurück. Deshalb besteht auch in diesem Bereich weiterer Bedarf an Forschungen. ——— Eine andere Gruppe von relevanten Umwelteinflüssen auf den Menschen hat mit der Informationstechnologie zu tun. Ins allgemeine Bewusstsein gerückt ist der Beginn der Ausbreitung der Informationstechnologie durch den Siegeszug der Computer oder durch die Veränderungen in der Medienlandschaft und den wachsenden Einfluss, den insbesondere das Fernsehen hierbei gewonnen hat. Wie sich in den Untersuchungen zum Einfluss des Fernsehens bestätigte, geht die Bedeutung dieses Mediums heute weltweit beträchtlich über eine Erfüllung seiner ursprünglichen Aufgabe zu informieren oder zu unterhalten hinaus. Die sich beim Umgang mit dem Fernsehen entwickelnden Gewohnheiten scheinen kulturunabhängig zu sein und können offenbar sogar zur Nivellierung kultureller Besonderheiten führen. Solche Einflüsse haben das Fernsehverhalten zu einem interessanten Modellfall für Wechselwirkungen von Eigenschaften gemacht, die sich in der Natur des Menschen überlagern. ——— Dazu eine kurze Illustration. Ich schicke voraus: Eine vernunftgeleitete Nutzung des Mediums Fernsehen ist offenbar relativ selten. Vielmehr wird es oft geradezu wahllos und zugleich zeitlich zu ausgedehnt konsumiert. Wie Studien zu diesem Konsum zeigten, geht er auf ein große Zahl verschiedener Faktoren zurück. Die meisten Faktoren veranlassen das Einschalten des Fernsehgeräts unspezifisch, das heißt, nicht im Hinblick auf ein bestimmtes Programm, begünstigen ein Umschalten zwischen verschiedenen Programmen und scheinen einem Abschalten des Geräts entgegen zu wirken. Zu solchen Faktoren gehören Einflussgrößen wie soziale Einsamkeit (gesucht wird Ersatz für mangelnde soziale Einbindung) oder beruflicher Stress (gesucht wird Ablenkung von unverarbeiteten Problemen und Konflikten) und eine eigene Interaktionsträgheit (erhofft wird zum Beispiel ein soziales »Ungestört-Sein«). Nach neueren Studien gehört dazu aber ferner noch eine biologisch basale Einflussgröße, deren Wirkung besonders verbreitet erscheint. Diese Größe ist schon auf vormenschlicher Entwicklungsstufe zu finden und äußert sich als sogenanntes Vigilanz-Verhalten. Das Vigilanz-Verhalten besteht in einem Überwachen der biosozialen Umwelt und erfüllt in der Natur eine wichtige Funktion. Vor allem hochentwickelte Wirbeltiere setzen oft einen großen Teil ihrer Zeit dafür ein. Das beträchtliche Investment lässt sich durch den hohen Überlebenswert erklären, den dieses Verhalten ökologisch (z.B. Schutz vor Raubfeinden, Ausspähen von Beute) oder sozial (Territorialverteidigung, Kontrolle des Distanzfeldes in der Gruppe) hat. Die Vigilanz wird auf Mechanismen zurückgeführt, die quasi automatisch und ohne Berücksichtigung rationaler Überlegungen dafür sorgen, dass ein Individuum sehr viel Zeit auf das Vigilanz-Verhalten verwendet. Inzwischen wurde die Hypothese aufgestellt, dass auch der Fernsehkonsum des Menschen im Dienste des Vigilanz-Verhaltens stehen kann. Wenn die Hypothese richtig ist, könnte der Fernsehschirm die Rolle eines Fensters spielen, das es gestattet, Auge und Ohr

Delfin-Kommunikation ———— Delfine besitzen ein hochentwickeltes Gehirn und leben in sozialen Gemeinschaften zusammen. Diese bestehen aus kleineren Sub-Teams mit besonders stabilen und langjährigen Beziehungen. Solche Allianzen sind im Tierreich selten und kommen so ausgeprägt nur bei Delfinen und Affen vor. Delfine befinden sich oft nicht in Sichtweite und brauchen daher eine Möglichkeit, um effektiv unter Wasser zu kommunizieren. Die »Delfin-Sprache« besteht aus differenzierten Lauten, die in ganz bestimmten Situationen eingesetzt werden. ———— Jeder Delfin hat ein ganzes Repertoire an Pfiffen, darunter auch seinen »Signatur-Pfiff« (ähnlich einem Morse Code). Forscher vermuten, dass jedes Tier so »seinen Namen ausspricht«. Die Mutter-Kind Beziehung wird beispielsweise über solche Pfiffe aufrecht erhalten. Signaturpfiffe werden aber auch nachgeahmt, so dass die Tiere sich gegenseitig »mit Namen« ansprechen könnten. Bei Spiel, Verfolgung und Aggression werden spezielle Laute produziert. Und sogenannte »Clicks« werden zur Echo-Ortung bei der Jagd und Orientierung unter Wasser genutzt: Delfine finden ihre Beute mittels eines Schallortungssystems, ähnlich wie Fledermäuse. ———— Die interaktive Installation »Delfin-Kommunikation« zeigt eine Serie von Videoclips mit Delfinen und visualisiert deren Pfiffe und Laute in Form von Computergrafiken. Mit diesen Grafiken machen Wissenschaftler die, für uns teilweise unhörbaren, Laute sichtbar und analysieren deren Bedeutung. Eine wirkliche Sprache im herkömmlichen Sinn konnte allerdings bisher nicht nachgewiesen werden. ———— *In Zusammenarbeit mit Prof. Dietmar Todt, Institut für Verhaltensbiologie, Freie Universität Berlin. Filmaufnahmen: Oren Lifshitz, Eilat, Israel. Akustikaufnahmen: Dolphin Reef, Eilat, Israel.* Fotografien: Elke Bojanowski

auf die Beobachtung einer zusätzlichen Umgebung auszurichten. ———— Der Umgang mit dem Medium Fernsehen ist also Beispiel für eine Überlagerung von Faktoren, die unser Handeln beeinflussen. Und es zeigt insbesondere auch, dass und wie hierbei auch biologisch ursprüngliche Einflussgrößen mitwirken können. Das Beispiel ist zwar wenig spektakulär, kann aber gerade deshalb brauchbare Hinweise auf die Natur des Menschen liefern. Wie es illustriert, können wir uns jedenfalls nicht darauf verlassen, dass unser normales Handeln in allen Fällen von Vernunft bestimmt wird. Eine solche Erkenntnis ist verständlicherweise keineswegs neu. Sie bewusst zu machen und die richtigen Konsequenzen daraus zu ziehen, gehört aber zu den Verpflichtungen, denen wir uns gerade in Zukunft immer wieder neu stellen müssen. Darauf hatte beispielsweise Bernhard Hassenstein in seinem 1988 erschienenen Buch *Klugheit — Bausteine zu einer Naturgeschichte der Intelligenz* hingewiesen. In dem Buch werden menschen-typische Eigenarten behandelt, die auf biologisch manifestierte Mechanismen zurückgehen und sich als »Widersacher von Vernunft und Humanität« auswirken können. Solche Mechanismen gilt es künftig verstärkt weiter aufzuklären.

SO HEFTIG SIND DIE BEWEGUNGEN DER GÖTTIN, DASS DURCH DAS STARKE AUFTRETEN IHRER FÜSSE DIE WASSER DER OZEANE AUFSPRITZEN; DER MOND (AUF IHRER STIRN) IST IN FURCHT VERSETZT VON DER SCHRECKLICHEN MASSE IHRER VERFILZTEN HAARE, DIE MIT BIS ZUM WAHNSINN GEREIZTEN SCHLANGEN VERFLOCHTEN SIND.

❶ 2/49 **Skulptur der Göttin Camunda, der schrecklichen Erscheinungsform der Kali** Staatliche Museen zu Berlin, Museum für Indische Kunst

❷ **Kali-Puja** *Das jährliche Fest zur Verehrung der volksnahen »schwarzen« Göttin Kali wird in der Neumondnacht des Monats Kartika des Indischen-National-Kalenders gefeiert. Zentrum ihrer Verehrung stellt der Kalighat-Tempel in Kalkutta dar, wo die traditionellen Riten der Feier sich in den letzten einhundert Jahren kaum verändert haben. Das Foto zeigt eine Straßenszene der Kali-Puja in Kalkutta, Indien, im November 1998.*

WÄHREND DIE SCHELLEN IHRER KEULE ERKLINGEN, ALS DIE MENSCHLICHEN SCHÄDEL, DIE AN IHRER SEITE BAUMELN, SICH HIN UND HER BEWEGEN; UND DIE BERGE WERDEN VON IHREN WUCHTIGEN HÄNDEN NIEDERGESTÜRZT, ALS SIE SIE IN EINEM AUSBRUCH VON FREUDE ÜBER DIE VERNICHTUNG DER DÄMONEN UNGESTÜM AUF- UND ABBEWEGT.

DAVID KINSLEY

2

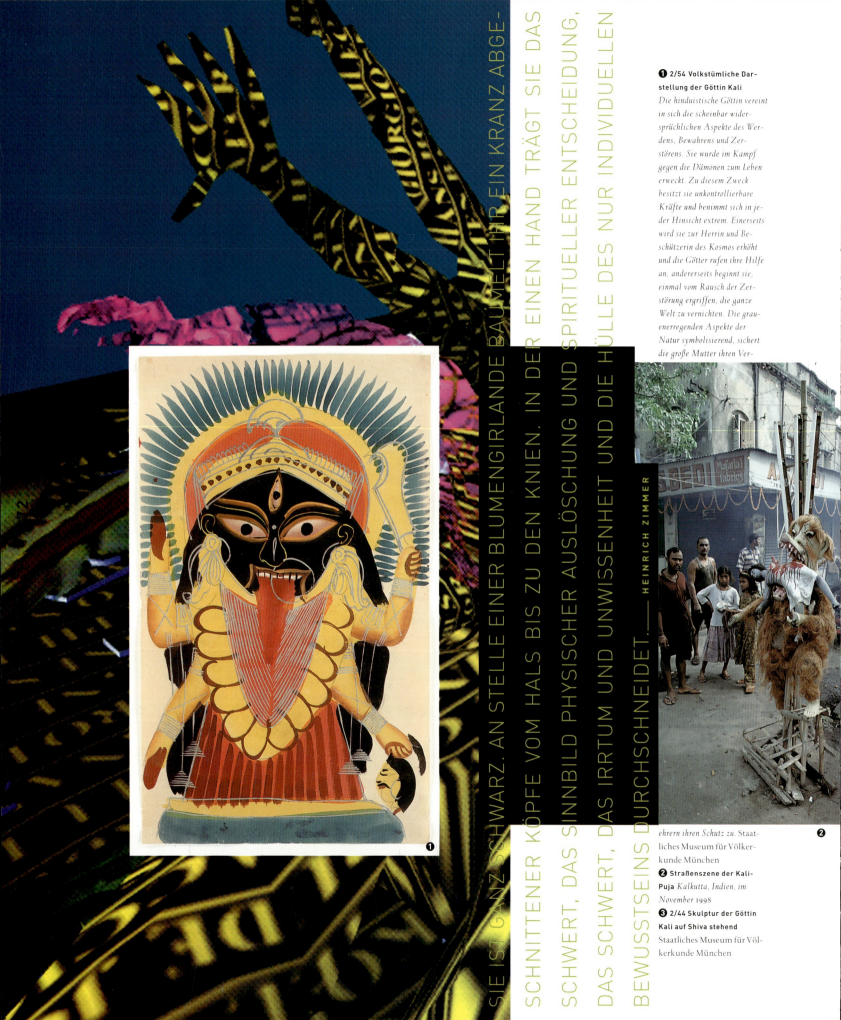

SIE IST GANZ SCHWARZ. AN STELLE EINER BLUMENGIRLANDE BAUMELT IHR EIN KRANZ ABGE-
SCHNITTENER KÖPFE VOM HALS BIS ZU DEN KNIEN. IN DER EINEN HAND TRÄGT SIE DAS
SCHWERT, DAS SINNBILD PHYSISCHER AUSLÖSCHUNG UND SPIRITUELLER ENTSCHEIDUNG,
DAS SCHWERT, DAS IRRTUM UND UNWISSENHEIT UND DIE HÜLLE DES NUR INDIVIDUELLEN
BEWUSSTSEINS DURCHSCHNEIDET. — HEINRICH ZIMMER

❶ **2/54 Volkstümliche Darstellung der Göttin Kali**
Die hinduistische Göttin vereint in sich die scheinbar widersprüchlichen Aspekte des Werdens, Bewahrens und Zerstörens. Sie wurde im Kampf gegen die Dämonen zum Leben erweckt. Zu diesem Zweck besitzt sie unkontrollierbare Kräfte und benimmt sich in jeder Hinsicht extrem. Einerseits wird sie zur Herrin und Beschützerin des Kosmos erhöht und die Götter rufen ihre Hilfe an, andererseits beginnt sie, einmal vom Rausch der Zerstörung ergriffen, die ganze Welt zu vernichten. Die grauenerregenden Aspekte der Natur symbolisierend, sichert die große Mutter ihren Ver- ehrern ihren Schutz zu. Staatliches Museum für Völkerkunde München

❷ **Straßenszene der Kali-Puja** *Kalkutta, Indien, im November 1998*

❸ **2/44 Skulptur der Göttin Kali auf Shiva stehend** Staatliches Museum für Völkerkunde München

04__ die augen
der göttin)

❸

—— ANNE PFEIL

Mitte des letzten Jahrhunderts begründete der Biologe Ernst Haeckel das Forschungsfeld der Ökologie. Er definierte 1866 den Ökologie-Begriff in diesem Zusammenhang folgendermaßen: »Unter Ökologie verstehen wir die gesamte Wissenschaft von den Beziehungen des Organismus zur umgebenden Außenwelt, wohin wir im weiteren Sinne alle Existenz-Beziehungen rechnen können. Diese sind teils organischer, teils anorganischer Natur (...).« Heute hat der Ökologie-Begriff aus den biologischen Wissenschaften Einzug in den allgemeinen Wortschatz gehalten, da sich die Diskussion um das Verhältnis des Menschen zur Natur am Ende unseres Jahrhunderts in den Vordergrund der öffentlichen Auseinandersetzung geschoben hat. Die »Ökologische Krise« umfasst das Aussterben zahlreicher Tier- und Pflanzenarten, die Vernichtung der letzten unberührten Lebensräume, die Kombination von Umweltverschmutzung und drohender Rohstofferschöpfung sowie die unmittelbaren Auswirkungen auf das Leben in der »künstlichen« Umwelt der hochtechnisierten Gesellschaft wie Lärm- und Schadstoffbelästigungen. Sie besitzt nach wie vor brennende Aktualität und ruft die unterschiedlichsten gesellschaftlichen Reaktionen hervor: Krisenbewusstsein, Furcht, Fatalismus oder uneingeschränktes

Illustrationen des Devi-Myhat-mya *In dem Schlüsseltext der Göttinnenverehrung, dem Devi-Myhatmya-Manuskript (6. Jh.), wird die hinduistische Göttin Kali in ihren wilden und gefährlichen Aspekten leicht abgewandelt interpretiert und der Kontrolle der Götter unterstellt. Die hier abgebildeten, gemalten Illustrationen eines solchen Manuskriptes aus dem 18. Jahrhundert zeigen verschiedene Episoden von Kalis Schlachten gegen die Dämonen.* Staatliche Museen zu Berlin, Museum für Indische Kunst

❶ 2/55_b Kali kämpft Wagen und Elefanten verschlingend gegen das große Dämonenheer
❷ 2/55_c Kali auf dem Löwen Ambika, enthauptet Canda und Munda und bringt der Göttin deren blutende Köpfe
❸ 2/55_e Kali und die Saktis in der Schlacht
❹ 2/55_f Der sich durch eigene Blutstropfen vervielfältigende Dämon Raktabija greift ein
❺ 2/00_g Kali leckt mit langer Zunge das Blut Raktabijas und verhindert dessen Vermehrung, woraufhin Ambika ihn töten kann

Vertrauen in die Technologie, politische Bewegungen, Aktionsdrang oder Resignation. _____
Aufgrund des umfangreichen Einsatzes von hochentwickelten Technologien verschwimmt die Grenze zwischen Natur und Technik in unserer Gesellschaft zunehmend. Der Mensch führt die biologische Evolution durch eine technologische Evolution weiter. Die unberechenbare, widerspenstige, sowohl lebenspendende als auch mörderische Gewalt der Natur gehört der Vergangenheit an. Sie ist zu einer beliebig manipulierbaren Größe geworden. Selbst Naturkatastrophen lassen sich nicht mehr losgelöst vom eigenen Handeln bewerten, sondern sind als – wenn auch unbeabsichtigte – Nebenwirkungen menschlichen Handelns anzusehen. Die Natur als »Gegenüber« der Menschheit ist verschwunden. Der Mensch wird nicht mehr durch die Umstände seiner natürlichen Umwelt, sondern allein durch seine eigene Vernunft begrenzt. »Durch Genforschung und Genmanipulation wird er zum Ingenieur seines eigenen Wesens. Auch in seiner körperlichen und geistigen Gestalt wird er bald nur auf die Resultate seiner Manipulationen stoßen« (Jens Jessen). Mit dem Verlust seiner letzten Naturgegebenheiten verschwindet allerdings auch die Möglichkeit, Ängste und Zweifel in die Natur auszulagern, dem blinden Zufall oder der göttlichen Schöpfung zuzuschreiben. _____ »Die Natur mag kaputt gehen, wenn nur der Mensch bleibt« – ungefähr nach diesem Motto bezieht der ehemalige aktive Umweltschützer Ben-Alexander Bohnke in seinem Buch *Abschied von der Natur – Die Zukunft des Lebens ist Technik* einen Seitenwechsel vom überzeugten Ökologen zum »Öko-Diktator«. Er setzt voraus, dass die Zukunft des Lebens nicht im ökologisch verträglichen Wirtschaften und Kulturverhalten liegt, sondern in der Preisgabe biologischer Systeme und ihrer Ersetzung durch die Technik. Mittels dieser »Technik total« könne der Mensch nicht nur von der »äußeren« sondern auch von seiner »inneren« Natur unabhängig werden. _____ Nur wenige Menschen sind heute zu so radikalen Schlussfolgerungen bereit. Die ökologischen Bewegungen stellen das Überlebensproblem, ethische Rücksichten auf andere Naturwesen sowie die Einstellungen zu einem »natürlichen« Leben und zur Natur in den Mittelpunkt ihrer Auseinandersetzung. Sie sehen das menschliche Leben ohne eine »Zukunft der Natur« bedroht. Die Zielvorstellung vieler Gegenstrategien ist es, zu einem nebulösen »Leben im Einklang mit der Natur« zurückzufinden: wann und wo immer es dies je gegeben hat. Die »Aussteiger« bewegen sich auf den klassischen eskapistischen Pfaden, die als Großstadt- und Zivilisationskritik die europäische Geistesgeschichte der zurückliegenden zweihundert Jahre durchziehen. Charakteristisch ist die andauernde Popularität der Bücher von Henry David Thoreau, einem Amerikaner, der sich 1845 im Alter von 28 Jahren in den Wäldern bei Concord am Waldensee (Massachusetts) eine Holzhütte zimmerte und diese dann für zwei Jahre bewohnte, um fern vom Weltgetriebe ein Leben »in Einklang mit der Natur« zu erproben. Als Auslöser für diesen Schritt nannte Thoreau das hektische, geschäftige Leben des beginnenden Industriezeitalters in Amerika, welches er als »oberflächlich, trivial und unbefriedigend« empfand. Ganz auf sich selbst gestellt, in der Einsamkeit der Natur, wollte er die »Muße zum wirklichen Leben« finden. Aus den Aufzeichnungen dieses radikalen Selbstexperiments entstand sein Buch *Walden oder Leben in den Wäldern,* in dem er seine Naturbeobachtungen, Poesie, philosophischen Reflexionen und Gesellschaftskritik niederschrieb. Der von Thoreau praktizierte gewaltlose Widerstand gegen die Gesellschaft und sein Ausstieg aus derselben inspirierte weltweit Sozialreformer wie Leo Tolstoj und Mahatma Ghandi, aber auch so unterschiedliche Milieus wie die französische Résistance, englische Gewerkschaften, die amerikanische Bürgerrechtsbewegung, Hippies und Wehrdienstverweigerer. Heute ist *Walden* zum Kultbuch des alternativen Lebens geworden. _____ Parallel dazu florieren magische und

mythische Naturbilder, die keineswegs auf esoterische Zirkel beschränkt bleiben. Es ist eine weit verbreitete, von ethnologischen Befunden keineswegs bestätigte Überzeugung, dass in außereuropäischen oder vorchristlichen europäischen Kulturen ein behutsamerer, sozusagen ökologisch bewussterer Umgang mit der Natur geherrscht habe oder noch herrsche. Eine wissenschaftlich längst unhaltbare Begrifflichkeit wie »Naturvölker« lebt in solchen Annahmen unbeschädigt fort. _____ Das Angebot auf dem esoterischen »Markt der Möglichkeiten« scheint uferlos zu sein. Neben sämtlichen Weltreligionen umfasst es exotischere Komponenten, die von der Fußreflexzonenmassage über Yoga, Meditation, Trance-Tänze bei Mondschein, Hexenkult und Tantra, bis hin zu Reinkarnationstherapie, Tarot, Feuerlauf, Blütenberatung und spirituellen Sitzungen reichen. Die ökoesoterische Literatur berichtet von Menschen, die Tieren und Pflanzen zuhören und mit ihnen kommunizieren können oder über Experimente, die belegen sollen, dass Pflanzen die Gedanken von Menschen lesen und auf deren Gefühle reagieren können. Sie bedient sich aus sämtlichen Kulturen und verfügt über ein unerschöpfliches Repertoire von Häuptlingssentenzen zweifelhaften Authentizitätswerts, selbstgezimmerter Druidenweisheit und schamanististischen Zauberpraktiken

per Gebrauchsanweisung. Es wird immer schwieriger, die seriösen Angebote von der religiösen Schleuderware zu trennen, zumal jedem eine individuelle Zusammenstellung der verschiedenen Philosophien »wie im Supermarkt« zugestanden wird. In den letzten Jahren ist es denn auch insbesondere von indianischen Stämmen wie den nordamerikanischen Hopi oder den Lakota zu gereizten Stellungnahmen gekommen, die sich die Ausbeutung ihrer Spiritualität durch weiße »New Age-Zweitnutzer« schroff verbaten. _____ Dabei gibt es durchaus einen seriösen und an rationalen Kriterien orientierten Umgang mit vermeintlich magischen Praktiken, wie die Untersuchungen des Instituts für Psychologie und Verhaltensmedizin der Universität Gießen zeigen. Dort beschäftigt man sich eingehend mit den schamanistischen Heilmethoden der Trance, denen lange Zeit aufgrund ihres »fremdartigen, abnormen und primitiven«

Images in der westlichen Welt jede Glaubwürdigkeit abgesprochen wurde. Die Erforschung dieses veränderten Bewusstseinszustands mit modernsten Mitteln der Neurologie versucht, die physiologischen Abläufe offenzulegen und ihre Wirkung zu verstehen. Indigene Kulturen schreiben Krankheiten entsprechend ihrem Weltbild dem Einfluss von Geistern oder Hexerei zu. Hierzulande lassen sich diese Formulierungen als metaphorische Umschreibungen wohlbekannter Reaktionen ansehen wie Stress, Schock oder Trauma, zum Beispiel infolge eines Unfalls oder von extremen Erlebnissen. Das Pendant in der westlichen Welt stellt heute bereits die Hypnose dar, inzwischen eine medizinisch-psychotherapeutisch anerkannte Heilmethode, die mit Hilfe von Trance arbeitet. _____ Der Mensch beurteilt seine unmittelbare Umgebung unter anderem nach emotionalen Maßstäben, welche einer rationalen Bewertung widersprechen können. Die schöpferischen,

erhaltenden und zerstörerischen Eigenschaften der Natur werden hier als widersprüchlich empfunden, letztere häufig als grausam angesehen. Als erhaltenswert erscheint oftmals nur das »Gute« – doch was ist in diesem Kontext wirklich gut, was schlecht? Anders ist dies in der naturwissenschaftlichen Auffassung der Biologie. Dort stehen »fressen« und »gefressen werden« als gleichwertig und sich gegenseitig bedingend nebeneinander. Hier wird ein Ökosystem als ein abgegrenzter Teil der Natur betrachtet, dessen belebte und unbelebte Komponenten durch gegenseitige Beeinflussung miteinander verknüpft sind. Es wird bei den biotischen Komponenten zwischen Produzenten, Konsumenten und Destruenten unterschieden, deren Präsenz und Aktivität die Voraussetzung für den natürlichen Lebenskreislauf darstellt. Ohne den Tod ist kein Leben denkbar. _____ Und in diesem Sinne ist auch die Mythologie außereuropäischer Kulturen weitaus vielschichtiger als es die naive ökoesoterische Rede vom »Einklang mit der Natur« wahrhaben möchte. Die Aspekte des Werdens, Bewahrens und Zerstörens sind in dem Bildnis der hinduistischen Göttin *Kali* vereint. Dieser dreigestaltigen unkontrollierbaren *Schwarzen Göttin* kommt entsprechend dem *Devi-Mahatmya*, dem Schlüsseltext der indischen Götterverehrung aus dem sechsten Jahrhundert, innerhalb des Götterpantheons die Aufgabe zu, den Kosmos zu reinigen, indem sie Dämonen vernichtet. Sie ist daher im Besitz uneingeschränkter Kräfte, die sie zuweilen auch gegen die gesamte Welt richtet, zugleich verkörpert sie auch die behütende, alles schützende und gebärende *Erdmutter*. Ihre Unkontrollierbarkeit und die scheinbare Widersprüchlichkeit ihres Handelns machen sie zum Sinnbild von Geburt und Tod – und von Wildnis *und* Zivilisation zugleich.

❶ Straßenszene der Kali-Puja *Kalkutta, Indien, im November 1998*
❷ 2/48 Relief der Göttin Kali Staatliche Museen zu Berlin, Museum für Indische Kunst
❸ 2/43 Skulptur der Göttin Kali, auf Shiva tanzend Staatliches Museum für Völkerkunde München
❹ 2/47 Reliefplatte mit der Göttin Kali Staatliche Museen zu Berlin, Museum für Indische Kunst
❺ 2/46 Büste der Göttin Camunda *Camunda stellt die schreckliche und ausgemergelte Form der Kali dar.* Staatliche Museen zu Berlin, Museum für Indische Kunst.

04_2 kali—
mutter wildnis_____ CORNELIA VOGELSANGER

Kali, die Schwarze Göttin aus Indien, als Metapher für eine Ausstellung in Berlin? Und warum nicht? _____ Seit jeher sind die Wege dieser Göttin verschlungen und merkwürdig. Mal geht sie in den Untergrund, dann wieder taucht sie aus der Tiefe auf, sie ändert ihre Erscheinungsform, oder lässt es zu, dass man sie umdeutet. Seit den siebziger Jahren wird sie zunehmend vom spiritualistischen Flügel des Feminismus in Beschlag genommen, im Internet ist sie seit rund einem Jahrzehnt präsent. Kali ist längst im Westen angekommen. _____ In Deutschland begann die Kali-Rezeption zu dem Zeitpunkt, als das 19. Jahrhundert in den Schützengräben des Ersten Weltkriegs verendete. Im Werk von zwei überlebenden Kriegsteilnehmern – Heinrich Zimmer und Max Beckmann – erscheint Kali als Metapher für das Unfassliche, für Bedrohung, Krise und Wandlung. Der Indologe Zimmer – der unter anderem Thomas Mann und C. G. Jung anregte – schöpfte aus tantrischen Texten, das heißt, aus der Spätgeschichte der indischen Göttin. Der Maler Beckmann schöpfte aus der Theosophie und aus den Publikationen von Zimmer. Ob die beiden sich je begegnet sind, ist fraglich; beide sahen sich in den dreißiger Jahren zur Emigration gezwungen, beide starben in New York. _____ Kalis erste Ankunft in Europa lag allerdings damals schon Jahrhunderte zurück und hatte zu ihrer Zeit kaum Furore gemacht. Im späten Mittelalter erreichten die Roma auf ihren Wanderungen aus Indien über Ägypten endlich Europa. Sie brachten die Schwarze Mutter mit, doch sie teilten sie nicht mit den Europäern. In der Romasprache – die auch das indische Wort *kala*, warz«, enthält – wird die Dunkle Göttin bis heute vorsichtig »Bibi« genannt, eine Verwandtschaftsbezeichnung, die in Indien »Schwester« oder »Tante« bedeutet – wohl eher eine besänftigende Anrede für eine Göttin, der man nicht nur Freundliches zutraut. _____ Kali nimmt mit der inen Hand und gibt mit der anderen. Sie nimmt das, was man für die /irklichkeit hält, das Selbstverständliche. Und sie gibt, was man nicht er- wartet und sich auch niemals gewünscht hat. In ihrem Ursprungsland wird diese Göttin von den einen glühend verehrt, von den anderen gefürchtet und gemieden. Viele sehen in ihr die Göttliche Mutter, die alles Leben hervorbringt und die keines ihrer Kinder zurückweist. Für eine kleine Schar von Eingeweihten ist Kali die höchste Göttliche Wirklichkeit selbst. Und für andere wiederum repräsentiert sie jene archaische Seite des Hinduismus, die mit Anarchie und Tod, mit der dunkelhäutigen Unterschicht, mit dem rituell Unreinen in Verbindung steht und die vom Establishment gerne verdrängt wird. _____ In der Tat ist Kali keine Freundin der Konvention oder der geheiligten, etablierten, doch letztlich nur von Menschen gemachten Ordnung. Sie stammt von den äußersten Rändern der Zivilisation, ist ursprünglich eine Stammesgöttin, die in das Hindu-Panthe- on nur zögernd und widerwillig eingelassen wurde. Um Kali hängt immer ein Geruch von Opferblut. Die in der indischen Kultur so überaus wichtigen Reinheitsgebote und Hierar-

③

④

⑤

Straßenszenen der Kali-Puja
Indien, im November 1998

chien sind ihr fremd. Kali dringt in die geschützten Räume der verfeinerten Kultur ein, verunreinigt alles und bringt alles aus dem Gleichgewicht. Sie zerstört, was einengt, sie fegt weg, was sich überlebt hat, sie räumt ohne Rücksicht und radikal auf. Doch ihre zerstörerische Aktivität lässt hinter den zusammengebrochenen Strukturen jene viel größere, umfassendere Ordnung aufscheinen, die letztlich alles enthält und alles relativiert. Kali ist immer wieder ein notwendiger Gegenpol zur erstarrten, lebensfeindlichen Ordnung. _____ Ihr Name, Kali, lässt sich auf zwei Arten übersetzen: »die Schwarze« oder »die Zeit« (in ihrer weiblichen Form). »Die Zeit« manifestiert sich als die Mutter von Leben und Tod, in der alle Gegensätze zusammenfallen. Die Zeit bringt alle Erscheinungen hervor und vernichtet sie wieder. Kali *ist* die Zeit, gebärt die Zeit und verschlingt sie am Ende. Die Farbe »Schwarz« dagegen bezieht sich auf den Raum. Der Nachthimmel, der Weltraum, die Tiefen der Erde sind schwarz. Schwarz herrscht sowohl ganz weit draußen wie auch tief im Innern. Schwarz, oder dunkelhäutig, sind auch die *Adivasi,* die Ureinwohner Indiens, die einst von hellhäutigen Invasoren auf die unterste Stufe der gesellschaftlichen Hierarchie verwiesen und in die Randzonen, in die Wälder abgedrängt wurden. _____ Die *Zeit* – gehört Kali zum Anfang, zur Mitte oder zum Ende der Zeit? Mit dem Kali Yuga, dem Zeitalter des Niedergangs, in dem wir gegenwärtig leben, hat sie jedenfalls etymologisch nichts zu tun. In der westlichen feministischen Literatur figuriert Kali häufig als die Urmutter, die vor dem Patriarchat herrschte, die »Große Göttin« aus matriarchaler Vorzeit. Aus den indischen Quellen lässt sich diese Deutung nicht belegen. Kali tritt erst spät in die Geschichte ein und zunächst in einer eher unbedeutenden Rolle. Ungefähr 500 v. Chr. wird sie zum erstenmal in einem Text erwähnt unter den Zungen des Feuergottes Agni (Mundaka-Upanischad). Alle acht Zungen dieses Gottes haben Namen, eine davon heißt Kali. In diesem Zusammenhang ist Kali Teil einer zerstörerischen und reinigenden Kraft, sie steht in Verbindung mit Hitze, mit den Farben Rot und Schwarz. Im übrigen ist ihr Charakter noch nicht näher definiert. _____ Erst nach weiteren 1000 Jahren gewinnt sie zunehmend an Profil, und im späten Hinduismus schließlich steigt Kali zur Mutter des Universums auf, in mancherlei Form, niemals unumstritten, aber auch nicht mehr aus ihrer Position zu verdrängen. Der klassische literarische Text, der die Bedeutung der Göttin im vorher überwiegend patriarchalen Hindu-Pantheon festschreibt, wurde im 5. oder 6. Jahrhundert in der Gegend des Narmadatales auf Sanskrit verfasst und ist unter dem Namen Devimahatmya bekannt. Noch heute wird dieser Lobgesang auf Devi – die Göttin – in zahllosen Tempeln und Häusern Indiens rezitiert, täglich, mit besonderer Intensität aber zweimal jährlich zur Zeit der Frühlings- und Herbstäquinoktien, wenn die »Neun Nächte der Göttin« gefeiert werden. Der Text erzählt einerseits von den Heldentaten Devis zur Rettung der Welt. Anderseits wird die Göttin als Ursprung und Mutter aller Wesen und Erscheinungen beschworen. Sie ist der Lebenszauber (*Maya,* auch Täuschung, Illusion), der die Wesen umfängt. Sie ist die Natur selbst, die Landschaft, die Materie (*Prakrti*), und sie ist die Lebensenergie (*Sakti*) in allen Erscheinungen. Sie ist die letze Göttliche Wirklichkeit. Zum erstenmal in der Texttradition des Sanskrit definiert das Devimahatmya die transzendente Wirklichkeit als weiblich. _____ Der Handlungsablauf berichtet von den Kämpfen der Göttin gegen Dämonen, die die Welt bedrohen. Von welcher Göttin ist hier die Rede? Von der Einen Göttin oder von vielen? *Devi* (lateinisch: *dea*) bezeichnet eine Gattung und ist kein Eigenname. Die beherrschende Rolle im Mythos kommt der kämpferischen Göttin Durga zu, die einen Löwen reitet. Sie wird Devi genannt. Ihre Aufgabe ist es, den Kosmos von Dämonen zu befreien und die göttliche Ordnung wieder herzustellen. Die männlichen Götter haben in der Not Durga gerufen und ziehen sich zurück, sobald sie erscheint, um erst wieder nach gewonnener Schlacht in Erscheinung zu treten. Auf dem Schlachtfeld bekämpft Durga die Dämonen in mehreren Episoden. Teils kämpft sie ganz allein mit ihren Löwen, teils kommen ihr andere Göttinnen zu Hilfe, die letztlich mit ihr eins sind. Diese Göttinnen, auch »Mütter« genannt, rücken im Kollektiv, beritten und bewaffnet an. Schließlich aber, im Moment der höchsten Krise, erweist sich als die effizienteste Helferin Durgas eine Göttin, die allein auftritt und die in jeder Hinsicht aus dem Rahmen fällt: die rasende schwarze Kali. _____ Kali ist anders als alle anderen Göttinnen: Sie tritt ohne Reittier auf, sie geht zu Fuß, sie ist nackt und dunkelhäutig, ausgemergelt, abstoßend, mit aufgelösten, verfilzten Haaren. Ihr Gefolge besteht aus Aasfressern – Geier, Krähen und Schakalen, dem verachteten Reinigungspersonal der Natur. Kali kämpft nicht wie die aristokratische Durga mit kunstvollen Waffen, sondern greift mit bloßen Händen zu, reißt ihren Feinden die Eingeweide aus dem Leib und trinkt unter wahnsinnigem Gelächter ihr Blut. Kali hält sich an keine Regel, kennt keine Hemmung und kein Maß. Und genau mit diesem extremen Benehmen führt sie in der Schlacht die Wende herbei. Sie vernichtet die Dämonen und stellt die kosmische Ordnung wieder her (allerdings nur bis zur nächsten Krise). Den Göttern, die nun die Herrschaft über die Welt sogleich wieder übernehmen, bleibt nur *eine* Schwierigkeit übrig: sich der rasenden Kali wieder zu entledigen. Denn in Friedenszeiten wird ihre entfesselte Energie zur Bedrohung. _____ Woher ist Kali im Augenblick der höchsten Not erschienen? Der Text berichtet, wie sie *aus dem Zorn* der Göttin Durga geboren wird. Durga ärgert sich dermaßen über den Übermut der Dämonen, dass sie dunkel anschwillt, und aus ihrer Stirn entspringt Kali, als Frucht des göttlichen Zorns. Zu diesem Zeitpunkt haben sich die Dämonen als unbesiegbar erwiesen, denn aus jedem Tropfen Dämonenblut, der auf die Erde fällt, erstehen sogleich neue Dämonen. Gegen diese unheimliche Verbindung von Blut und Erde ist die vornehme Devi machtlos. Kali allein, die nicht davor zurückschreckt, das Blut ihrer Opfer mit ihrer langen Zunge aufzulecken, kann es mit den dunklen Mächten der Erde aufnehmen. _____ Für die Geschichte der Göttinnenverehrung ist das Devimahatmya ein überaus bedeutungsvoller Text, der einen Wendepunkt bezeichnet. Was das Bild Kalis in diesem Mythos betrifft, so ist zweierlei festzuhalten: Erstens erscheint Kali noch nicht als selbstständige Göttin, sondern als abgeleitet, als abgespaltener Persönlichkeitsteil der großen Durga; Kali erfüllt ihren Auftrag wie eine Dienerin, legt der Herrin die getöteten Dämonen zu Füßen und wird wieder entlassen (was sich in manchen Versionen des Mythos dann als nicht so einfach erweist). Kalis Position in der Götterwelt gleicht derjenigen der Kastenlosen in der indischen Gesellschaftshierarchie: Wer die Kloaken reinigt, die Kadaver verbrennt und die für den Fortbestand der Kultur dringend notwendige Dreckarbeit verrichtet, gilt in der Kastenordnung als unrein und bleibt von den Riten ausgeschlossen. Auch Kali wird im Hindupantheon nie ganz akzeptiert. Bemerkenswert ist zweitens der Zeitpunkt, zu dem Kali die Bühne betritt, nämlich erst dann, wenn die Entwicklung schon sehr weit fortgeschritten, die Klimax fast erreicht ist. Kali ist nicht die Herrin des Anfangs, auch nicht des Endes, sondern der *Krise.* Sie erscheint spät und plötzlich – in der Hitze der Nacht, in der letzten, dunkelsten Phase des Mondes: Schwarzmond, kurz vor der Rückkehr des Lichts ist auch ihre Zeit im Ritual. Und wenn es dann hell wird, soll Kali wieder gehen. ____ Kalis *Orte* – heutzutage befinden sich einige wichtige Kali-Tempel in Städten, zum Beispiel in Kalkutta, der Großstadt, die ihren Namen von einem Kaliheiligtum ableitet. Doch Städte sind eigentlich nicht Kalis bevorzugte Orte. Ihre Kultstätten befinden sich seit jeher an den Rändern der Zivilisation, auf Plätzen, wo Leichen verbrannt werden, oder weit weg, jenseits des Ackerlandes, in unfruchtbaren Gegenden und im Dschungel. Kali gehört zur Wildnis. Ihr Kultbild besteht noch immer an vielen Orten aus einem unbehauenen schwarzen Stein, der tief im Boden steckt. ____ Die Wildnis verhält sich im indischen Weltverständnis komplementär zum Kulturland. Sie umgibt es, fast wie eine Mutter. Wildnis ist chaotisch und enthält mancherlei Gefahren, aber sie nährt auch die Kultur, und das Agrarland könnte ohne die Nachbarschaft der Wildnis nicht gedeihen, sondern es würde unfruchtbar werden. Aus der Wildnis bezieht die Kultur immer wieder die Kraft zur Erneuerung. Wohl ist der Wald ein unheimlicher Ort, in dem dämonische Kräfte, Geister, Räuber, Ausgestoßene und auch die verachteten Ureinwohner – die »Kinder des Waldes« – leben, aber der Wald ist gleichzeitig auch ein Ort der Reinigung und Wandlung. Asketen, die alles Weltliche hinter sich gelassen haben, ziehen sich in den Wald zurück, um sich der Erleuchtung zu widmen. Sie brauchen das Wilde nicht zu fürchten, und ihnen ist alles rein. In den großen Epen Mahabharata und Ramayana wird der Wald zum Schauplatz der Verbannung und der Läuterung der Helden. Im Wald geschieht Verwandlung und Umkehr. Im Wald regiert Kali. ____ Letzte Frage: Warum ist Kali schwarz? Repräsentiert sie, wie eine indische Psychologin erklärt, die dunkle Seite des Mondes, die *andere* Seite, die im Schatten liegt, nämlich die verdrängte Realität? Für die bengalischen Mystiker, darunter Ramakrishna, ist das Schwarz nur eine Frage der Distanz. Der Ozean erscheint uns aus der Ferne schwarz, doch wenn wir näher kommen und mit der Hand Wasser daraus schöpfen, erweist sich das Wasser als farblos und klar. Ähnlich geht es uns mit der göttlichen Realität, sagt Ramakrishna. Unser Bewusstsein, das von Furcht und Unwissenheit getrübt ist, schafft die Distanz und lässt Kali vor unserem inneren Auge schwarz und fern erscheinen. Doch das Schwarz liegt im Auge des Betrachters. Wer sich Kali nähert, für den löst sich ihre

abstoßende und erschreckende Erscheinung auf, und ihre göttliche Natur tritt leuchtend hervor. Diese Erfahrung wird nicht nur Mystikern und Initiierten zuteil, sondern auch dem einfachen Volk – besonders in Bengalen, wo jedes Jahr in der dunkelsten Nacht, am Vorabend des Lichterfestes, das in Indien Neujahr bezeichnet, die Schwarze Mutter Kali mit ungebrochener Begeisterung gefeiert wird.

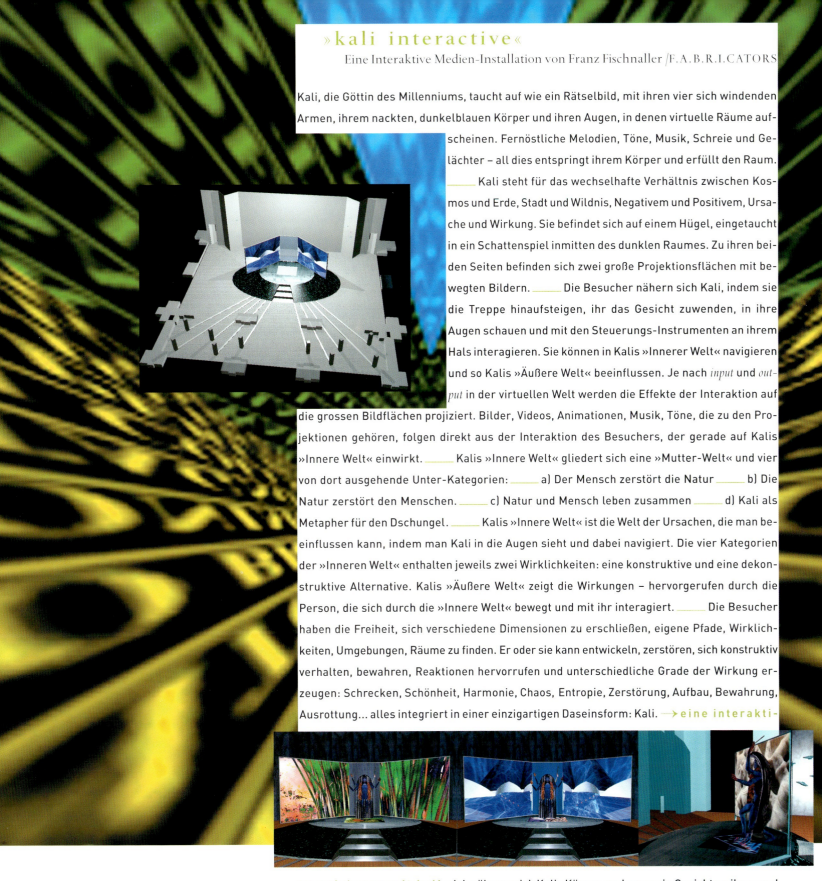

Kali, die Göttin des Millenniums, taucht auf wie ein Rätselbild, mit ihren vier sich windenden Armen, ihrem nackten, dunkelblauen Körper und ihren Augen, in denen virtuelle Räume aufscheinen. Fernöstliche Melodien, Töne, Musik, Schreie und Gelächter – all dies entspringt ihrem Körper und erfüllt den Raum. _____ Kali steht für das wechselhafte Verhältnis zwischen Kosmos und Erde, Stadt und Wildnis, Negativem und Positivem, Ursache und Wirkung. Sie befindet sich auf einem Hügel, eingetaucht in ein Schattenspiel inmitten des dunklen Raumes. Zu ihren beiden Seiten befinden sich zwei große Projektionsflächen mit bewegten Bildern. _____ Die Besucher nähern sich Kali, indem sie die Treppe hinaufsteigen, ihr das Gesicht zuwenden, in ihre Augen schauen und mit den Steuerungs-Instrumenten an ihrem Hals interagieren. Sie können in Kalis »Innerer Welt« navigieren und so Kalis »Äußere Welt« beeinflussen. Je nach *input* und *output* in der virtuellen Welt werden die Effekte der Interaktion auf die grossen Bildflächen projiziert. Bilder, Videos, Animationen, Musik, Töne, die zu den Projektionen gehören, folgen direkt aus der Interaktion des Besuchers, der gerade auf Kalis »Innere Welt« einwirkt. _____ Kalis »Innere Welt« gliedert sich eine »Mutter-Welt« und vier von dort ausgehende Unter-Kategorien: _____ a) Der Mensch zerstört die Natur _____ b) Die Natur zerstört den Menschen. _____ c) Natur und Mensch leben zusammen _____ d) Kali als Metapher für den Dschungel. _____ Kalis »Innere Welt« ist die Welt der Ursachen, die man beeinflussen kann, indem man Kali in die Augen sieht und dabei navigiert. Die vier Kategorien der »Inneren Welt« enthalten jeweils zwei Wirklichkeiten: eine konstruktive und eine dekonstruktive Alternative. Kalis »Äußere Welt« zeigt die Wirkungen – hervorgerufen durch die Person, die sich durch die »Innere Welt« bewegt und mit ihr interagiert. _____ Die Besucher haben die Freiheit, sich verschiedene Dimensionen zu erschließen, eigene Pfade, Wirklichkeiten, Umgebungen, Räume zu finden. Er oder sie kann entwickeln, zerstören, sich konstruktiv verhalten, bewahren, Reaktionen hervorrufen und unterschiedliche Grade der Wirkung erzeugen: Schrecken, Schönheit, Harmonie, Chaos, Entropie, Zerstörung, Aufbau, Bewahrung, Ausrottung... alles integriert in einer einzigartigen Daseinsform: Kali. → eine interakti-

ve erfahrung mit kali »Ich nähere mich Kalis Körper an, lege mein Gesicht an ihres und schaue in ihre Augen, während ich ihren Hals berühre. Das ganze Blickfeld wird von einer stilisierten Abbildung des *Kali Yantra* dominiert. Dies ist »Kalis Mutter-Welt« und sie ist der Ausgangspunkt für die Reise des Besuchers. Der Zugriff auf Kalis »Innere Welt« wird durch Berühren mythischer *Icons* bewirkt, die über die Matrix der virtuellen Welt verstreut sind. _____

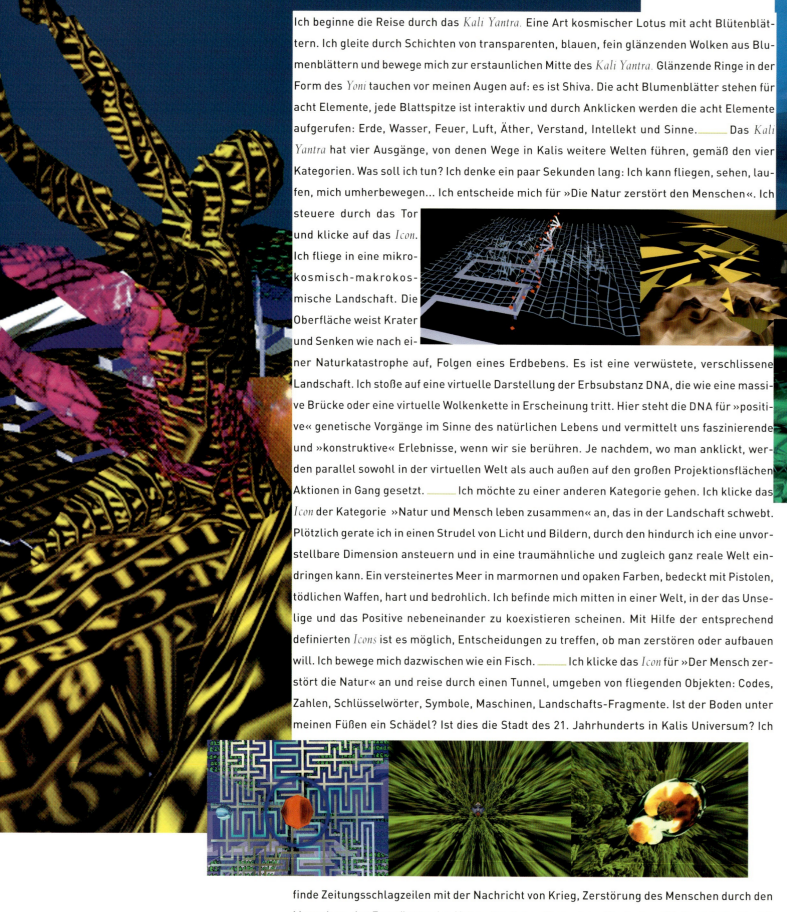

Ich beginne die Reise durch das *Kali Yantra*. Eine Art kosmischer Lotus mit acht Blütenblättern. Ich gleite durch Schichten von transparenten, blauen, fein glänzenden Wolken aus Blumenblättern und bewege mich zur erstaunlichen Mitte des *Kali Yantra*. Glänzende Ringe in der Form des *Yoni* tauchen vor meinen Augen auf: es ist Shiva. Die acht Blumenblätter stehen für acht Elemente, jede Blattspitze ist interaktiv und durch Anklicken werden die acht Elemente aufgerufen: Erde, Wasser, Feuer, Luft, Äther, Verstand, Intellekt und Sinne._____ Das *Kali Yantra* hat vier Ausgänge, von denen Wege in Kalis weitere Welten führen, gemäß den vier Kategorien. Was soll ich tun? Ich denke ein paar Sekunden lang: Ich kann fliegen, sehen, laufen, mich umherbewegen... Ich entscheide mich für »Die Natur zerstört den Menschen«. Ich steuere durch das Tor und klicke auf das *Icon*. Ich fliege in eine mikrokosmisch-makrokosmische Landschaft. Die Oberfläche weist Krater und Senken wie nach einer Naturkatastrophe auf, Folgen eines Erdbebens. Es ist eine verwüstete, verschlissene Landschaft. Ich stoße auf eine virtuelle Darstellung der Erbsubstanz DNA, die wie eine massive Brücke oder eine virtuelle Wolkenkette in Erscheinung tritt. Hier steht die DNA für »positive« genetische Vorgänge im Sinne des natürlichen Lebens und vermittelt uns faszinierende und »konstruktive« Erlebnisse, wenn wir sie berühren. Je nachdem, wo man anklickt, werden parallel sowohl in der virtuellen Welt als auch außen auf den großen Projektionsflächen Aktionen in Gang gesetzt. _____ Ich möchte zu einer anderen Kategorie gehen. Ich klicke das *Icon* der Kategorie »Natur und Mensch leben zusammen« an, das in der Landschaft schwebt. Plötzlich gerate ich in einen Strudel von Licht und Bildern, durch den hindurch ich eine unvorstellbare Dimension ansteuern und in eine traumähnliche und zugleich ganz reale Welt eindringen kann. Ein versteinertes Meer in marmornen und opaken Farben, bedeckt mit Pistolen, tödlichen Waffen, hart und bedrohlich. Ich befinde mich mitten in einer Welt, in der das Unselige und das Positive nebeneinander zu koexistieren scheinen. Mit Hilfe der entsprechend definierten *Icons* ist es möglich, Entscheidungen zu treffen, ob man zerstören oder aufbauen will. Ich bewege mich dazwischen wie ein Fisch. _____ Ich klicke das *Icon* für »Der Mensch zerstört die Natur« an und reise durch einen Tunnel, umgeben von fliegenden Objekten: Codes, Zahlen, Schlüsselwörter, Symbole, Maschinen, Landschafts-Fragmente. Ist der Boden unter meinen Füßen ein Schädel? Ist dies die Stadt des 21. Jahrhunderts in Kalis Universum? Ich finde Zeitungsschlagzeilen mit der Nachricht von Krieg, Zerstörung des Menschen durch den Menschen, der Zerstörung der Natur durch den Menschen. Nach einer Weile entscheide ich mich, ein *Icon* anzuklicken, das die Erscheinung eines Virus hat. Nach einer Sekunde ändert sich die gesamte Umgebung. Ich fliehe vor dieser Vision, aber auf meinem Weg stoße ich auf

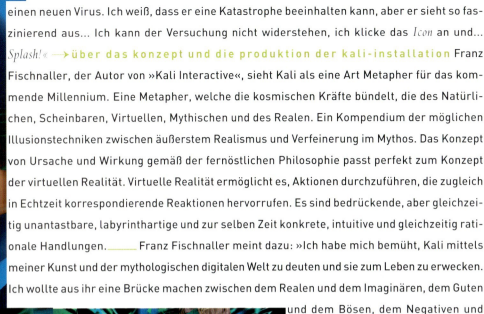

einen neuen Virus. Ich weiß, dass er eine Katastrophe beeinhalten kann, aber er sieht so faszinierend aus... Ich kann der Versuchung nicht widerstehen, ich klicke das *Icon* an und... *Splash!*« ➜ **über das konzept und die produktion der kali-installation** Franz Fischnaller, der Autor von »Kali Interactive«, sieht Kali als eine Art Metapher für das kommende Millennium. Eine Metapher, welche die kosmischen Kräfte bündelt, die des Natürlichen, Scheinbaren, Virtuellen, Mythischen und des Realen. Ein Kompendium der möglichen Illusionstechniken zwischen äußerstem Realismus und Verfeinerung im Mythos. Das Konzept von Ursache und Wirkung gemäß der fernöstlichen Philosophie passt perfekt zum Konzept der virtuellen Realität. Virtuelle Realität ermöglicht es, Aktionen durchzuführen, die zugleich in Echtzeit korrespondierende Reaktionen hervorrufen. Es sind bedrückende, aber gleichzeitig unantastbare, labyrinthartige und zur selben Zeit konkrete, intuitive und gleichzeitig rationale Handlungen. ____ Franz Fischnaller meint dazu: »Ich habe mich bemüht, Kali mittels meiner Kunst und der mythologischen digitalen Welt zu deuten und sie zum Leben zu erwecken. Ich wollte aus ihr eine Brücke machen zwischen dem Realen und dem Imaginären, dem Guten und dem Bösen, dem Negativen und dem Positiven, aber tief im Innern betrachte ich Kali als die reinste Verkörperung der Natur... ____ Es ist interessant, dass ich immer neue Entdeckungen gemacht habe, wenn ich an ihr gearbeitet habe. Zum Beispiel bei der Arbeit auf der Informatik-Ebene, an dem Symbol von *Kali Yantra,* einem sehr alten fernöstlichen Symbol, fand ich, wie symmetrisch und perfekt die Form und die darin steckende Mathematik ist. Ich machte mir klar, wie man mit modernen Instrumentarien und mit Kreativität weitergehen und eine natürliche Brücke finden kann für den Graben zwischen altem Wissen, hervorragenden Entwicklungen aus vergangener Zeit und heutigen Erfindungen und Konzepten. ➜ **›ashvatta tree‹: kalis kosmischer baum** Der *Ashvatta,* Kalis Kosmischer Baum, ist ein mathematischer Prozess, der die Informationen und die Eingaben verarbeitet, die von den Besuchern kommen. Aus einer enormen Datenbank wird eine Art von schwarzem oder weißem Baum erzeugt, entsprechend den negativen oder positiven Eingaben der Besucher. Am Ende der Ausstellung kann man die *Inputs* analysieren und sichtbar machen, welche konstruktiven oder dekonstruktiven Resultate die Eingriffe der Besucher hervorgerufen haben. Eine ständig aktualisierte Kopie der Ergebnisse im Laufe der Ausstellung wird grafisch dargestellt und kann im Internet beobachtet werden.

———— YESI MAHARAJ UND DEODATH MAHARAJ

❶ **2/67_a-u Großwildjagd in Indien** *Tiger und ihre Jäger zur Zeit der britischen Kolonialherrschaft in Indien: für Beamte und Offiziere, für Provinzgouverneure, den Vizekönig und die indischen Fürsten stellte die Trophäenjagd einen beliebten Zeitvertreib dar.* The British Library, Oriental and India Office Collections, London ❷ **2/68_b Wein mit Tigerknochenmehl** Hauptzollamt Berlin-Packhof, Zollamt Flughafen Tegel *Die Asservatenkammern der Zollämter bilden oft die Endstation für Produkte mit Tigerbestandteilen, deren Ausfuhr das Artenschutzabkommen* CITES *verbietet.* ❸ **Der Tiger** 1912, Franz Marc, Öl auf Leinwand, Städtische Galerie im Lembachhaus, München

DER PANTHER   [IM JARDIN DES PLANTES, PARIS]

SEIN BLICK IST VOM VORÜBERGEHN DER STÄBE

SO MÜD GEWORDEN, DASS ER NICHTS MEHR HÄLT.

IHM IST, ALS OB ES TAUSEND STÄBE GÄBE

UND HINTER TAUSEND STÄBEN KEINE WELT.

DER WEICHE GANG GESCHMEIDIG STARKER SCHRITTE,

DER SICH IM ALLERKLEINSTEN KREISE DREHT,

IST WIE EIN TANZ VON KRAFT UM EINE MITTE,

IN DER BETÄUBT EIN GROSSER WILLE STEHT.

NUR MANCHMAL SCHIEBT DER VORHANG DER PUPILLE

SICH LAUTLOS AUF –. DANN GEHT EIN BILD HINEIN,

GEHT DURCH DER GLIEDER ANGESPANNTE STILLE –

UND HÖRT IM HERZEN AUF ZU SEIN.   — RAINER MARIA RILKE

4

1 2

3

4

5

PULL TIGER'S TAIL
MAKE HIM ROAR

05__ cats and chats –
tiger im netz)

❶ 2/56 Trophäengruppe ›Der Elefant und die Tigerin‹ *Naturgeschichte dramatisch arrangiert zeigt das Ensemble von 1887. Die Tigerin wurde nach einem misslungenen Angriff auf den Herzog von Orléans erlegt und gemeinsam mit einem Tragetier einem Kunstwerk ähnlich präpariert.* Collections du duc d'Orléans – Muséum National d'Histoire Naturelle, Grande Galerie de l'Evolution, Paris

❷ 2/70 Nicht ganz naturalistisches Präparat eines Javatigers aus dem 19. Jahrhundert Museum Wiesbaden

❸ 2/77 Wirbelsäule eines Zirkustigers *Die Wirbelsäule dieses Zirkustigers weist krankhafte Veränderungen auf: Knochenspangen zwischen den Wirbeln — »Berufskrankheit« infolge des ständigen »Männchen-Machens«* Institut für Zoo- und Wildtierforschung (IZW) im Forschungsverbund Berlin e.V.

❹ 2/76_b Skelett eines Javatigers Museum für Naturkunde der Humboldt-Universität zu Berlin

❺ 2/57 Mechanischer Spielautomat ›Pull Tiger's Tail – Make Him Roar‹ *Dieser Automat aus Chicago wurde in den dreißiger Jahren auf verschiedenen Jahrmärkten zur Schau gestellt. Passanten konnten ihre Kräfte messen, indem sie an dem Schwanz des Tigers zogen und ihn so zum Brüllen brachten.* Museum Gauselmann, Espelkamp

❻ 2/67_o Gruppenbild am letzten Jagdtag des Vizekönigs, *mit Lal Janarthan Singh, dem Maharadscha, dem Vizekönig Lord Curzon und Capt. Wigram (von links nach rechts)* 1903, Herzog & Higgins, The British Library, Oriental and India Office Collections, London

❼ 2/68_a Kette mit einem gefassten Tigerzahn Hauptzollamt Berlin-Packhof, Zollamt Tegel-Flughafen

❽ 2/68_c Pflaster mit Tigerknochenmehl Hauptzollamt Berlin-Packhof, Zollamt Tegel-Flughafen

MEIST BELEHRT ERST DER VERLUST UNS ÜBER DEN WERT DER DINGE

—— ANNE PFEIL

Im Pariser Naturkundemuseum stoßen die Besucher bis heute auf eine hoch dramatische Trophäengruppe: »Der Elefant und die Tigerin«. Sie zeigt die Attacke der indischen Großkatze im Jahre 1887 auf das Tragetier des Herzogs von Orléans, eines in seiner Zeit bekannten Großwildjägers und Sammlers naturhistorischer Präparate. Der Herzog, den nur ein technisches Malheur rettete – der Tragegurt seines Reitkorbs auf dem Elefanten riss unter dem Gewicht der angreifenden Tigerin – ließ das Tier, nachdem er es am folgenden Tag schließlich erlegt hatte, vom berühmtesten Präparator seiner Zeit, Burlace, plastizieren und einem Kunstwerk ähnlich arrangieren. Das Institut für Zoo- und Wildtierforschung in Berlin andererseits nennt ein Tigerpräparat sein eigen, das weit weniger spektakulär, dafür aber für die heutige Situation des Tigers charakteristischer ist: die von Spondylose geschädigte Wirbelsäule eines Zirkustigers – eine »Berufskrankheit«, die vom vielen »Männchen machen« herrührt. _____ Im Rampenlicht von Zirkus und Varieté – die in ihrer Gesamtheit heute eine nicht unbeträchtliche Tigerpopulation beherbergen – changiert das Image des Tigers zwischen Bestie und großer Miezekatze, gefährlich und possierlich zugleich: von alters her, wie 1892 auf der Weltausstellung in Chicago, als Carl

Hagenbeck einen Tiger mit einem Löwen und einem Elefanten zusammen Dreirad fahren ließ, bis zum heutigen glamourösen Tiger-Entertainment des Dompteur-Duos Siegfried & Roy in Las Vegas. Ausrottung, Schutz und öffentliche Zurschaustellung dieser Tierart lassen sich auf dieselben kulturellen Grundmuster zurückführen: Der Tiger ist zugleich Gegenstand von Furcht wie von ästhetischer Verehrung. Er gilt als Sinnbild bedrohter Wildnis, uneingeschränkter Kraft, Potenz und Unkontrollierbarkeit. _____ Obwohl der Tiger schon seit Jahrzehnten besondere Aufmerksamkeit als Patenkind zahlreicher Naturschutzorganisationen und -programme erfährt, ist er vom Aussterben bedroht. Tatsächlich reduziert sich der globale Tigerbestand zunehmend. In den letzten hundert Jahren ist die Populationsgröße der Tiger um mehr als 95 Prozent zurückgegangen. Drei der acht Unterarten von *Panthera tigris* sind bereits endgültig ausgestorben: Der Balitiger, klein- ster Vertreter der gestreiften Raub- katze, wurde in den vierziger Jahren dieses Jahrhunderts endgültig aus- gerottet, der Kaspitiger, einst von Afghanistan über die Regionen am Kaspischen Meer bis in die Türkei zu Hause, wurde seit den siebziger Jah- ren nicht mehr gesehen, und die letzten Spuren des Javatigers verloren sich in den achtziger Jahren auf seiner indonesischen Heimatinsel. Dem Südchinesischen Tiger steht das Ausster- ben anscheinend unabwendbar bevor. Die übrigen vier Unterarten – Amurtiger, Sumatratiger, Bengaltiger und Hinterindischer Tiger – sind ebenfalls ernsthaft gefährdet. Pessimisten sagen voraus, dass der Tiger das nächste Jahrzehnt nicht überleben wird. Derzeitige Schätzungen vermuten, dass von den etwa 100 000 Exemplaren zu Beginn dieses Jahrhunderts nur noch zwischen 3000 und 5000 letzte Exemplare in der freien Wildnis existieren – stimmen diese Zahlen, so existierten weltweit mehr Exemplare in den zoologischen Gärten als in ihren na- türlichen Lebensräumen. _____ Zweifellos war die Tigerjagd zum puren Vergnügen des Groß- wildjägers neben der Vernichtung des Lebensraums für Großkatzen über nahezu zweihundert Jahre hinweg eine wesentliche Ursache seines Aussterbens. In der vorkolonialen indischen Gesellschaft etwa war eine spezielle Raubtierjagd, wie sie zum Beispiel in Persien stattfand, noch weitgehend unbekannt. Den Bauern wurde zu ihrem Schutz das Auslegen von vergifteten Kadavern und das Meiden der jeweiligen Regionen empfohlen. Erst unter europäischem Ein- fluss in der britischen Kolonialzeit gewann die Jagd auf Großkatzen in Indien bei Kolonialher- ren und indischen Fürsten an Bedeutung. Zahlreiche Fotografien in den *Oriental and India Office Collections der British Library* in London, dem Gedächtnis des *Raj,* dokumentieren die Tigerjagd als gesellschaftliches Ereignis. _____ Nicht von der Trophäenjagd, welche früher den Tigerbestand dezimierte, geht heute die große Bedrohung für dessen Bestand aus, son- dern von einem in Ostasien weitverbreiteten Glauben, sich Kraft und Stärke des Tigers durch Verehrung, Verwendung und Verzehr seiner Körperteile aneignen zu können. Eine Libido steigernde Wirkung verspricht man sich vom Verzehr getrockneter Tigerpenisse und -hoden. Daneben werden Knochen, Krallen, Zähnen, Schnurrhaaren und Augen medizinische und spi- rituelle Kräfte zugesprochen. Seit den fünfziger und sechziger Jahren, in denen in der Volks-

republik China ein Kopfgeld auf die »Schädlinge« ausgesetzt war, sind Tiger dort Mangel- ware. Ein anwachsender chinesischer Mittelstand – nach wie vor von der direkten Übertrag- barkeit tierischer Kräfte auf den Menschen überzeugt – ist heute in der Lage, die horrenden Preise zu bezahlen, die in China für die in der traditionellen Medizin verwendeten Körperteile des Tigers aufzubringen sind. Auch Taiwan, Hongkong und Südkorea stellen einen attraktiven Markt dar. Das Tigerknochenmehl gilt als Heilmittel zahlreicher Beschwerden: In Form von Tigerwein wird es als Lebenskraft spendendes Tonikum genossen. Dieses soll auch gegen

❶ 2/67_u Die Tigertrophäen-
sammlung von William Lee
Warner 1895, The British
Library, Oriental and India
Office Collections, London
❷ 2/75_a Schädel eines
persischen Tigers 17.9. 1900,
Museum für Naturkunde
der Humboldt-Universität
zu Berlin
❸ 2/69_a Getrockneter
Großkatzenpenis *beschlagnahmt vom deutschen Zoll
bei einem illegalen Einfuhr-
versuch* Deutsches
Zollmuseum Hamburg
❹ 2/60 ›Tigre chassant‹
(Jagender Tiger) *Antoine
Louis Barye (1795–1875) gehört zu den wenigen französischen Künstlern seiner Zeit,
für die das Tier im Mittelpunkt ihres Interesses stand.
Seine besondere Auffassung lag
in einem exakten Naturstu-
dium begründet, welches unter
anderem die genaue Betrachtung der Tiere in Zoologischen
Gärten und Museen umfasste.
Tiger hat er recht häufig gemalt. Meist sind Köperhaltung,
Muskelspiel und Bewegung
des Tigers naturalistisch wie-
dergegeben, zugleich ist
aber auch spürbar, dass Barye
seine Studien an bereits
domestizierten Tieren aus
Zoologischen Gärten vornahm.
Antoine Louis Barye, Privatsammlung*

Malaria, Typhus und Ruhr helfen, Verbrennungen und Geschwüre heilen, die Nerven beruhi-
gen, die Intelligenz erhöhen und Rheuma- und Arthritisleiden lindern. Es bleibt abzuwarten,
ob die Nachfrage aufgrund jüngster chinesischer Experimente abnimmt. Deren Ergebnisse
verheißen, dass die Knochen der Maulwurfsratte dieselbe Wirkungskraft gegen Rheuma und
Arthritis besitzen. Freilich kommt es auch in der westlichen Welt immer wieder zu illegalen
Importversuchen von Tigerprodukten. Der Blick in die Asservatenkammern deutscher Zoll-
behörden beweist dies. Auf dem Berliner Flughafen Berlin Tegel wurden Tigerwein, in Silber
gefasste Reißzähne und zahlreiche Rheumapflaster beschlagnahmt, das Deutsche Zollmuseum Hamburg ist im Besitz eines getrockneten Großkatzenpenis. _____ Neben der Jagd ist
auch der Verlust an Lebensraum und Nahrungsquellen für die heutige Notlage der Tiger ver-
antwortlich. Mit dem Anwachsen der  menschlichen Bevölkerung wurden
immer größere Gebiete entwaldet, landwirtschaftlich erschlossen, zu
Viehweiden umgenutzt, abgeholzt und verbaut. Mit abnehmender Anzahl
der letzten Exemplare verschiebt sich **❸** das Gleichgewicht zwischen Jäger
und Gejagtem. Der australische Zoologe Tony Lynam hat ein neues Verfahren zur Bestands-
erfassung von Wildtieren entwickelt, welches auf einer im tiefsten Regenwald aufgestellten
Selbstauslöserkamera basiert. Eine durch einen Bewegungsdetektor ausgelöste Kamera soll
durch das Dickicht streifende Tiere dokumentieren und somit aktuelle Schätzungen über
deren Bestand ermöglichen. Das Resultat ist ernüchternd: die Anzahl fotografierter Wilderer ist ebenso hoch wie die der Tiger. _____ »Die Zerstörung der biologischen Vielfalt unserer
Erde ist der verhängnisvollste Fehler, den die Menschheit zur Zeit macht« – diesem Befund
des amerikanischen Soziobiologen Edward O. Wilson versuchen gezielte internationale Schutz-
konventionen entgegenzuwirken. Dabei handelt es sich jedoch im Wesentlichen um den Versuch einer nachträglichen Schadensminimierung, welche die Ursachen in ihrer Komplexität
häufig nicht mit einbezieht. Zudem richten
sich die selektiven Bemühungen der Arterhaltung vorwiegend auf einige wenige charismatische Tierarten, deren Bedeutung vorwiegend nicht biologisch sondern *kulturell*
definiert wird: Die Anstrengungen des Naturschutzes werden der Denkmalpflege
immer ähnlicher. Im Erscheinungsbild weniger spektakuläre Tierarten, die gesamte
Pflanzenwelt und deren natürliche Lebensgemeinschaften genießen weitaus weniger
öffentliches Interesse. _____ Die Weltnatur-
schutzunion IUCN hat den Tiger als stark gefährdet eingestuft. In die Artenliste des *Washingtoner Artenschutzübereinkommens* (CITES) sind sie aufgenommen. Das bedeutet, dass der Handel
mit Tigern und Teilen von Tigern heute in den Mitgliedstaaten des Abkommens und somit in
allen Staaten, in denen Tiger leben, ausgenommen Laos, Bhutan und Nordkorea, und in den
wichtigsten Importstaaten, verboten ist. Wohl ist die Jagd somit offiziell in die Illegalität ver-
bannt, aus wirtschaftlichen Interessen findet sie jedoch weiterhin statt. _____ Die akute
Bedrohung der Großkatzen nahm der *World Wide Fund For Nature* (WWF) zum Anlass, das letzte chinesische »Jahr des Tigers« vom 28. Januar 1998 bis zum 16. Februar 1999 als »Jahr *für*
den Tiger« zu erklären. Der WWF organisierte neben den laufenden Projekten ein zusätzliches

❹

Aktionsprogramm. Dabei erfolgte eine intensive Zusammenarbeit mit den jeweiligen Landesregierungen und den Verwaltungen der unterschiedlichen Naturparks, der Weltnaturschutzunion und dem Netzwerk TRAFFIC. Letzteres ist ein Naturschutzprogramm, dessen Ziel es ist, den Handel mit wildlebenden Tieren und Pflanzen in nachhaltiger Weise ablaufen zu lassen und das Einhalten der Schutzbestimmungen und Gesetze zu kontrollieren. Das Maßnahmenpaket zum Schutz der Großkatze umfasst drei wesentliche Punkte. Die Gründung eines Tiger-Notfonds ermöglicht sofortige unbürokratische Hilfe im Falle von Waldbränden, Überschwemmungen oder ähnlichen Katastrophen zum Schutz der Lebensräume und der Beutetiere der Tiger. Verschärfte Kontrollen sowie Schulungsprogramme für Grenzbeamte und Kontrollinstanzen sollen den illegalen Handel, verbesserte Managementstrategien des Tigerschutzes die Wilderei eindämmen. Schließlich wird das öffentliche Bewusstsein von der weltweiten Bedrohung der Großkatze gefördert. _____ So wurden beispielsweise in Indien, dem Land das fast 60 Prozent des globalen Tigerbestands beherbergt, die Angestellten der Schutzgebiete mit einer dringend benötigten Ausstattung versorgt. Diese umfasste neben Uniformen, wasserfester Kleidung und Nachtsichtferngläsern sogar einen Arbeitselefanten für Patrouillen. Um die Konfliktlage zwischen der indischen Bevölkerung und den Großkatzen wegen des von Tigern gerissenen Viehs zu entschärfen, setzte der WWF sich für finanzielle Entschädigungen ein. Dies hat sich bereits bezahlt gemacht: Seither wurde kein einziger viehreißender Tiger, wie zuvor traditionell üblich, durch die Bevölkerung vergiftet. Der WWF zeigt sich in Anbetracht solch unmittelbarer Erfolge zuversichtlich. Weitere Meldungen aus neuerer Zeit geben Anlass zum Optimismus

– in Burma, Thailand und Kambodscha, wo die Tiger bereits als ausgerottet galten, siedeln sie sich vereinzelt wieder an. Allerdings ist eine dauerhafte Erhaltung des Tigers, seiner Lebensräume und seiner Beutetiere nur zusammen mit der Regierung und der Bevölkerung in der Heimat der Großkatzen zu bewerkstelligen. _____ Der in diesem Jahrhundert vollzogene Wandel des Tigers von der bedrohenden zur bedrohten Tierart wird zugleich in einem neuen Selbstverständnis der zoologischen Gärten und Wildtierreservate deutlich. Ihr Aufgabenfeld verlagert sich zunehmend von der *Art-Haltung* zu Präsentationszwecken hin zur *Art-Erhaltung*. Diese erhofft man sich vom Einsatz aufwändiger Zuchtprogramme, die sämtliche Exemplare in zoologischen Gärten und Wildtierreservaten einbeziehen und zu einer globalen Population vereinen. Die Führung eines internationalen Zuchtprotokolls soll seit 1966 die Grundlage für die Koordination und die Erstellung solcher Zuchtprogramme bilden. Der Zoologische Garten Leipzig ist seit 1973 als Verwalter des *Internationalen Tigerzuchtbuchs*, dem *Who is Who* der Großkatzenwelt, tätig. Solche Bemühungen können die Art jedoch nur

❶
❷

scheinbar erhalten, da sie den Verlust der »wilden« Originale und ihrer natürlichen Lebensräume nicht verhindern. In der freien Natur ist die natürliche Selektion eine Grundlage der
Evolution. In der artifiziellen Welt der Zucht unterliegt der Nachwuchs hingegen schon heute
weitgehend einer Fortpflanzungskontrolle zugunsten der sogenannten »genetisch günstige-
ren« Exemplare. Eine hochqualifizierte medizinische Betreuung und der Einsatz neuester
Technologien sind daran gekoppelt. Das Institut für Zoo- und Wildtierforschung in Berlin hat
für seine medizinische Betreuung von Tigern weltweit Ansehen erlangt. Dort befindet sich
auch die erste Tiger-Eizellenbank der Welt. Diese soll in Verbindung mit der Archivierung von
Spermien den Erhalt der Geninformation und einer genetischen Vielfalt sichern – auch nach
einem etwaigen Aussterben der Art. Die Implantation von Hormonpräparaten zur Empfängnisverhütung und die künstliche Befruchtung kommen bei der Zucht bereits zum Einsatz. Für
die nahe Zukunft ist eine *In-vitro*-Befruchtung mit anschließender Umsetzung in ein Leihmut-
tertier geplant, um wertvollen Zuchttieren den strapaziösen Paarungs-Tourismus zu ersparen.
Diese Methode würde die Geburt von Nachkommen erlauben, ohne dass sich die Elternteile
jemals begegnet sind. Der Tiger nimmt Teil am technischen Fortschritt, die Kommunikation
der einzelnen Tiere erfolgt nur noch indirekt, sie bleiben auf Distanz. Die Begegnungen nehmen virtuelle Züge an. *Chatten* statt *Jetten* ist die Devise.

❶ 2/58 **Tiger** 1965, Gerhard Richter, Museum Morsbroich Leverkusen
❷ 2/64 **Fellhändler in Kairo** 1869, Jean Léon Gérôme, Privatsammlung, Courtesy The Fine Art Society PLC

tiger-alltag_____ Die Videoinstallation »Cats & Chats«
simuliert eine live-Übertragung aus dem Zoologischen Garten Leipzig und dem Tierpark Ber-
lin-Friedrichsfelde und erlaubt einen Einblick in den Zootigeralltag. Die Amurtiger scheinen
durch virtuelle Bande miteinander zu kommunizieren und mit ihrem Verhalten aufeinander
zu reagieren. Tatsächlich wird ihr synchroner Tagesablauf jedoch maßgeblich von den Vorgaben der Tierpflege bestimmt.

)gen-pool-management

im zoo der zukunft___ GUNTHER NOGGE

❶ Ultraschalluntersuchung
eines freilebenden Elefanten,
dem die »Elefanten-Pille«
verabreicht wird
*Das ökologi-
sche Gleichgewicht des Krüger
Nationalparks in Südafrika ist
durch die hohe Zunahme der
Elefantenzahl gefährdet. Um
größeren Schäden vorzubeugen,
wird den freilebenden Tieren
zur Empfängnisverhütung die
»Elefanten-Pille« verabreicht.*
❷ **2/81 Weiblicher Zoo-
Gepard in Vollnarkose kurz vor
der ersten nicht-chirurgisch
durchgeführten künstlichen
Besamung im Tierpark Hellabrunn München** *Die Methode
wurde am Institut für Zoo- und
Wildtierforschung Berlin speziell für Großkatzen entwickelt.*
Institut für Zoo- und Wildtierforschung (IZW) im Forschungsverbund Berlin e.V.

Das Ende des 20. Jahrhunderts ist von exponentiellem Bevölkerungswachstum und der Zerstörung der natürlichen Lebensräume geprägt. Folge davon ist der Rückgang von Tier- und Pflanzenarten in allen Teilen der Welt. Der Mensch erlebt nicht nur, sondern verursacht auch das größte Artensterben seit dem Ende des Erdmittelalters vor 65 Millionen Jahren. 50 Prozent der tropischen Regenwälder wurden während der letzten dreißig Jahre, also innerhalb der Zeitspanne einer einzigen Generation, vernichtet. Dieser Prozess ist nicht einmal abgebremst. Es muss damit gerechnet werden, dass am Ende des 21. Jahrhunderts nichts mehr von diesem einzigartigen, Millionen Jahre alten, zugleich artenreichsten und komplexesten terrestrischen Ökosystem auf unserem Planeten übrig sein wird. ___ Die Zoologischen Gärten, in deren Gehegen Tiere aus aller Welt leben, fühlten sich von dieser Entwicklung zuerst betroffen – und reagierten auch darauf. Bereits 1962 beschloss die Internationale Union der Direktoren Zoologischer Gärten, auf Wildfänge besonders bedrohter Tierarten, wie etwa Orang-Utans, zu verzichten. Im Jahre 1964 forderte dieselbe Vereinigung zusammen mit der Weltnaturschutzunion eine weltweite Kontrolle des Handels mit bedrohten Tier- und Pflanzenarten und ihren Produkte. Dieser Forderung wurde mit der *Convention on International Trade with Endangered Species* (CITES), auch Washingtoner Übereinkommen zum Artenschutz genannt, entsprochen. Es trat 1976 in Kraft. ___ Die von den Zoos selbst gewollte Beschränkung bei der Entnahme von Tieren aus der Natur hatte tiefgreifende Konsequenzen für das Management ihrer Tierbestände. Um unabhängig von der Zufuhr aus der Natur zu werden, müssen die Zoos diejenigen Tiere, die sie den Menschen zeigen wollen, nachzüchten und langfristig sich selbst erhaltende Populationen aufbauen. Um dieses Ziel zu erreichen, entstanden seit Anfang der achtziger Jahre in den verschiedenen Regionen der Welt koordinierte Zuchtprogramme. In Europa wurden die Europäischen Erhaltungszuchtprogramme begründet. Das Prinzip eines solchen Zuchtprogramms besteht darin, dass alle in den europäischen Zoos lebenden Tiere einer Art, zum Beispiel alle sibirischen Tiger als eine Einheit betrachtet und als solche »gemanagt« werden. Der einzelne Zoo verzichtet dabei auf seine Besitz- und Verfügungsrechte und befolgt statt dessen die Empfehlungen eines Koordinators, der das Zuchtbuch führt und bestimmt, welche Tiere nach genetischen und anderen Gesichtspunkten zu Zuchtpaaren zusammengestellt werden, wie oft diese zur Zucht zugelassen werden und wo der Nachwuchs platziert wird. Durch die Unterwerfung unter ein solch strenges Reglement ist es den Zoos gelungen, sich durch Zucht selbst erhaltende Populationen von Tigern, Gorillas, Nashörnern und vielen anderen Tierarten, die in der Natur vom Aussterben bedroht sind, aufzubauen. ___ Oberstes Ziel koordinierter Zuchtprogramme ist es, die genetische Diversität einer Art weitmöglichst zu erhalten. Sie sind deshalb so angelegt, dass 90 Prozent der genetischen Diversität über einen Zeitraum von einhundert bis zweihundert Jahren erhalten bleiben. Voraussetzung ist allerdings eine genügend große Zahl an Gründertieren der Population. Zwar haben die Zoos den Anspruch, die ihnen anvertrauten Tiere so natürlich wie möglich zu halten, wozu gehört, dass sie sich selbst fortpflanzen und ihren Nachwuchs störungsfrei aufziehen. Trotzdem kann in bestimmten Situationen der Einsatz biotechnischer Maßnahmen wie zum Beispiel künstliche Besamung, die in der landwirtschaftlichen Tierproduktion längst gängige Praxis sind, sinnvoll sein. Einige denkbare Situationen seien kurz genannt. Manche Tiere, die wichtigen, in der Population unterrepräsentierten genetischen Linien angehören, pflanzen sich aufgrund physiologischer oder verhaltensbedingter Defekte nicht fort. Der Transport von Spermien oder Embryonen über weite Distanzen ist billiger und mit weniger Risiken behaftet als der Transport von Tieren. Ein mögliches Geschlechterverhältnis lässt sich durch Embryonentransfer korrigieren. Schließlich stellen tiefgefrorene Samen, Eier und Embryonen auch eine Sicherheit für den Fall dar, dass Epidemien oder andere Katastrophen Zucht- oder auch Freilandpopulationen existenziell bedrohen. An verschiedenen Stellen werden deshalb heute Genbanken eingerichtet. Künstliche Besamungen mit frischem oder

❷ tiefgefrorenem Samen wurden bereits erfolgreich bei Kranichen, Greif- und Hühnervögeln sowie zahlreichen Säugetieren wie zum Beispiel bei Gorillas und großen Pandas, vorgenommen. Auch Befruchtungen *in vitro* und sowohl intra- wie interspezifische Embryonentransplantationen wurden durchgeführt. So wurden zum Beispiel schon eine Bongo- von einer Elen-Antilope und ein Zebra von einem Hauspferd ausgetragen. Wenig sinnvoll erscheint dagegen das Klonen von Wildtieren als Methode der Arterhaltung. Im Gegensatz zur Haustierzucht, wo es um die Vermehrung bestimmter erwünschter Eigenschaften geht, ist das Ziel der Wildtierzucht eben die Erhaltung aller Erbmerkmale einer Art. _____ Die koordinierten Zuchtprogramme sind so erfolgreich, dass es heute bereits viele Tierarten gibt, deren Bestände in den Zoos größer sind als in der Natur, etwa sibirische Tiger oder Bali-Stare. Inzwischen gibt es auch schon eine Reihe von Tierarten, die in der Natur gar nicht mehr existieren, sondern nur noch in menschlicher Obhut, darunter Przewalski-Pferde oder Soccoro-Tauben. Den Zoos ist damit eine neue Aufgabe zugefallen. Ihre Zuchtprogramme dienen nicht nur ihrer eigenen langfristigen Existenzsicherung. Vielmehr sind ihre Tierbestände zu Reservepopulationen für die Natur geworden, die sie in die Lage versetzen, wann immer es möglich und sinnvoll erscheint, Tiere für Wiederansiedlungen in der Natur zur Verfügung zu stellen. Beispiele für erfolgreiche Wiederansiedlungen sind der europäische Wisent, das brasilianische Löwenäffchen und die arabische Weiße Oryx-Antilope. _____ Wiederansiedlungen von Tieren dürfen natürlich nicht als Alternative zum

Biotopschutz betrachtet werden. Ein intakter Lebensraum ist die Voraussetzung für jedes Wiederansiedlungsprojekt. Derartige Projekte sind außerdem nur sinnvoll, wenn sie in ein umfassendes Naturschutzprogramm eingebettet sind. Ein Beispiel hierfür ist das Löwenäffchen-Projekt, ein erfolgreiches internationales und multidisziplinäres Naturschutzvorhaben zur Rettung des verbliebenen Küstenregenwaldes in Brasilien. Die Wiederansiedlung des goldgelben Löwenäffchens war hierbei nur ein letztlich kleiner Baustein des Gesamtprojektes. Ohne das Löwenäffchen als charismatische, werbewirksame Tierart wäre das Projekt aber niemals so erfolgreich gewesen, wahrscheinlich sogar nicht einmal zu Stande gekommen. Mit dem Löwenäffchen als »Flaggschiff-Art«, wie das in der Terminologie der Naturschützer genannt wird, ist es gelungen, eine ganze Reihe ebenso bedrohter Tier- und Pflanzenarten zu retten, für die sich sonst niemand interessiert hätte.
_____ Die Weltnaturschutz-Union hat die Bedeutung der in Gefangenschaft gezüchteten Populationen für den Naturschutz in ihrem *Policy Statement on Captive Breeding* 1987 unterstrichen und dies 1991 auch in ihrer Weltnaturschutzstrategie *Unsere Verantwortung für*

die Erde berücksichtigt. Dort heißt es: »Biotopschutz allein reicht nicht aus, wenn das erklärte Ziel der Weltnaturschutzstrategie, die Erhaltung der biologischen Vielfalt, erreicht werden soll. Der Aufbau sich selbst erhaltender Zuchtpopulationen und andere Stützungsmaßnahmen sind notwendig, um den Verlust vieler Arten zu verhindern, insbesondere solcher, die durch weitgehend zerstörte, zerstückelte oder verkleinerte Lebensräume in höchstem Maße gefährdet sind. Zuchtprogramme müssen begonnen werden, bevor Arten bis auf kritische Anzahlen reduziert sind, und zwar international koordiniert nach wissenschaftlichen biologischen Prinzipien, um lebensfähige Populationen in der Natur erhalten oder wieder aufbauen zu können«. _____ Angesichts des rapiden Artenschwunds in allen Teilen der

❶ Welt und der begrenzten Kapazität der Zoos müssen diejenigen Arten, für welche Zuchtpopulationen aufgebaut werden sollen, sorgsam ausgewählt werden. Die Auswahl können die Zoos auch nicht alleine treffen, sondern nur in Absprache mit den Naturschutzbehörden und -organisationen. Katalysator in diesem Prozess ist die »Conservation Breeding Specialist Group« der Weltnaturschutz-Organisation. Auf der Basis der Daten über die Bestände im Freiland erstellt sie Prioritätenlisten für die einzelnen Tiergruppen wie Primaten, Antilopen, Katzen u.s.w., die sogenannten »Conservation Assessment and Management Plans«. Hieraus ergibt sich der Handlungsbedarf zum Schutz einzelner Arten. _____ Im Jahre 1992 fand in Rio de Janeiro der erste Umweltgipfel statt, dessen Resultate die Konvention über die Erhaltung der biologischen Vielfalt und die »Agenda 21« waren. Auf der Grundlage dieser Dokumente haben die Zoologischen Gärten bereits ein Jahr später eine Welt-Zoo-Naturschutzstrategie vorgelegt und damit ihre Zweckbestimmung und Ziele für das 21. Jahrhundert definiert. Natürlich bleibt es bei den vier traditionellen Aufgaben der Zoos: Sie sollen den Menschen Erholung und Entspannung bei der Begegnung mit Tieren bieten. Dabei sollen den Besuchern möglichst viele Informationen über die Tiere, ihre Lebensweise, ihre Herkunft und ihren Status in der Natur vermittelt werden. Das Bewusstsein und Engagement für Natur- und Umweltschutz soll dadurch gefördert werden. Und schließlich sollen sie wissenschaftliche Forschung betreiben und selbst aktiv zum Naturschutz beitragen. Der Naturschutz aber, die Erhaltung der Biodiversität der Erde, ist zum zentralen, alles dominierenden Anliegen geworden. Dabei kön-

❶ 2/78_b Messung der Gehirnaktivität eines an Epilepsie leidenden Zirkustigers

Das Tier aus dem ehemaligen Staatszirkus der DDR brach wiederholt während der Vorstellungen zusammen. Die EEG-Messung wies eine epileptische Veranlagung nach. TechnoTrans-Medizintechnik, Strausberg

❷ Tigerembryo zwei Tage nach der künstlichen Befruchtung im Reagenzglas

An der Zona pellucida sind noch gebundene Spermien erkennbar. Nicht alle Eizellen entwickeln sich weiter. Institut für Zoo- und Wildtierforschung (IZW) im Forschungsverbund Berlin e.V.

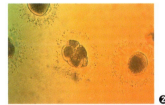

❷

nen die Zoos auf dreifache Weise zum Naturschutz beitragen. Erstens durch den Aufbau von Zuchtpopulationen mit Hilfe ihrer koordinierten Zuchtprogramme. Zweitens durch Förderung des öffentlichen Bewusstseins für Umwelt- und Naturschutz. Die Tiere im Zoo sind sozusagen Botschafter ihrer in der Natur bedrohten Artgenossen und der vielen ebenso bedrohten Tier- und Pflanzenarten ihres geschundenen Lebensraums. Da Tiere aber nicht selbst reden, haben es die Zoos – namentlich in Gestalt der Zoopädagogik – übernommen, den Menschen die Botschaft der Tiere zu vermitteln. Drittens durch Forschung und Entwicklung von Methoden für das Management kleiner Populationen. Längst herrschen auch in der Natur für viele Arten, die in isolierten, weit voneinander getrennten Restpopulationen leben, zooähnliche Verhältnisse, und man setzt heute schon die in den Zoos entwickelten Methoden zum Management von Freilandpopulationen zum Beispiel von Elefanten und Tigern ein. In letzter Konsequenz werden zukünftig Zucht- und Wild-Populationen als eine genetische Einheit betrachtet und als solche behandelt werden müssen. _____ Selbst bei größter Anstrengung werden die Zoos durch den Aufbau von Reservepopulationen nur zur Rettung einiger hundert, möglicherweise an die tausend bedrohter Arten beitragen können, also letztlich einem verschwindend geringen Anteil der allenthalben bedrohten Tierwelt. Der Zustand unseres Planeten ist vergleichbar mit einem brennenden Museum. Man stelle sich einmal vor, die Nationalgalerie in Berlin stünde in Flammen. Es bedürfte wohl keiner Frage, dass man versuchen würde, wenigstens einige der dort aufbewahrten Kunstschätze vor der Vernichtung zu retten. Ebenso ist jede Tierart den Versuch wert, sie vor dem endgültigen Aus zu retten. Kunstwerke kann man reproduzieren. Eine einmal ausgerottete Tierart ist dagegen für immer verloren. Um den Vergleich fortzuführen: Wahrscheinlich würden zahlreiche kunstbeflissene Menschen ihr Leben aufs Spiel setzen, selbst in das brennende Gebäude eindringen, um wenigstens ein Kunstwerk vor den Flammen zu bewahren. Wir sehen es als selbstverständlich an, unser kulturelles Erbe für nachfolgende Generationen zu bewahren. Dagegen ist das öffentliche Bewusstsein für den Wert unseres natürlichen Erbes völlig unterentwickelt, und wir ignorieren, dass wir mit seiner Zerstörung zuletzt unsere eigene Existenzgrundlage vernichten. _____ Wichtiger als die absolute Zahl der Arten, zu deren Rettung die Zoos mit ihren Projekten beitragen, ist ihr exemplarischer Charakter. Richtig ausgewählt, kommt jeder Tierart im Zoo die oben beschriebene Leitfunktion im Naturschutz zu. Über hundert Millionen Menschen suchen alljährlich die rund zweihundertfünfzig im Europäischen Zooverband zusammengeschlossenen Zoologischen Gärten und Aquarien auf. Das dichte Netz Zoologischer Gärten erlaubt praktisch jedem, regelmäßig Zoos zu besuchen. So haben alle Menschen in Europa die Möglichkeit, die Vielfalt der Tierwelt unserer Erde persönlich kennenzulernen und die Notwendigkeit von Umwelt- und Naturschutz zu begreifen. Kein anderes Medium kann die Menschen auf so eindrückliche Weise vom Zustand unseres Planeten überzeugen wie das lebendige Tier, das ihnen im Zoo gegenübertritt, und sie zu einem Umdenken im Umgang mit der Natur aufruft. Wenn es noch keine Zoos gäbe, müsste man sie deshalb heute gründen.

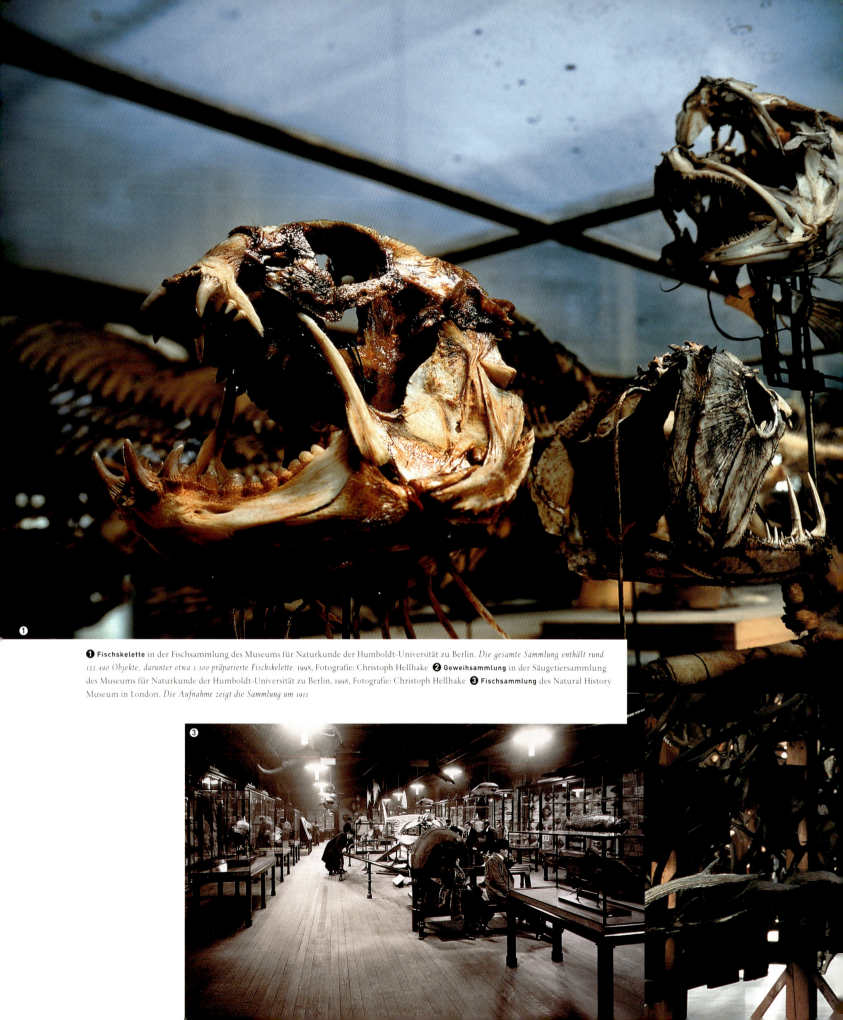

❶ **Fischskelette** in der Fischsammlung des Museums für Naturkunde der Humboldt-Universität zu Berlin. *Die gesamte Sammlung enthält rund 133.490 Objekte, darunter etwa 1.100 präparierte Fischskelette.* 1998, Fotografie: Christoph Hellhake ❷ **Geweihsammlung** in der Säugetiersammlung des Museums für Naturkunde der Humboldt-Universität zu Berlin, 1998, Fotografie: Christoph Hellhake ❸ **Fischsammlung** des Natural History Museum in London. *Die Aufnahme zeigt die Sammlung um 1911*

Leonthopithecus

Cebuella

Callithricidae

indet.

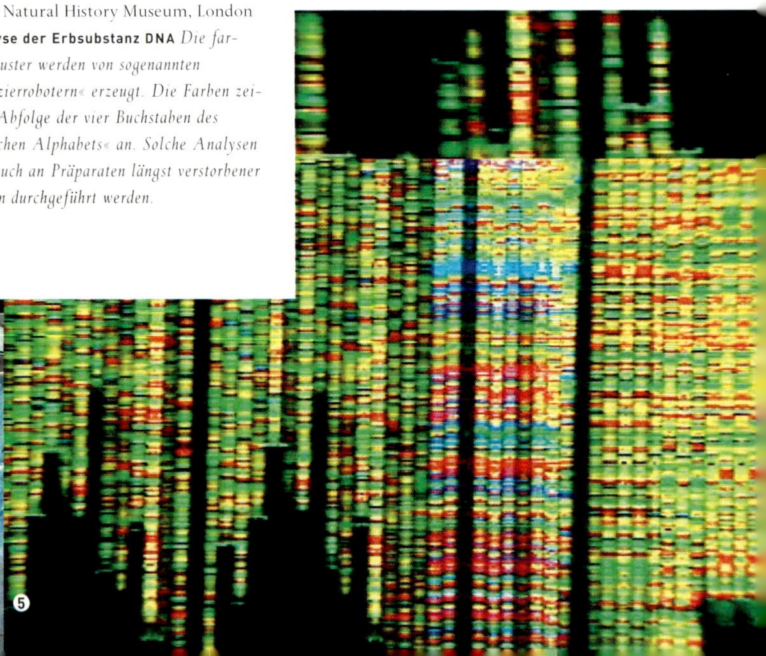

❶ **Haupthalle des Natural History Museum** in London um 1910 ❷ **Schädelsammlung** des Museums für Naturkunde der Humboldt-Universität zu Berlin, 1998, Fotografie: Christoph Hellhake ❸ **Präparat eines Flughundes** im Museum für Naturkunde der Humboldt-Universität zu Berlin, 1998, Fotografie: Christoph Hellhake ❹ **Galerie zur Entstehung der Erde** im Natural History Museum, London ❺ **Analyse der Erbsubstanz DNA** *Die farbigen Muster werden von sogenannten »Sequenzierrobotern« erzeugt. Die Farben zeigen die Abfolge der vier Buchstaben des »genetischen Alphabets« an. Solche Analysen können auch an Präparaten längst verstorbener Tierarten durchgeführt werden.*

① ④

② ③

Ceratophyllum oxyacanthum n.

in ipso horto regio bot. berol.

A.S. 1829

(Chamisso) Adolph

Typus!

❶ **Sammelkasten mit Käfern** im Museum für Naturkunde der Humboldt-Universität zu Berlin, 1998, Fotografie: Christoph Hellhake

❷ **Hunde in der Säugetiersammlung** im Museum für Naturkunde der Humboldt-Universität zu Berlin, 1998, Fotografie: Christoph Hellhake

❸ **2/90_h Gewöhnliches Hornblatt (Ceratophyllum demersum L.)** 1829 von Adalbert von Chamisso gesammelt, Botanischer Garten und Botanisches Museum, Freie Universität Berlin

❹ **2/90_g ›Dryopteridaceae‹ (Polybatrya serratifolia)** 1799 von Alexander von Humboldt gesammelt, Botanisches Museum, Freie Universität Berlin

❺ **Präparate von Chamäleons** in der Herpetologischen Sammlung des Museums für Naturkunde der Humboldt-Universität zu Berlin, 1998, Fotografie: Christoph Hellhake

❻ **Präparate von Schlangen** in der Herpetologischen Sammlung des Museums für Naturkunde der Humboldt-Universität zu Berlin, 1998, Fotografie: Christoph Hellhake

103

06__ natur in der schublade)

BEI ERWEITERUNG DES WISSENS MACHT SICH VON ZEIT ZU ZEIT EINE UMORDNUNG NÖTIG; SIE GESCHIEHT MEISTENS NACH NEUEREN MAXIMEN, BLEIBT ABER IMMER PROVISORISCH.

—— JOHANN WOLFGANG VON GOETHE

❺ ❻

—— DANIELA KRATZSCH

Sammeln scheint ein den Menschen angeborener elementarer Trieb zu sein. Schon Kinder lesen mit Hingabe alles Erdenkliche auf und füllen damit ihre Taschen. Eltern säubern diese dann mit völligem Unverständnis von rostigen Schrauben, Bindfäden, Maikäferflügel-Resten und anderen Fundstücken. Das Sammeln macht den Menschen auch die Natur greifbar und damit begreifbar, wir eignen sie uns gewissermaßen über diese gesammelten Stellvertreter an, sowohl in materieller wie ideeller Hinsicht. In Ernst Boeschs Buch *Von der Natur der Dinge* findet sich folgende Beschreibung dieses Vorgangs: »Handelnd erfährt und strukturiert das Subjekt die Welt der Dinge und ihrer Beziehungen zueinander […]; sie [die Dinge] bilden Mittel und Ziele seines Tuns, Festpunkte für seine Orientierung im Raum […] Sie [werden] zu Symbolen seiner Beziehung zur Welt.« Die Geschichte menschlichen Sammelns beginnt mit der Menschwerdung selbst; der aufrechte Gang lässt die vorderen Extremitäten »frei« werden und zu ihren frühesten Aufgaben gehörte fortan das Sammeln. Als »Jäger und Sammler« betrat der Mensch die Bühne der Geschichte und vermutlich wird er schon bald damit begonnen haben, neben dem Lebensnotwendigen auch Ungewöhnliches und Schönes aufzusammeln. _____ Das wis-

senschaftliche Sammeln von Naturalien begann in Europa in der zweiten Hälfte des 16. Jahrhunderts mit den sogenannten »Kunst- und Wunderkammern«. Es handelte sich dabei um enzyklopädische Sammlungen, in denen Naturzeugnisse neben von Menschenhand geschaffenen Werken der Kunst und des Kunsthandwerks nach einer ganz bestimmten Gliederung, einer theoretischen Systematik einander zugeordnet waren. _____ Eine wirklich allgemeingültige, naturimmanente Systematik für das Tier- und Pflanzenreich schuf allerdings erst 1735 Carl von Linné mit seinem *Systema Naturae*. Damit war auch endgültig eine Trennung von Natur- und Menschenwerk vollzogen und der Grundstein für den neuen Typus des Naturkundemuseums mit seinen wissenschaftlichen Sammlungen gelegt. Die Kunst- und Wunderkammer hatte ausgedient, wenn sie auch vielerorts den Grundstock für die entstehenden modernen Museen bildete. Für die Wissenschaft der Biologie bedeutet Linnés System der Nomenklatur der Arten, dass es jetzt verbindliche Kriterien für die systematische Ordnung der belebten Welt gab. Die Kategorien waren nun weltumfassend und die wissenschaftlichen Erkenntnisse damit vergleichbar. Es gab nunmehr eine »Grammatik«, mit der sich alle Lebensformen in eine allgemein verständliche Sprache bringen ließen. Jede biologische Sammlung konnte damit nach dem gleichen Prinzip funktionieren. So urteilten auch die Zeitgenossen Linnés über den Naturforscher: Gott habe die Welt geschaffen, aber Linné habe sie geordnet. Sogar die Fossilien, bis in die Neuzeit hinein als unbelebte Bildungen des Bodens oder als Figursteine angesehen und damit den Antiken gleichgesetzt, wurden nunmehr den gleichen systematischen Prinzipien unterworfen wie die bestehenden Arten. Spätestens mit der vergleichenden Anatomie Cuviers in seinen *Recherches sur les ossemens fossiles de quadrupèdes* aus dem Jahr 1812 wurden sie als Überreste früher Organismen erkannt und biologisch interpretiert. Zuvor schon hatte William Smith, ein Kanalbauer aus England, die regelmäßige Abfolge gleicher Fossilien an verschiedenen Orten erkannt. Mit der Begründung der Biostrategrafie, also der relativen Alterseinstufung von Gesteinen durch die sich weiter entwickelnden Floren und Faunen, leitete er die wissenschaftliche Phase der Paläontologie ein und gab einen wichtigen Hinweis auf das, was bald als »Evolution« bekannt werden sollte. _____ Mit der Gründung der neuen wissenschaftlichen Museen und Sammlungen setzte ein Boom der naturwissenschaftlichen Forschung ein. Die neu geschaffenen Institutionen entsandten Expeditionen in die entlegensten Winkel der Welt. Die Laderäume ganzer Schiffe füllten sich mit Gesteins- und Mineralproben, gepressten Pflanzen und präpariertem Getier. Oftmals wurden sogar lebende Exemplare exotischer Flora und Fauna mit nach Hause gebracht; sie füllten dort die neu entstandenen öffentlichen botanischen und zoologischen Gärten. _____ Zoologische und botanische Sammlungen funktionieren noch heute nach den gleichen Prinzipien wie zu Zeiten Carl von Linnés. Die Methoden der Dokumentation von Arten sind lediglich um neue Techniken erweitert worden. Grundlage bildet immer noch das Belegexemplar einer jeden beschriebenen Art, der Typus, der als sogenanntes Trocken- oder Nasspräparat den Wissenschaftlern in aller Welt als Referenz zur Verfügung steht. Noch heute muss eine Art, die neu beschrieben wird, mit einem Typusexemplar in einer der wissenschaftlichen Sammlungen der Welt belegt sein, sonst ist sie, auch in Zeiten der fotografischen Dokumentation, wissenschaftlich gesehen nicht existent. Demgemäß sind denn auch die heutigen Fang- und Sammelmethoden nicht sehr verschieden von denen, derer sich Humboldt oder Darwin bedient haben. _____ Mit der Erforschung der Gesetzmäßigkeiten der Vererbung und des Erbgutes selbst ist ein neuer Typus der Sammlung in den Fokus des wissenschaftlichen Interesses gerückt. Die Rede ist von der Genbank, einer Sammlung, deren Sinn und Zweck in der Anhäufung von möglichst vielfältiger genetischer Information besteht. Global lagern in pflanzlichen Samenbanken sechs Millionen Proben ein, der größte Teil stammt dabei aus dem engen Spektrum landwirtschaftlich genutzter Arten. Die größte Samenbank ist die der traditionsreichen *Kew Gardens.*

Der Londoner Botanische Garten will seine Pflanzensammlung, die als die artenreichste der Welt gilt, bis zum Jahr 2010 um weitere 25 000, meist bedrohte, Arten aufstocken. Bei minus 20 Grad Celsius können dann die Nüsse des Mugongobaumes oder die Samen des Bergedelweiß in einem Einmachglas in einer der endlosen Regalreihen ihrer erneuten »Auswilderung« entgegensehen. Der Erhalt der Artenvielfalt steht hinter dieser enormen Investition von Geld, Energie und Zeit, die nötig sein wird, die Samen zu sammeln (achtundzwanzig professionelle Samenjäger werden unterwegs sein, um das kostbare Material zu beschaffen), für das Einfrieren zu präparieren (nur Samen, die im Röntgenbild auch eine Embryonalanlage zeigen, werden dem aufwendigen Prozess der Gefriertrocknung unterzogen) und für eine kleine Ewigkeit eingefroren zu lagern (der angenommene Mindestzeitraum für die Keimfähigkeit solchermaßen präparierter Samen beträgt zweihundert Jahre). Zehn Prozent aller Blütenpflanzen der Erde, und damit ein Stück Biodiversität, sollen in der »Jahrtausend-Samenbank« aufbewahrt werden. Für das ambitionierte Projekt wurden 180 Millionen Mark zur Verfügung gestellt. Allerdings bedeutet das für einige Pflanzen, wie die Algen, Moose und Farne, dass sie nicht mit in diese »Arche Noah« aufgenommen werden, da sie keine lagerfähigen Samen produzieren. Aufgrund dieser »kryotechnischen Selektion« werden daher nur bestimmte Arten ihre zweite Chance bekommen, wenn sie in ihrem natürlichen Lebensraum ausgestorben sein sollten. _____ Die Fauna unseres Planeten ist hingegen noch kaum konserviert, lediglich von zweihundert Tierarten sind weltweit Samen eingefroren. Historisch gesehen sind Genbanken für tierisches Erbmaterial ein Novum. Erst mit moderner Medizintechnologie wurde es überhaupt möglich, die empfindlichen Keimzellen von Tieren zu lagern und lebensfähig zu erhalten. Ein genetisches *Back-up* ist also folglich nur für eine Handvoll Tierarten gegeben. Die Vorstellung von Genbanken, mit denen bei Bedarf ein Organismus einer schon ausgestorbenen Art wieder erschaffen werden kann, ist für einige Wissenschaftler eine Verheißung, sollen dabei nun Dinosaurier aus der Blutmahlzeit einer im Bernstein konservierten Mücke, Mammuts aus den Hautzellen eines tiefgefrorenen Vertreters dieser eiszeitlichen Art oder Tiere einer ausgestorbenen Hausschweinrasse geklont werden. Es fragt sich allerdings, wie ein solchermaßen gezeugtes Mammut ohne weitere Vertreter seiner Art überleben sollte und ob dieses Konzept vom »Gefrier-Zoo« überhaupt tragfähig ist. Eine Population von geklonten Organismen ist auf Dauer nicht stabil, es muss eine gewisse Variation im Erbgut einer ganzen Art, im sogenannten »Genpool« gegeben sein, damit die Art sich an ändernde Umweltbedingungen anpassen und auf Dauer existieren kann. _____ Eine Klimax in der Entwicklung der biologischen Sammlung stellen die sogenannten genomischen Banken dar. Diese Genbanken lagern keine Keimzellen mehr ein, sondern direkt das isolierte und mehr oder minder entschlüsselte Genom einer Art. Solche genomischen Datenbanken werden bisher allerdings nur für so forschungsrelevante Arten wie Hefe-Pilze, Ringelwürmer, Fruchtfliegen, Krallenfrösche, Ratten und Menschen aufgebaut. Diese Form

❶ 2/91_o Fruchtkörper eines Pilzes aus Deutschland (Auturus klitzingii) Botanischer Garten und Botanisches Museum, Freie Universität Berlin
❷ 2/91_g Kannenstrauch (Nepentis x intermedia) Botanischer Garten und Botanisches Museum, Freie Universität Berlin
❸ 2/103_d Fliegenrücken 1983–1985, Cornelia Hesse-Honegger

DIE FLÖHE UND DIE WANZEN | GEHÖREN AUCH ZUM GANZEN 105

der biologischen Sammlung verdeutlicht einen Trend, der nicht nur dort, sondern gesamtge-
sellschaftlich in Erscheinung tritt: Den abstrahierten, bloßen Informationen wird immer größere Bedeutung beigemessen, dabei werden die uns umgebenden Dinge immer mehr »ent-
materialisiert« oder »virtualisiert«. _____ In der Biologie führt dieser Hang zur Abstraktion,
in der genomischen Datenbank versinnbildlicht, allerdings auch zum Verlust von Information, denn ein Lebewesen ist stets mehr als die Sequenz seiner Nukleinsäuren – es stellt einen
plastischen Organismus dar, der in Wechselbeziehung mit seiner Umwelt steht. Noch vor
einigen Jahren waren in der Biologie Stimmen zu hören, die sich für eine Abschaffung der
althergebrachten Sammlungen mit ihren Belegexemplaren zu Gunsten von reinen Genbanken aussprachen. Einige Sammlungen verschwanden daraufhin tatsächlich für immer. Ganze
Sammlungssäle wurden von zukunftsorientierten Wissenschaftlern leergeräumt und Jahrhunderte alte Exponate landeten mit den ausrangierten Insektenkästen und Alkoholgläsern
auf dem Müll. Alte Sammlungen besitzen dabei aber eine hochaktuelle Komponente und stellen einen Wissenspeicher in Bezug auf vergangene ökologische Gegebenheiten dar. Sie können Auskunft über die Artenzusammensetzung von Lebensräumen zum Beispiel zu Zeiten
von Charles Darwin geben und lassen so Rückschlüsse auf einen möglichen Artenschwund
zu. Somit kann man heute noch neue Erkenntnisse aus der Sammeltätigkeit eines Humboldt
oder Chamisso gewinnen; auch genetische Untersuchungen sind an Jahrhunderte alten
Präparaten von mitunter schon ausgestorbenen Tierarten möglich. _____ »Da es [...] kein
Ding [...] getrennt von den sinnlich wahrnehmbaren Größen gibt, so sind in den wahrnehmbaren Formen die denkbaren enthalten, sowohl die sogenannten abstrakten wie auch die
Gestaltungen und Beschaffenheiten des Sinnli-
chen. Und deswegen kann niemand ohne Wahr-

❶

nehmung etwas lernen oder verstehen [...].«
_____ So beschrieb Aristoteles die Rolle der
Erfahrung für ein Verständnis der Natur. Daraus ließe sich umgekehrt folgern, dass wir
um so mehr über die Natur erfahren können,
je mehr Sinne wir dafür nutzen.

❷

wunderkammer

des lebens ___ LORRAINE DASTON

Wunderkammer, Dschungel, Arche Noah: dies alles sind Speicher der Vielfalt von Dingen, Demonstrationen der Fülle der Welt. Einige der berühmtesten Wunderkammern, so auch jene von Erzherzog Ferdinand II. (1529 – 95) auf Schloss Ambras bei Innsbruck und die des

❸ Das Museum des Fernando Cospiano, Frontispiz
in: Lorenzo Legati, Museo Cospiano, 1677

❹ 2/100_b Blumenkranz
aus: ›Der Rupsen Begin, Voedzel en wonderbaare Veranderung‹, 1713, Maria Sibylla Merian, Bibliothek des Deutschen Entomologischen Instituts, Eberswalde

❸

englischen Gärtners und Sammlers John Tradescant (gest. 1638), wurden von den Zeitgenossen als »Archen« bezeichnet. Und heutige Versuche von Umweltschützern, die Regenwälder mit ihrem Artenreichtum zu retten, beschworen apokalyptische Assoziationen zu einer Katastrophe, die, durch menschliche Verderbtheit hervorgerufen, alles Leben zerstört, wenn es nicht in der »Arche« des Dschungels geschützt wird. Die Arche als ein eigenständiger, *in sich selbst geschlossener* Mikrokosmos »von allen Tieren [...] von jeder Art der Vögel und des Viehs und alles dessen, was auf Erden kriecht« (1. Mos. 6, 19 – 20) ist ein altes Bild, das aber immer noch in unserer Vorstellungswelt lebendig ist als ein Weg, die unfassbare *Fülle* des fruchtbaren Planeten zu begreifen. ___ Erstens: *In sich selbst geschlossen.* Die Wunderkammer des frühneuzeitlichen Europa war eine Kammer im wahrsten Sinn des Wortes: ein Raum (oder manchmal auch eine Flucht von Räumen), der eigens dafür vorgesehen war, die Wunder der Kunst und der Natur zur Schau zu stellen. Und bevor es ein Raum wurde, war es häufig ein Möbelstück: das italienische *studiolo*, das französische *cabinet* und das englische *repository*, das waren zuerst einmal kleine Truhen oder Pulte, in denen wertvolle Gegenstände – Juwelen, Schriftstücke, Altertümer und Reliquien – hinter Schloss und Riegel verborgen wurden, und die schließlich den Namen »Wunderkammer« erhielten. Hier überschneidet sich die Geschichte des Museums als öffentlicher Raum mit der Geschichte der Privatheit. In der Spätrenaissance bezeichneten die Kammer, das Studiolo und das Kabinett die besonderen Räume des Hauses, die der stillen und einsamen Beschäftigung des Lesens, Schreibens, Geldzählens und des Bilanzierens dienten. Die Schubladen und Fächer des privaten Schreibtisches wurden zu Regalen, Vitrinen und Verstecken der Wunderkammer: kleine, halb-verschlossene Räume, um Gegenstände aufzunehmen und voneinander zu trennen, die vom ausgestopften Paradiesvogel über chinesisches Papiergeld bis zu einer in Bernstein eingeschlossenen Fliege reichten. Einige Wunderkammern blieben ihrem Ursprung als Möbelstücke, die in ihren vielen Fächern Schätze bargen, treu – wie der Kunstschrank, der am 22. April 1632 von den augsbur-

❹

❶ 2/101_c ›Trochilus Colubris‹ *Die Handschrift stammt von Hübner selbst. Im Gegensatz zu der gedruckten Ausgabe finden sich hier die Namen der Vögel und der Schmetterlinge handschriftlich auf der jeweiligen Tafel. Die dargestellten Vögel wurden nach Vorlagen anderer Naturforscher gemalt, die Schmetterlinge sind nach der Natur gezeichnet. Bei einer Reihe der dargestellten Arten handelt es sich um deren Originalbeschreibungen im Sinne der Nomenklaturregeln.* Aus ›Sammlung auserlesener Vögel und Schmetterlinge mit ihren Namen‹, um 1793, Jacob Hübner, Bibliothek des Deutschen Entomologischen Instituts, Eberswalde

❷ 2/100_a Guajavebaum, verschiedene Insekten und ein Kolibri *Im bedeutendsten Werk von Maria Sibylla Merian (1647–1717) werden die Ergebnisse ihrer eigenen Beobachtungen über die Lebensweise der Insekten dargestellt. Sie ist die erste Weltreisende unter den Insektenforschern; damit markiert das Buch auch die Anfänge der wissenschaftlichen Reisebeschreibungen. Das Werk ist noch heute von wissenschaftlichem Wert, weil anhand der hier beschriebenen Insektenarten auf die vor 300 Jahren vorhandene Fauna Surinams geschlossen werden kann.*

Gerade unter dem Aspekt der Vernichtung der Regenwälder bietet es eine wichtige Informationsquelle zur Einschätzung der gegenwärtigen Situation. Aus: ›Metamorphosis Insectorum Surinamensium‹, 1705, mit handkolorierten Kupferstichen von Maria Sibylla Merian, Bibliothek des Deutschen Entomologischen Instituts, Eberswalde

❸ ›Museum Wormianum‹ Aus: ›Ole Worm, Museum Wormianum seu Historia Rerum Rariorum, Tam Naturalium, quam Artificialium, tam Domesticarum, quam Exoticarum, quae Hafniae Danorum in aedibus Authoris servantur‹, Amsterdam 1655

❹ Rekonstruktion des ›Museum Wormianum‹ in Anlehnung an den Titelkupfer aus dem gleichnahmigen Buch Gezeigt in der Ausstellung ›Mythen der Neuen Welt‹ der Berliner Festspiele GmbH, 1982, Fotografie: Magret Nissen, Berlin

gischen Lutheranern ihrem Verbündeten König Gustaf Adolf von Schweden überreicht wurde. Der aus Eichen- und Ebenholz gebaute Schrank wird von einem Wulst aus Kristallen, Korallen und Muscheln abgeschlossen, die einen aus einer Seychellennuss geformten Pokal umgeben, der mit Figuren des Neptuns und der Thetis in Gold geschmückt ist. Seine geheimen Fächer und Schubladen waren mit Federschlössern zu öffnen und offenbarten Wunder der Kunst und der Natur: ein anamorphisches Bild, eine mumifizierte Affenkralle, einen italienischen Spinettautomaten, der drei Melodien spielen konnte. _____ Die Wunderkammer hat den abgeschlossenen Privatcharakter des Studiolo nie ganz aufgegeben. Als der junge Francis Bacon, der zukünftige Lordkanzler von England und visionäre Philosoph der Natur, 1594 eine Kombination von Bibliothek, Garten, Menagerie, Kabinett und Laboratorium beantragte, ging es ihm darum, »für den Privatbereich ein Modell der gesamten Natur im Kleinen« zu haben. Obwohl Schloss Ambras, Tradescants Arche in South Lambeth, das Anatomietheater in Leiden, die Bibliothéque de Sainte-Geneviève in Paris und andere Sammlungen der Wunder der Kunst und der Natur im späten 16. Jahrhundert zu den wichtigsten Sehenswürdigkeiten für Touristen, welche die »Grand Tour« durch Europa unternahmen, gehörten, waren nicht alle der Öffentlichkeit zugänglich wie die heutigen Museen. Fürstliche Sammlungen wie die der Habsburger in Ambras und Prag wurden normalerweise nur Würdenträgern vom Rang eines Gesandten an aufwärts als Teil eines Rituals der Prachtentfaltung gezeigt, um rivalisierende Höfe zu beeindrucken. Michel de Montaigne war, als er 1580 Tirol besuchte, enttäuscht, auf Schloss Ambras abgewiesen zu werden: »Ceste fredur [froideur] [...] offença un peu M. de Montaigne« – »Diese Kälte [...] beleidigte M. de Montaigne ein wenig«, stellte er in seinem Reisetagebuch fest. Ungefähr zweihundert Jahre später hatte ein anderer Staatsrat von literarischem Ruf, der auf derselben Route über die Alpen nach Italien reiste, mehr Glück in Ambras und war sehr zufrieden mit dem, was er dort sah: »Man sagt nicht zu viel, wenn man behauptet, dass Musterstücke der Kunst und Merkwürdigkeiten aller Jahrhunderte und Gegenden, welche als betrachtungswürdig überliefert werden, hier anzutreffen sind. Auch fand man jenen Wunsch schon erfüllt, dass nämlich seltene Naturgegenstände, die man schwerlich je mit Augen sehen wird, neben anderen wirklichen Seltenheiten (in Abbildungen) aufgestellt würden.« _____ Zweitens: *Fülle.* Wie Goethe in Ambras bewundernd bemerkte, war die Wunderkammer sowohl mit natürlichen als auch künstlichen Kuriositäten angefüllt. Zweiköpfige Schlangen, römische Münzen, ein Krug aus poliertem Schildpatt, ein Eskimokajak, auserlesene Arbeiten von gedrechseltem Elfenbein, Musikinstrumente, Nashornhörner, Automaten, geometrische Kristalle, ein Krokodil. Überall, wo Besucher in eine Wunderkammer kamen, begegneten sie eigentümlichen und seltenen Gegenständen auf Regalen, die bis zum Bersten gefüllt waren, oder die von den Wänden und Decken herunterhingen. Die Wunderkammer zollte zwar dem Reichtum und der Mannigfaltigkeit der Kunstwerke und Werke der Natur Tribut, aber nur beschränkt der Aus-

wahl. Frühneuzeitliche Sammler ignorierten 99 Prozent des Universums – das Alltägliche, Gewöhnliche, Normale – zu Gunsten des Außergewöhnlichen, Bizarren und Exotischen. Die Art der Zurschaustellung in der Wunderkammer verstärkte noch den Eindruck des Merkwürdigen und der Fülle. Naturalien und Artifikalien waren nebeneinander aufgereiht und nicht voneinander getrennt; Gegenstände von ähnlichem Aussehen und gleicher Herkunft wurden fast nie zusammengestellt; alle Gegenstände waren aus ihrem ursprünglichen Zusammenhang gerissen und wurden als Einzelstücke präsentiert. Genau genommen hatte die frühneuzeitliche Wunderkammer wenig oder gar nichts mit lebenden Organismen zu tun, es sei denn in Verbindung mit einer Menagerie oder einem botanischen Garten. Alle Naturalien der Wunderkammer waren tot: Ausgestopfte Papageien, lackierte Krokodile, getrocknete Pflanzen, aufgespießte Insekten, in Spiritus eingelegte Missgeburten, gebleichte Meeresmuscheln, ordentlich in Mappen ausgelegte Zeichnungen der Arten. Im übertragenen Sinn war die in der Wunderkammer abgebildete Natur jedoch nicht nur lebendig, sondern auch intelligent, ein erfinderischer Künstler. Gemäß den Lehren der Naturalisten des 16. Jahrhunderts wirkte die Natur für Gott, indem sie die gewöhnlichen Tiere, Pflanzen und Mineralien so gestaltete, dass Form zu Funktion passte und Gleiches hervorbrachte. Doch manchmal spielte die Natur und schlug die Klarheit und Knappheit des Nützlichen in den Wind. Wozu diente die unendliche und wohltuende Vielfalt der Formen und Farben der Blumen und Muscheln, die bizarren Formen der Monster, der scheinbar in Gesteinen erkennbaren Tiere, Pflanzen oder Landschaften? Solche *lusus naturae*, »Spielereien der Natur«, waren die bevorzugten Naturalien der Sammler von Wunderkammern._____ Auch die Künstler, welche Wunderkammern mit Naturalien ausstatteten, haben sich dieser Ästhetik verschrieben: In der Kunst wurden *Trompe l'oeil*-Techniken zum ersten Mal im Spätmittelalter entwickelt, um vergängliche Gegegenstände durch Bilder zu ersetzen, insbesondere die Andenken der Pilgerfahrten wie Medaillen oder gepresste Blumen durch Illuminationen von Andachtsbüchern. In der frühneuzeitlichen Wunderkammer traten Bilder von Pflanzen, Tieren und Felsen an die Stelle nicht verfügbarer und kurzlebiger Stücke (Konservierungstechniken waren wenig entwickelt; mehrere Jahrzehnte lang glaubten europäische Naturforscher, dass die Paradiesvögel ihr ganzes Leben in der Luft verbracht hätten, weil die Füße der ausgestopften Exemplare, die sie erhielten, während der langen Reise von Neuguinea abgefault und verschwunden waren). Der Sammler Ulisse Aldrovandi aus Bologna (1522–1605) zum Beispiel bestellte vierzehn Schränke Holzdruckstöcke und ungefähr achttausend Tempera-Illustrationen, um die Gegenstände seiner Wunderkammer zu ergänzen. Diese Wunderkammerbilder unterschieden sich oft erheblich von den veröffentlichten Holzstichen und Gravüren der naturgeschichtlichen Abhandlungen der Zeit. Während die meisten naturgeschichtlichen Illustrationen eine idealisierte Darstellung einer Pflanze oder eines Tieres erstrebten, welche die Gesamtheit der Gattung zu vertreten vermochte, versuchten die Bilder der Wunderkammer alle Eigenheiten eines speziellen Exemplars zu erfassen, insbesondere, wenn es ein Spiel der Natur war und daher von einer Art. Diese so genannten Bilder *contrefactum* genossen gewissermaßen einen amtlichen Status als exakte Wiedergaben der geringsten Einzelheiten wie auch als gültiger Beweis eines Wunders. In diesem dokumentarischen Geist behandelte Aldrovandi in

❶
❷

seiner *Dendrologia* (posthum 1668) jede abweichende Limone wie die lederne *Ore ferox crocodile* als eine eigene Kategorie, im Gegensatz zu den trockenen und akkuraten Klassifizierungen der heutigen Botaniker, die gemeinhin nur vier Typen von Zitrusfrüchten zählen. ——— Das moderne Bild der auf sich selbst bezogenen Fülle der Natur ist nicht mehr die Wunderkammer, sondern der Dschungel. Auf den ersten Blick scheinen sich Wunderkammer und Dschungel zu gleichen: Beide sind lebendige Beispiele für die sprießende Vielfalt der Natur und die Dichte, in der die unterschiedlichsten Formen in einem begrenzten Raum zusammengefasst werden können. Bei näherem Hinsehen zeigen sich jedoch tiefere Gegensätze: Die Ordnung der Wunderkammer war analog, diejenige des Dschungels ist ökologisch. Die Wunder der Kunst und der Natur gehörten deshalb zusammen, weil sie virtuose Handwerkskunst und spielerische Verachtung der Nützlichkeit vorstellten. Die Organismen des Dschungels hingegen passen sich in ein Netzwerk gegenseitiger Abhängigkeit ein. Raubtier und Beute, Parasit und Wirt, Blume und Insekt sind untrennbar miteinander verbunden; zieht man eine Spezies ab, kann das ganze Biotop zusammenbrechen. Die Wunderkammer war vehement akontextuell, der Dschungel ist in gleichem Maße kontextuell. Jeder Gegenstand der Wunderkammer wurde bewusst von seinen Ursprüngen und seiner Art getrennt, um so seine Einzigartigkeit hervorzuheben; jeder Dschungelorganismus gehört genau dorthin, wo er sich befindet, und nirgendwohin sonst – ohne Rücksicht auf irgendeinen kommerziellen Verkehr von Import- und Exportwaren, der die Wunderkammern versorgte. Und schließlich war die Wunderkammer unverhohlen von Menschenhand gemacht. Der Dschungel hingegen steht in modernen Ikonographien für das Nichtartifizielle, für die von Menschenhand unberührte Natur, für Natur in ihrem natürlichsten Zustand. ———
Die Bezeichnung »Wunderkammer des Lebens« enthält demnach einen nicht geringen Schuss Ironie. Dennoch gibt es ein ästhetisches Moment, das die neuzeitliche und die moderne Arche miteinander verbindet. Die lokale, ökologische Sicht des Lebens, wofür der Dschungel ein Symbol wurde, wurde erstmals bei Charles Darwin (1809–1882) sichtbar, als er während seiner Reise auf der *H.M.S. Beagle* als junger Naturwissenschaftler mit den südamerikanischen Tropen in Berührung kam. Die Erinnerung an die üppige, leuchtend farbige, überbordend fruchtbare und auf komplexe Weise ineinander verschlungene Flora und Fauna dieser Region verließ ihn nie mehr. In den letzten Abschnitten von *Die Entstehung der Arten durch natürliche Zuchtwahl* (1859), dem Werk, das die Natur ein für allemal entmenschlichen sollte, stellte er sich eine domestiziertere, englische Version des tropischen Paradieses seiner Jugend vor: »eine verwirrende Reihe von vielen Pflanzen jedweder Art, mit Vögeln, die in den Büschen singen, mit vielen bunten Insekten, die herumflattern, und mit Würmern, die durch die dampfende Erde kriechen [...] diese kunstvoll gestalteten Formen, die sich voneinander unterscheiden und doch auf so komplexe Weise voneinander abhängen [...]«. In Darwins Bild des Ökotops kriecht die Natur, der Künstler der Wunderkammer, zurück in die »schönsten und wunderbarsten unendlichen Formen«, welche die »Größe dieser Lebensanschauung« ausmachen.
——— *Übersetzung von Gennaro Ghirardelli*

**❶ 2/101_a Ast eines Laub-
baumes mit Raupe** *Es handelt
sich um Skizzen des Jacob
Hübner (1761–1826), die dieser
vermutlich für sein zwischen
1793–1842 erschienenes Werk
»Geschichte europäischer
Schmetterlinge, Raupen, Pup-
pen, Futterpflanzen« (fortge-
setzt von C. Geyer) verwandte.*
Ende 18. Jahrhundert, Jacob
Hübner, Bibliothek des
Deutschen Entomologischen
Instituts, Eberswalde

**❷ 2/102_i Pflanzendarstel-
lung** für die Veröffentlichung
»Exoticarum aliarumque
minus cognitarum planta-
rum centuria prima, cum
figuris aeneis summo studio
elaboratis«, 1678 von Jacob
Breyne und Crista Pavonis,
Forschungsbibliothek Gotha

**❸ 2/101_b Skizzen verschie-
dener Larven** *Das Manuskript
enthält Bleistiftskizzen von
Raupen und Puppen, die mit
den Jahreszahlen 1765, 1766 und
1767 beschriftet sind; möglicherweise hat Hübner also auf
älteres, bereits vorliegendes
Material zurückgegriffen.*
Ende 18. Jahrhundert, Jacob
Hübner, Bibliothek des
Deutschen Entomologischen
Instituts, Eberswalde

❹ 2/102_o Beeren, o.D. von
den Geschwistern Breyne,
Daniel und David Schulz,
Daniel Gottlieb Messer-
schmidt, Forschungsbibliothek Gotha

**❺ Museum des Athanasius
Kircher, Frontispiz** in: Giogio
de Sepi, Romani Collegii
Societatis Jesu Musaeum Ce-
leberrimum, 1678

**❶ 2/101_a Ast eines Laub-
baumes mit Raupe** *Es handelt
sich um Skizzen des Jacob
Hübner (1761–1826), die dieser
vermutlich für sein zwischen
1793–1842 erschienenes Werk
»Geschichte europäischer
Schmetterlinge, Raupen, Pup-
pen, Futterpflanzen« (fortge-
setzt von C. Geyer) verwandte.*
Ende 18. Jahrhundert, Jacob
Hübner, Bibliothek des
Deutschen Entomologischen
Instituts, Eberswalde

das naturkundemuseum der zukunft – vom naturalienkabinett zu einer umfassenden erforschung und darstellung der belebten und unbelebten Natur

ULRICH ZELLER UND HANNELORE HOCH

Gigantische Dinosaurier, seltsame Versteinerungen und prächtige Mineralien – der erste Eindruck, der sich dem Besucher beim Betreten eines klassischen Naturkundemuseums bietet, ist geprägt vom morbiden Charme vergangener Zeiten und Welten. Die Vielgestaltigkeit der belebten und unbelebten Natur erschliesst sich nämlich erst auf den zweiten Blick, und nur wenigen Besuchern wird bewusst, dass »hinter den Kulissen« unermessliche Schätze lagern: immense Sammlungen von rezenten und ausgestorbenen Tier- und Pflanzenarten. _____ Die heutigen Naturkundemuseen, und darin bildet das Museum für Naturkunde zu Berlin keine Ausnahme, entstanden zu einer Zeit (Mitte bis Ende des 18. Jahrhunderts), in welcher die Anschauung vorherrschte, die Vielfalt des Lebendigen sei durchaus überschaubar und in wenigen Forschergenerationen vollständig zu beschreiben. Diese Überzeugung wurzelt in der enzyklopädischen Weltanschauung des Spätbarock und findet zum Beispiel auch in den Werken des berühmten Systematikers Carl von Linné ihren Niederschlag. Die architektonische Gestaltung der großen Naturkundemuseen der Welt war ebenfalls von diesem Gedankengut geprägt und die für die Sammlungen eingerichteten Nutzflächen in den Sälen der Museen sollten wie in einer *Arche* der Vielfalt des Lebendigen dieser Erde ausreichenden Platz spenden. Für das Museum für Naturkunde zu Berlin bedeutet dies, dass auf einer Nutzfläche von rund 14500 Quadratmetern die Vielfalt des Lebens unterzubringen sei. Wir wissen heute, dass sich diese Auffassung sehr weit von der Wirklichkeit entfernt und die Anzahl der die Erde bevölkernden Arten um Dimensionen höher ist als ursprünglich erwartet. Ging man noch vor rund hundert Jahren von wenigen tausend Arten aus, sind heute bereits etwa 1,5 Millionen Arten beschrieben; ihre Zahl wird aber auf 30 Millionen, ja gelegentlich sogar 100 Millionen und mehr geschätzt. Diese Erkenntnis ist durchaus neu, denn noch vor etwa 50 Jahren schätzte der berühmte Zoologe im Museum für Naturkunde zu Berlin, Walther Arndt, nach genauen Recherchen in den für ihn verfügbaren Sammlungen die Zahl der Tierarten auf insgesamt 1033000, davon 40350 Arten in Deutschland. Nach heutiger Kenntnis wären damit wahrscheinlich nicht einmal die in Deutschland lebenden Insektenarten ausreichend erfasst. Die Grundidee für die Gründung und Einrichtung von Naturkundemuseen war also zunächst das Sammeln und Bewahren sämtlicher Tier- und Pflanzenarten (soweit auch botanische Gärten mit angeschlossen waren). Sie gingen in der Regel aus Naturalienkabinetten mit einem geringen Bestand an Exemplaren hervor, wuchsen jedoch insbesondere im Zeitalter des Kolonialismus und der großen Forschungsweltreisen in bedeutsamem Maße heran. Die zoologische Sammlung des Museums für Naturkunde zu Berlin umfasst heute etwa 25 Millionen Exemplare, und wenn wir die Vorstellungen Arndts zugrunde legen, wären die Tierarten der Welt bequem unterzubringen. Unsere heutige Vorstellung von den Dimensionen der Lebensvielfalt muss aber mit dieser Auffassung brechen. Denn würde das Museum für Naturkunde sich zum Ziel setzen, alle Arten von Tieren (ohne Mikroorganismen), die gegenwärtig auf der Welt leben, in einer ausreichenden Zahl von Exemplaren zu beherbergen, müsste das Gebäude wahrscheinlich die Fläche von ganz Berlin einnehmen. Diese Metapher wird noch verstärkt durch die Tatsache, dass Naturkundemuseen ja nicht nur die heutige (rezente) Lebewelt sammeln und untersuchen, sondern auch das Leben der Vergangenheit mit einbeziehen. Hierfür sind umfangreiche paläontologische Sammlungen angelegt worden. Da Arten immer wieder neu entstehen und vergehen (aussterben), ist die Zahl der Arten, die jemals auf der Erde existiert haben, naturgemäß noch viel größer als die Zahl der heute Lebenden; sie wird auf 50 Milliarden geschätzt. Da es natürlich nicht sinnvoll ist, diese Vielfalt insgesamt in einem Naturkundemuseum unterzubringen, ist in unserer modernen, zunehmend vernetzten Welt der Gedanke gereift, dass die Beschreibung und Dokumentation der heutigen und der vergangenen Biodiversität nicht mehr die Aufgabe einzelner Museen im nationalen Rahmen sein kann. Stattdessen müsste sie, von einer globalen Initiative angetrieben, alle etwa 6500 Sammlungen der Erde umfassen. Der ursprüngliche Gedanke einer vollständigen Erfassung bleibt also in gewisser Hinsicht bestehen, ist aber zu einer globalen, arbeitsteiligen Gesamtaufgabe gewachsen. Vor diesem Hintergrund haben sich in jüngster Zeit, also erst Mitte der neunziger Jahre, die Naturkundemuseen auf nationaler (DNFS, Direktorenkonferenz naturwissenschaftlicher Forschungssammlungen Deutschlands), europäischer (CETAF, Consortium of European Taxonomic Facilities) und internationaler (ASC, Association of Systematic Collections; MSEF, Major Scientific Entomological Facilities) Ebene organisiert, um diese Aufgabe gemeinschaftlich zu bewältigen. _____ Dass diese nicht ohne moderne elektronische Datenerfassung und -vermittlung zu bewältigen ist, versteht sich von selbst. Dennoch ist es an dieser Stelle zu bedauern, dass gerade diese Aufgabe bislang in noch nicht befriedigendem Maße in Angriff genommen worden ist, obwohl vielfältige Initiativen diese Entwicklung fordern und fördern. Ein Grund für diesen Mangel mag darin liegen, dass die Relevanz der Erforschung der Vielfalt des Lebens in der wissenschaftlichen Gemeinschaft wie auch der Öffentlichkeit und bei politischen Entscheidungsträgern bis in die jüngste Zeit nicht ausreichend erkannt wurde. Andere Forschungsinitiativen, von der Teilchenphysik bis zur Astronomie, standen und stehen im Vordergrund. Wir wissen heute über die Zusammensetzung der Milchstraße mehr als über das Leben auf unserer Erde. Dies verwundert, da die vielfältigen Arten von Tieren und Pflanzen sowie von Mikroorganismen und Pilzen die entscheidende Ressource darstellen, welche die Entwicklung und weitere Existenz der Menschheit sicherstellen. _____ Ausgehend von der

❶

1 2/94_b Nasspräparat eines Bärenkrebses (Scyllarides haani) Museum für Naturkunde der Humboldt-Universität zu Berlin

2 2/98_o Sammelkasten mit Zitronenfaltern (Gonepteryx rhamni) Museum für Naturkunde der Humboldt-Universität zu Berlin

3 2/98_i Metallkäfer (Plusiotis) Museum für Naturkunde der Humboldt-Universität zu Berlin

4 2/98_b Sammelkasten mit Schrecken (Acrida) Museum für Naturkunde der Humboldt-Universität zu Berlin

5 2/98_a Sammelkasten mit Libellen (Agrion) Museum für Naturkunde der Humboldt-Universität zu Berlin

6 2/98_r Sammelkasten mit ausgeblasenen Schmetterlingsraupen Museum für Naturkunde der Humboldt-Universität zu Berlin

Erkenntnis, dass man nur schützen kann, was man kennt, laufen in den letzten Jahren auf allen Ebenen Forschungsprogramme zur Biodiversität an, in welche die Naturkundemuseen mit ihren personellen und Sammlungs-Ressourcen eingebunden sind. Dem Anspruch auf eine umfassende und rasche Beschreibung der Artenvielfalt steht allerdings der weltweit zu verzeichnende Mangel an taxonomischer Expertise entgegen, für den der Begriff der sogenannten *taxonomic impediments* geprägt wurde. Die Pflege der taxonomisch-systematischen Expertise, also die Kenntnis der Arten und des sie ordnenden Systems war an rein universitären Einrichtungen seit den Siebziger Jahren allmählich zugunsten »moderner« Forschungszweige aufgegeben worden. An den Naturkundemuseen blieb sie erhalten, oft belächelt, aber unbeirrt; jetzt bildet sie den Nucleus, aus dem der gefragte, speziell qualifizierte wissenschaftliche Nachwuchs hervorgehen kann. Die Naturkundemuseen werden also bei der Beseitigung des *taxonomic impediments* die entscheidende Rolle spielen. _____ Es ist somit offensichtlich, dass die Bio-Informatik eine der bedeutendsten Wissenschaften der Zukunft sein wird. Die in den Sammlungen enthaltenen enormen Datenmengen müssen nicht nur in Datenbanken erfasst werden, diese Datenbanken müssen zu »Wissens-Banken« weiterentwickelt werden, Instrumenten also, die Wissen effektiv, das heisst den jeweiligen Bedürfnissen einer heterogenen Nutzergemeinschaft angepasst, vermitteln und Voraussagen unterschiedlichster Facetten, etwa zum Vorkommen bestimmter Arten unter gegebenen Bedingungen, erlauben. Dieser Trend hat auf politischer Ebene breite Resonanz gefunden: so hat zum Beispiel die OECD (Organisation of Economic Cooperation and Development) ein »MegaScience«-Forum »Biological Informatics« eingerichtet. Dieses mit renommierten Fachleuten aus Politik, Wirtschaft und Wissenschaft besetzte Gremium hat die Etablierung eines internationalen Netzwerkes kommunizierender Datenbanken zur

Biodiversität vorgeschlagen, das voraussichtlich im Jahr 2000 seine Arbeit aufnehmen wird (GBIF, Global Biodiversity Information Facility). Ziel dieser zwar global ausgerichteten, aber regional und national zu implementierenden Einrichtung ist die Schaffung einer Informationsinfrastruktur, die das gesamte vorhandene Wissen zur Biodiversität weltweit und für jeden potenziellen Nutzer erschließt und verfügbar macht. _____ Mit der Beschreibung der Vielfalt des Lebendigen ist die Frage nach seiner *sinnvollen Ordnung* (Systematik) eng verknüpft, ausgehend von einem modernen Artkonzept. Als Grundlage und wichtigstes theoretisches Bezugssystem für die Ordnung biologischer Vielfalt dient heute die Evolutionstheorie. Die Ordnung der Vielfalt der Lebensformen nach ihrer abgestuften genealogischen Verwandtschaft ist anerkannt und als *phylogenetische Systematik* weltweit etabliert. Dabei kommt es nicht nur auf die Beschreibung neuer Arten an, sondern auch auf deren hierarchische Ordnung im phylogenetischen System. In ein solches Ordnungsprinzip können naturgemäß nicht ganze

Organismen eingesetzt werden, sondern ein reduktionistischer Denkansatz muss zunächst die vergleichende Betrachtung auf einzelne *Merkmale* oder Merkmalskomplexe beschränken. Diese gilt es zu erkennen, zu beschreiben, mit anderen Organismen zu vergleichen und nach Möglichkeit auch funktionell zu deuten. Danach können die Merkmale bewertet und wieder in einen organismischen Gesamtkontext eingebunden werden. Schließlich dienen sie auf diese Weise dem Erkennen von Verwandtschaftsbeziehungen und damit der phylogenetischen Systematik. Es handelt sich um einen komplizierten heuristischen Vorgang, der einen behutsamen Umgang mit organismischer *Komplexität* beinhaltet.Reduktionistische Merkmalsanalyse und organismische Synthese stehen dabei in einem Verhältnis wechselseitiger Erhellung zueinander. Dabei sind Organismen, also individuelle Vertreter einer Art, selbst hierarchisch geordnete komplexe Systeme, an denen verschiedene Ebenen der Merkmalsintegration unterschieden werden müssen. In grober Näherung können eine *Matrix*- oder *Informations*-Ebene (Erbanlagen), eine *morphogenetische* (Individuelle Entwicklung) und eine *phänotypische* Ebene (Erscheinungsbild) unterschieden werden. Organismen geben zudem Raum-Zeit-Geschehen wieder und sind mit einer komplexen Dynamik versehen. Gerade deshalb ist die Reduktion auf einzelne Merkmale, die allerdings nicht losgelöst vom Organismus betrachtet werden dürfen, unabdingbar. Solche Merkmale können auf allen Ebenen des Organismus erkannt und analysiert werden. Also auf der genetischen Ebene, der Ebene der Individualentwicklung und der Ebene der erwachsenen Organismen. Das heutige Sammlungsmaterial liefert überwiegend Daten auf der letzteren Ebene, wobei in vielen Sammlungen auch Larval- und Embryonalstadien die morphogenetische Ebene zumindest teilweise abdecken. In letzter Zeit ist insbesondere die Genetik, vorzugsweise die molekulare Genetik, als weitere Betrachtungsebene hinzugekommen. Sammlungen von

114

Gewebeproben für genetische Untersuchungen müssen daher die klassischen Sammlungen ebenfalls ergänzen. _____ Die Systematik der Zukunft wird bestrebt sein, Merkmale auf verschiedenen organismischen Ebenen stärker aufeinander zu beziehen und auf diese Art und Weise Widersprüche in den Ergebnissen, wie sie heute immer noch vorkommen, nach Möglichkeit aufzulösen. Es ginge also darum, Merkmale von ihrer genetischen Grundlage über die Entwicklung bis hin zur Ausprägung am erwachsenen Tier umfassend zu beschreiben und einer vergleichenden sowie systematischen Analyse zu unterziehen. Nach diesem *holistischen* Ansatz wird gegenwärtig gesucht, und es besteht Übereinstimmung darüber, dass insbesondere an den Naturkundemuseen eine ganzheitliche organismische Biologie kultiviert und vorangetrieben werden muss, da sie andernorts, insbesondere an rein universitären Einrichtungen, zugunsten eines eher *reduktionistischen* Ansatzes vernachlässigt wurde und wird. Auch im angelsächsischen Sprachraum wird die *whole organisms biology* als Grundlage für das Verständ-

❶ ❷

❶ Forscher bei der Arbeit an einer Insektensammlung Natural History Museum London
❷ 2/89_f Fischsaurier (Ichtyosaurus, Stenopterygius quadriscissus) Aus dem Unteren Jura, Museum für Naturkunde der Humboldt-Universität zu Berlin
❸ 2/88_u Ammonit (Pinacoceras metternichii Hauer) Aus der Trias, Museum für Naturkunde der Humboldt-Universität zu Berlin
❹ 2/92_i Nasspräparat eines Seeigels (Phyllacanthus imperialis) Museum für Naturkunde der Humboldt-Universität zu Berlin
❺ 2/95_e Nasspräparat eines Geckos (Eublepharis macularius) Museum für Naturkunde der Humboldt-Universität zu Berlin

nis der Komplexität lebender Systeme als eine der Hauptaufgaben von Naturkundemuseen angesehen. Die Sammlungen sind entsprechend über das traditionelle Sammlungsgut hinaus zu ergänzen und müssen zunehmend auch Embryonal- und Larvalstadien sowie genetisches Material mit einschließen. Darüber hinaus ist es erforderlich, dieses Material auch mit modernen Methoden und einer entsprechenden apparativen Ausrüstung zu untersuchen sowie frisches Material nicht nur im Freiland zu sammeln, sondern durch Lebendtierhaltungen zu ergänzen. Das Museum für Naturkunde zu Berlin verfügt deshalb neben den Sammlungen und Bibliotheken auch über moderne Laboratorien, beispielsweise für genetische, embryologische und nichtinvasive bildgebende Untersuchungen (z.B. Röntgen), die ein viel detaillierteres und damit informationsreicheres Bild der Sammlungen ergeben. Nur mit Hilfe all dieser genannten Möglichkeiten und Einrichtungen können die zu bewältigenden Aufgaben im Hinblick auf die Erfassung und sinnvolle Ordnung der immensen Vielfalt des Lebens geleistet werden. _____ Die großen Naturkundemuseen der Welt verfügen nicht nur über Tier- und möglicherweise auch Pflanzensammlungen (Herbarien), sondern in der Regel auch über umfassende Sammlungen auf den Gebieten der Mineralogie und Paläontologie. So wird die Erforschung der *Geschichte des Lebens* ausgedehnt auf eine *Erforschung der Erde* überhaupt. Neueste Ergebnisse haben gezeigt, dass die Erde sehr rasch nach der Erstarrung der frühen Erdkruste, also vor etwa viereinhalb Milliarden Jahren, von primitivem Leben besiedelt wurde. Dabei ist die Frage nach der Herkunft der frühesten Lebensspuren oder einzelner ihrer Bausteine weniger wichtig als die Tatsache, dass offensichtlich in unserem Sonnensystem nur auf der Erde die Voraussetzungen für die langfristige Evolution lebender Organismen gegeben war. Zweifellos ist hierfür auch die geochemische Grundlage entscheidend, bis hin zu der Vermutung, dass die Reaktivität von Mineraloberflächen und

rer hat bei dem jüngsten Massensterben vor 65 Millionen Jahren, als dessen Ergebnis beispielsweise die Dinosaurier verschwanden und die Säugetiere sich explosionsartig entfalteten, eine große Rolle gespielt. Ein entsprechender Impaktkrater ist auf der Halbinsel Yucatan in Mexiko bekannt und wird intensiv auch durch Mitarbeiter des Museums für Naturkunde erforscht. In einem breit angelegten Forschungsprogramm im Rahmen eines *Graduiertenkollegs* mit dem Titel *Evolutive Transformationen und Faunenschnitte* wird diese Problematik im Museum für Naturkunde und mit Kooperationspartnern der Humboldt-Universität und der Freien Universität intensiv untersucht. Naturkundemuseen bieten also einzigartige Voraussetzungen für eine ganzheitliche Erforschung der Entstehung sowie der evolutiven Entfaltung des Lebens, wobei unter Nutzung der umfangreichen Sammlungen aus allen Bereichen der Erde und Naturgeschichte abiotische und biotische Faktoren in einzigartiger Weise in Beziehung gesetzt werden können. *Naturkundemuseen sind Zentren der Evolutionsforschung.* _____ Sie bilden gleichzeitig wichtige *Informationszentren,* die eine entscheidende Grundlage liefern für die Umsetzung der Konvention über Biologische Vielfalt und sich daraus ableitender politischer Handlungsziele. Die Entwicklung von *Umwelthandlungszielen* auf der Grundlage eines vertieften Verständnisses der vernetzten Natur ist gegenwärtig eine der größten Herausforderungen der Menschheit überhaupt. Naturkundemuseen leisten dafür einen wichtigen und unverzichtbaren Beitrag. Durch die Beschreibung und Dokumentation der Biodiversität, ihrer sinnvollen Ordnung sowie der Rekonstruktion ihrer Geschichte werden schon entscheidende Grundlagen für die Konzeption nachhaltiger Entwicklungen und Nutzung von Biodiversität gegeben. Doch ist an dieser Stelle noch ein weiterer Schritt notwendig. Bislang arbeiten Naturkundemuseen überwiegend auf der *Ebene der Elemente.* Ziel ist es aber, lebende *Systeme* zu beschreiben, zu verstehen und zu schützen. Dieser

❸

❹

die Wechselwirkung von Mineralien mit ihrer Umgebung für die Entwicklung des Lebens von Bedeutung war. Auf der anderen Seite werden physikalische und chemische Faktoren der Umwelt durch die Biosphäre in vielfältiger Weise verändert (zum Beispiel Biomineralisation, biologische Gesteinsbildung). Die Wechselbeziehung zwischen abiotischen und biotischen Faktoren (»Geo-Biologie«) spielt aber noch in einem anderen Zusammenhang eine bedeutsame Rolle. Es ist bekannt, dass die Entwicklung des Lebens kein kontinuierlich fortschreitender Prozess war, sondern mehrmals (fünf bis sechs Mal) von weltumspannenden Erdkatastrophen beeinträchtigt wurde. Diese führten zu massiven Artensterben und nachfolgenden neuen Radiationen organismischer Vielfalt (»Entwicklungsexplosionen« während kurzer geologischer Zeiträume). Als Ursachen kommen klimatische Faktoren ebenso in Frage wie Meeresspiegelschwankungen, Sauerstoffkrisen, Vulkanismus und der Einfluss von Meteoriten. Letzte-

Schritt in Richtung auf die Systemebene geht über die originäre Expertise von Naturkundemuseen hinaus. Dennoch wird sich das Naturkundemuseum der Zukunft dieser Perspektive nicht verschließen, sondern im Rahmen einer breit angelegten Forschungskooperation mit universitären und außeruniversitären Institutionen auch diese wichtige Frage angehen. Dies ist deshalb notwendig, weil in den Sammlungen der Naturkundemuseen nicht nur Beweise für die Existenz von Arten, die sogenannten Typusexemplare und Belegexemplare für die geographische Verbreitung von Arten gesammelt und beschrieben werden. Sondern es existieren dort darüber hinaus umfassende Zusammenstellungen von wichtigen Systemparametern wie Standort, Saisonalität, Klima, Ernährungsweise und Fortpflanzung der untersuchten Taxa. Diese gilt es, über das Beschreiben der Elemente, also über das taxonomische Niveau hinaus, im Hinblick auf eine systemische Betrachtungsweise nutzbar zu machen. _____ Erklär-

❺

tes Forschungsziel in diesem Zusammenhang ist es, die *Dynamik biologischer Vielfalt,* auch im Wandel von Umwelt und Nutzung, besser zu verstehen. Das Museum für Naturkunde beteiligt sich in diesem Zusammenhang beispielsweise an der Erforschung der Systemqualitäten biologischer Vielfalt im südlichen Afrika. Ausgehend von den trophischen Beziehungen (Nahrungsnetze) tierischer und pflanzlicher Organismen kann auf diese Art und Weise das *Netzwerk* von Interaktionen verschiedenster Taxa in einem Ökosystem auch quantitativ erfasst werden und diese Daten bilden dann die Grundlage für eine *mathematische Modellierung* biologischer Systemeigenschaften. Störfaktoren, wie sie zum Beispiel durch menschliche Nutzungseinflüsse zustande kommen, können auf dieser Grundlage berechnet und ihre Auswirkungen vorhersehbar gemacht werden. Eine *nachhaltige Nutzung* biologischer Systeme durch den Menschen erscheint vor dem Hintergrund solcher Untersuchungen nicht unmöglich, sondern sogar kalkulierbar. In diesem Zusammenhang trägt die Arbeit von Naturkundemuseen dazu bei, die *Stellung des Menschen im Rahmen des Lebendigen* exakter zu definieren. Die daraus abzuleitenden Handlungsziele bilden die Grundlage für einen verantwortungsvollen, auf Langfristigkeit angelegten Umgang des Menschen mit der Vielfalt des Lebens. _____ Dieser neuen Idee einer umfassenden Darstellung des Regelwerks der belebten und unbelebten Natur muss auch eine moderne Konzeption der *Ausstellungen* gerecht werden. Waren die traditionellen Ausstellungen eher langfristig angelegt und auf das *Zeigen* von Objekten und Phänomenen fokussiert, wird die Ausstellung der Zukunft sich auf das *Erklären* von Naturphänomenen am Beispiel ausgewählter Objekte konzentrieren. Die Ausstellung als Fenster zur aktiven Forschung erfordert eine lebendige, immer wieder aufs Neue geführte Auseinandersetzung mit den wissenschaftlichen Inhalten, die in Sonderausstellungen und -aktionen ihren Ausdruck findet. Den Besuchern wird weniger etwas

präsentiert, sondern die Besucherinnen und Besucher werden aktiv *einbezogen* in den Prozess der Erkenntnisgewinnung. Im Zuge dieses Demokratisierungsprozesses wird die scharfe Trennung von Schausammlung und (bisher dem Publikum kaum zugänglicher) wissenschaftlicher Sammlung verwischt und der Kontakt zwischen Publikum und Wissenschaftlerinnen und Wissenschaftlern gefördert und intensiviert. Da jedoch nicht nur die wissenschaftliche Auseinandersetzung mit der Natur den Menschen bewegt, sondern auch der künstlerische Umgang mit ihr, müssen sich im Rahmen einer ganzheitlichen Sicht der Welt die Naturkundemuseen der Zukunft auch aus ihrem wissenschaftlichen Kokon lösen und den Kontakt zur Kunst nicht länger scheuen. Die im angelsächsischen Kulturraum bereits punktuell praktizierte Exploration des sogenannten *Art-Science-Interface* ermöglicht eine Erweiterung des emotionalen und ästhetischen Naturerlebens, bereichert durch neue Wahrnehmungsqualitäten. Die Planungen für die umfassende Sanierung des Museums für Naturkunde in

Berlin orientieren sich bereits teilweise an diesen Entwicklungen, wenngleich auch hier der Diskussionsprozess noch im Gange ist. _____ *Das Naturkundemuseum der Zukunft* existiert schon teilweise in der Gegenwart. Es ist alles andere als ein ausschließlich auf Sammeln und Archivieren ausgerichtetes, großdimensioniertes Naturalienkabinett, sondern es handelt sich um ein mit den entsprechenden theoretischen und infrastrukturellen Voraussetzungen ausgestattetes modernes Forschungsinstitut, dessen Relevanz für die Beschreibung und damit letztendlich für die Erhaltung der natürlichen Ressourcen der Menschheit nicht hoch genug eingeschätzt werden kann. Dinosaurier, Fossilien und Mineralien – sie werden auch im Naturkundemuseum der Zukunft ihren Platz haben – weniger als Kuriositäten, sondern als integrale Bestandteile unseres Verständnisses von der Entwicklung der Erde und der Evolution des Lebens. _____ *Wir danken unseren Kolleginnen und Kollegen im Museum für Naturkunde, insbesondere Dr. M. Ade, Dr. M. Asche, Dr. F. Damaschun, Prof. Dr. H.-P. Schultze und Frau Dr. G. Steiner für kritische und anregende Diskussionen. Wir freuen uns darauf, gemeinsam mit allen Mitarbeiterinnen und Mitarbeitern das enorme kreative Potenzial unseres Hauses voll zu nutzen und das Museum für Naturkunde der Zukunft zu erschaffen.*

❶ 2/93_i Nasspräparat
einer Atlantischen
Seekatze (Chimaera
monstrosa) Museum
für Naturkunde der
Humboldt-Universität
zu Berlin
❷ 2/99_d Vogelbälge,
Rotbauchliste (Dacelo
gaudichaud) und
Aruliste (Dacelo tyro)
Museum für Naturkunde der Humboldt-
Universität zu Berlin

116

)der dschungel

als bühne____ TINA KITZING

»Der Dschungel. Was ist das eigentlich? Ich kreise das weitläufige Thema ein und dabei wird mir immer klarer, dass ich den Regenwald selbst erfahren muss. Ich fahre nach Malaysia und erlebe die unbezwungene Natur. Ich mache die Bekanntschaft mit mehreren dicken, weichen Blutegeln, denen es zu schmecken scheint. Bei dem Versuch, sie zu entfernen, wird mir die enorme Körper-Elastizität dieser Lebewesen bewusst und ihre Hartnäckigkeit, an der Saugstelle zu verweilen.«_____ »Allein die Nuancen des dominierenden Grüntons in Verbindung mit dem Klima und den Klängen des Regenwaldes sind unbeschreiblich. Wörter, Bilder und multimediale Wiedergabe reichen kaum aus, um das Zusammenspiel der Sinneseindrücke wiederzugeben. In den Ausstellungsräumen möchte ich diese Sinnlichkeit des Themas erlebbar machen. Dabei geht es nicht um eine Widerspiegelung des Natürlichen. Vielmehr geht es mir um die Visualisierung und Ästhetisierung des Naturerlebnisses und deren Umsetzung unter dem weiterführenden Aspekt der Zukunft.« _____ »Ich befinde mich in einem Dschungel – im Kopf. Erste Ideen und Entwürfe halte ich fest und übermittle sie über die Netze des ›Kommunikations-Dschungels‹.«

Entwurf von Tina Kitzing zur Raumgestaltung: »Cats and Chats - Tiger im Netz«

_____ »Mein Ziel ist es, die Besucher nicht nur durch die Präsentation der Ausstellungsinhalte anzuregen, sondern durch eine neue Sinneserfahrung im Innern zu bewegen, Neugierde und Emotionen zu wecken. Ungewöhnliche Töne und geheimnisvolles Licht beleben die Raumkomposition. Aus dem Vielen wird ein Zusammenspiel.« _____ »Geprägt von meiner Ausbildung und Beschäftigung am Theater, entwickle ich Szenarien für Ausstellungsräume, in denen Menschen die Möglichkeit haben, aktiv zu werden. Bühnenbildentwürfe und die Gestaltung von Ausstellungsräumen haben für mich viele Gemeinsamkeiten. Voraussetzung ist der spielerische Umgang mit dem Raum, der die Öffnung für Fantasien und Ideen ermöglicht. Kühle Ästhetik und Design lassen meine Sinnlichkeit erstarren.« _____ »Kontrastreiche Zeichen setzt die Einbindung von alter und zeitgenössischer Kunst. In dieser Konstellation spiegelt sich der Regenwald in seiner vielfältige Mischung von ›Altem‹ und ›Neuem‹ wider, wie am Beispiel der hundertjährigen Baumriesen, auf denen unzählige neue Sprösslinge dem Licht entgegenwachsen.«

Carcharias (Prionodon)
milberti Val. in Müller u. Henle
AQUA: 38-39
ZMB 4467
Syntypus

Typus

Nasspräparate in der Fischsammlung des Museums für Naturkunde der Humboldt-Universität zu Berlin, 1998, Fotografie: Christoph Hellhake

→ **Belgien**

Antwerpen
Jan Fabre/Angelos
Bonheiden
Jacqes Morrens
Brüssel
Société P & V Assurances – Bruxelles

→ **Deutschland**

Berlin
Freie Universität Berlin, Zentraleinrichtung
Botanischer Garten und Botanisches Museum
Berlin-Dahlem
Haupzollamt Berlin-Packhof, Zollamt Tegel-
Flughafen
Institut für Zoo- und Wildtierforschung (IZW)
im Forschungsverbund Berlin e.V.
Naturhistorisches Forschungsinstitut, Museum
für Naturkunde, Zentralinstitut der Humboldt-
Universität zu Berlin
_ Abteilung öffentliche Ausstellungen
_ Institut für Paläonthologie
_ Institut für systematische Zoologie
Staatliche Museen zu Berlin
_ Antikensammlung
_ Ethnologisches Museum (Amerikanische
  Ethnologie, Amerikanische Archäologie)
_ Kupferstichkabinett
_ Museum für Indische Kunst
Bielefeld
Kunsthalle Bielefeld
Düsseldorf
Courtesy Galerie Bugdahn und Kaimer
Privatsammlung Düsseldorf, Courtesy Galerie
Bugdahn und Kaimer
Eberswalde
Bibliothek des Deutschen Entomologischen Insti-
tuts
Espelkamp
Museum Gauselmann, Espelkamp
Essen
Privatsammlung Essen, Courtesy Galerie Bugdahn
und Kaimer, Düsseldorf
Gotha
Forschungsbibliothek Gotha
Hamburg
Deutsches Zollmuseum Hamburg
Hannover
Sprengel Museum Hannover
Heidelberg
Völkerkundemuseum der von Portheim-
Stiftung, Heidelberg
Kassel
Staatliche Museen Kassel
Leipzig
Jim Whiting
Museum für Völkerkunde zu Leipzig
im Grassimuseum
Leverkusen
Museum Morsbroich Leverkusen
München
Staatliches Museum für Völkerkunde München
Münster
Archäologisches Museum der Universität Münster

Potsdam
Stiftung Preußische Schlösser und Gärten
Berlin-Brandenburg
Stuttgart
Staatsgalerie Stuttgart
Wiesbaden
Museum Wiesbaden
Zülpich-Mülheim
Karl Blossfeldt · Albert Renger-Patzsch Archiv –
Ann und Jürgen Wilde, Zülpich

→ **Frankreich**

Paris
Collections du duc d'Orléans – Muséum
National d'Histoire Naturelle, Grande Galerie de
l'Evolution, Paris
Musée du Louvre
 . Dép. des Arts graphiques
Sélestat
Coll FRAC Alsace

→ **Großbritannien**

London
Horniman Museum
The Fine Art Society PLC
Manchester
City Art Galleries
Oxford
By Courtesy of the Visitors of the Ashmolean
Museum, Oxford

→ **Italien**

Brescia
Galeria Massimo Minini
Genua
Marco Baiardo, Dartrans S.r.l.
Rom
Museo Etrusco di Villa Giulia

→ **Japan**

Kyoto
ATR Advanced Telecommunications
Research Lab.

→ **Österreich**

Wien
Österreichische Nationalbibliothek, Handschriften-,
Autographen- und Nachlaß-Sammlung

→ **Schweiz**

Zürich
Cornelia Hesse-Honegger

→ **USA**

Berkeley, CA
The Imogen Cunningham Trust

Sowie private Leihgeber, die nicht genannt
werden möchten

→ schreie und flüstern

**2/1 Die Menagerie des Landgrafen
Carl von Hessen Kassel**
1722–1728 | Johann Melchior Roos (1659–1731) |
Öl auf Leinwand | 340 x 665 cm | Staatliche
Museen Kassel (GK 1114)

2/2 Fourmi (Ameise)
1953 | Germaine Richier (1904–1959) | Bronze |
101,5 x 90 x 58 cm | Sprengel Museum Hannover
(PPL 88)

**2/3 a-l Rasterelektronenmikroskopische
Aufnahmen von botanischen Details**
a) Von Pollen bestäubte Blütennarbe des Schlaf-
mohns (*Papaver somniferum*) **b)** Fortpflanzungs-
strukturen einer Blüte der Vogelmiere (*Stel-
laria media*) **c)** Oberfläche eines Kelchblattes
der Rose (*Rosa sp.*) mit verschiedenen Typen
von Haaren **d)** Spalttöffnungen eines Rosen-
blattes (*Rosa sp.*) **e)** Pollen, auf einer Arazee
hängend (Pollen suspended on a Jack-in-the-
Pulpit) **f)** Pilzsporen auf dem Kelchblatt einer
Blüte (Fungal spores on a flower's sepal)
g) Blattunterseite eines Farns (*Adiantum hispi-
dulum*) mit Haar und Spaltöffnungen **h)** Fieder-
ansatz eines Farnwedels (*Adiantum caudatum*)
i) Verschiedene Ansichten von Sporen eines
Farns (*Cheilanthes vellea*) **j)** Blattoberseite
eines Farns (*Adiantum caudatum*) mit Papillen
auf der Hauptader **k)** Oberflächenstruktur
einer zentrischen Kieselalge (*Aulacoseira nyas-
sensis*) **l)** Oberflächenstruktur einer pennaten
Kieselalge (*Surirella nyassae*) | Fotografien
(a-b) Jeremy Burgess, Science Photo Library
(c-d) Andrew Syred, Science Photo Library
(e-f) Dee Breger, Lamont-Doherty Earth Observatory **(g-j)** Brigitte Zimmer, Freie Universität
Berlin, Zentraleinrichtung Botanischer Garten
und Botanisches Museum, Berlin-Dahlem
(k-l) Regine Jahn, Freie Universität Berlin, Zentraleirichtung Botanischer Garten und Botanisches Museum, Berlin-Dahlem

**2/4 a-n Rasterelektronenmikroskopische
Aufnahmen von zoologischen Details**
a) Sich an ein Haar klammernde Kopflaus
(*Pediculus humanus capitis*) **b)** Rüsselkäfer
(*Sitophilus granarius*) **c)** Kopf eines Seiden-
spinner-Männchens (*Bombyx mori*) **d)** Saugrüssel einer Federmotte (*Pterophorus pentadactyla*) **e)** Kopf eines Bandwurms (*Acanthocirrus retrirostris*) **f)** Kopf einer Regen-
bremse (*Chrysozona pluvialis*) **g)** Katzenfloh
(*Ctenocephalides felis*) **h)** Staubmilbe (*Der-
matophagoides sp.*) in einer aus einem Staubsau-
gerbeutel stammenden Probe von Hausstaub
i) Frisch geschlüpfte Raupe des Kohlweißlings
(*Pieris brassicae*) vor einem Cluster von Eiern
j) Fossile Bodenprobe mit einer nicht identifi-
zierten Art der primitivsten Insektengruppe der
Springschwänze (*Collembola*) **k)** Dornen auf
dem Schwanz eines Leguans (Spines on the tail
of an iguana) **l)** Irgendwo auf einer Mücke
(Somewhere on a mosquito) **m)** Schuppen auf
den Flügeln eines Distelfalters (Scales on a

wing of a Painted Lady Butterfly) **n)** Kante eines
Mücken-Flügels (Edge of a mosquito's wing) |
Fotografien **a)** CNRI, Science Photo Library
b) Biophoto Associates **c)** Volker Steger,
Science Photo Library **d)** Science Photo Library
e) Cath Wadfort, University of Hull, Department
of Zoology, Science Photo Library **f)** Oliver
Meckes, Nicole Ottawa, Eye of Science **g)** Oliver
Meckes, Eye of Science **h-j)** Jeremy Burgess,
Science Photo Library **k-n)** Dee Breger, Lamont-
Doherty Earth Observatory

**2/5 Transmissionselektronenmikroskopische
Aufnahme des Ebola-Virus**
Barry Dowsett | Fotografie | Barry Dowsett,
Science Photo Library

**2/6 a-d Vier Typenplatten mit Kieselalgen
(Diatomeen)**
ohne Titel | um 1870 | Georg Ferdinand Otto
Müller (1837–1917) | Fotografien (Modern Prints) |
Freie Universität Berlin, Zentraleirichtung
Botanischer Garten und Botanisches Museum,
Berlin-Dahlem

2/7 a-j Zehn Skulpturen pflanzlicher Formen
ohne Titel | 1998/1999 | Martin Schwenk (*1960) |
Acrylglas, Fimo, Acrylfarbe | Berlin / Düsseldorf,
Galerie M. & R. Fricke

2/8 Geplatzte Scilla
1964 | Jochen Hiltmann (* 1935) | Stahl |
Dm 50 cm | Staatsgalerie Stuttgart (DKMP 228)

2/9 a-e Pflanzenfotografien
a) *Cucurbita* (Kürbis, Ranken) **b)** *Equisetum
hyemale* (Winterschachtelhalm, basale Stengelteile) **c)** *Carex grayi* (Riedgras, Früchte)
d) *Taraxacum officinale* (Löwenzahn, Blütenknospe) **e)** *Aristolochia clematitis* (Osterluzei,
Stengel mit Blatt) | o. D. | Karl Blossfeldt
(1865–1932) | Fotografien (Modern Prints) |
Karl Blossfeldt · Albert Renger-Patzsch Archiv –
Ann und Jürgen Wilde, Zülpich

2/10 a-e Pflanzenfotografien
a) Water Hyacinth | 1920er Jahre **b)** Datura |
um 1930 **c)** Magnolia Tower of Jewels | 1925
d) Calla-Bud | 1920er Jahre **e)** Aloe | 1925
Imogen Cunningham (1883–1976) | Fotografien
(Modern Prints) | Berkeley, The Imogen Cun-
ningham Trust

2/11 a-e Pflanzenfotografien
a) *Catasetum tridentatum* (Orchidee) | 1922/23 |
Fotografie (Vintage Print) | 22,7 x 16,7 cm
b) *Epidendron prismatocarpum* (Orchidee) |
1922/23 | Fotografie (Vintage Print) | 22,8 x 16,9
cm **c)** Philodendron | 1923 | Fotografie (Vintage
Print) | 22,1 x 16,9 cm **d)** *Mesembrianthemum
tigrinum* (Mittagsblume) | 1922/23 | Fotografie
(Modern Print) | 22,7 x 17,1 cm **e)** *Heterotrichum
macrodum* | 1922/1923 | Fotografie (Modern
Print) | 22,8 x 16,9 cm | Albert Renger-Patzsch
(1897–1966) | Karl Blossfeldt · Albert Renger-
Patzsch Archiv – Ann und Jürgen Wilde, Zülpich

**2/12 a-e Mikroskopische Aufnahmen
von Pflanzen**
a) Zylinderform | Haare der Kratzdistel, Cirsium |
1929 | 23 x 18 cm **b)** Diatomeen (*Terpsinoe musi-
ca*) in Teilung | 1938 | 23,5 x 18,5 cm **c)** Kiesel-
alge (*Diatomee Arachnoidiscus*) | 1928 | 54,8 x
42,2 cm **d)** Urbild der Abwehr, Brennhaare der
Nessel | 1933 | 22,5 x 17,5 cm **e)** Rhythmische
Konturen, Diatomeen | 1950 | 23,5 x 17,2 cm |
Carl Strüwe (1898–1988) | Fotografien (Vintage
Prints) | Kunsthalle Bielefeld (WVZ: 1-38 /
1-122 / 1-22 / 1-97 / 1-159)

2/13 a-d Fischpräparate
a) Piranha (*Pygocentrus piraya*) **b)** Harnisch-
wels (*Megalancistrus gigas*) | Südamerika
c) Kugelfisch (*Arothron nigropunctatus*)
d) Mondfisch (*Mola mola*) | Hochsee
Naturhistorisches Forschungsinstitut, Museum
für Naturkunde, Zentralinstitut der Humboldt-
Universität zu Berlin, Institut für Systematische
Zoologie

2/14 a-f Amphibien- und Reptilienpräparate
a) Flugfrosch | Südamerika **b)** Fransenschild-
kröte (*Chelus fimbriatus*) | nördliches Südame-
rika **c)** Brillenkaiman (*Caiman crocodilus*) |
Südamerika **d)** Grüner Leguan (*Iguana iguana*) |
Mittelamerika bis nördliches Südamerika
e) Gewöhnlicher Flugdrache (*Draco volans*) |
Philipinen, Malaysia bis Indonesien **f)** Chamä-
leon | tropisches und südliches Afrika | Natur-
historisches Forschungsinstitut, Museum für
Naturkunde, Zentralinstitut der Humboldt-Uni-
versität zu Berlin, Institut für Systematische
Zoologie und Abteilung öffentliche Ausstellungen

2/15 a-g Vogelpräparate
a) Arakakadu (*Probociger aterrimus*) **b)** Quet-
zal (*Pharomachrus mocinno*) | Südamerika
c) Brauenmotmot (*Momotus superciliosa*) |
Mittel- bis Südamerika **d)** Doppelhornvogel
(*Boceros bicornis*) | Indien, Südostasien, Suma-
tra **e)** Blauwangenbartvogel (*Megalaima
asiatica*) **f)** Kurzlappen-Schirmvogel (*Cephal-
opterus ornatus*) | Südamerika **g)** Rotparadies-
vogel (*Paradisea rubra*) | Naturhistorisches
Forschungsinstitut, Museum für Naturkunde,
Zentralinstitut der Humboldt-Universität
zu Berlin, Institut für Systematische Zoologie

2/16 a-q Säugetierpräparate
a) Tüpfel- oder Fleckenkuskus (*Spilocuscus
maculatus*) | Australien **b)** Langschnauzen-
Kaninchenkänguruh (*Potorous tridactylus*) |
Australien, Tasmanien **c)** Kleiner Ameisenbär
(*Tamandua tetradactyla*) | Südamerika **d)** Drei-
zehen-Faultier (*Bradypus torguatus*) | Süd-
amerika **e)** Braunzottiges Gürteltier (*Chaeto-
phractus villosus*) | Südamerika **f)** Weißbauch-
Schuppentier (*Manis tricuspis*) | Afrika, Süd-
Südostasien **g)** Kalong, Flughund (*Pteropus
vampyrus*) **h)** Vari (*Varecia variegata*) | Mada-
gaskar **i)** Wollmaki/Avahi (*Avahis laniger*) |
Madagaskar **j)** Fingertier (*Daubentonia mada-
gaskariensis*) | Madagaskar **k)** Plumplori
(*Nycticebus coucang*) Süd- und Südostasien

l) Goldgelbes oder Großes Löwenäffchen (*Leontideus rosalia*) | Südost-Brasilien m) Südlicher Guereza (*Colobus polykomus*) | Afrika n) Wickelbär (*Potus flavus*) | Mittel- und Südamerika o) Südamerikanischer Nasenbär (*Nasua nasua*) | Südamerika p) Fossa (*Cryptoprocta ferox*) | Madagaskar q) Greifstachler (*Coendou mexicanus*) | Mittelamerika | Naturhistorisches Forschungsinstitut, Museum für Naturkunde, Zentralinstitut der Humboldt-Universität zu Berlin, Institut für Systematische Zoologie

2/17 a–e Zeremonieller Federschmuck verschiedener südamerikanischer Ethnien
a) Zeremonial-Halskette mit Knochenpfeife | Brasilien, Stamm der Urubu | Federn, Knochen der Brüllaffen | 59 x 40 cm b) Lippenschmuck | Brasilien, Stamm der Urubu | Federn, Baumwolle | 34 x 16 cm c) Zwei Ohrgehänge mit grün-goldenen Laufkäferflügel-Trauben | roten und gelben Tucan-Daunen | Peru, Stamm der Pano | Laufkäferflügel, Tucan-Daunen | 23 x 12 cm d) Federkopfschmuck mit Nackenbehang | Brasilien, Stamm der Rikbaktsa | Buriti-Faserkranz, Arara-, Mutum-, Gavião-Federn | 57 x 40 cm e) Federkopfschmuck | Brasilien, Stamm der Tapirapé, o. D., Blaue Arara-Schwung- o. Schwanzfedern, grüne mehrfarbige Amazonen-Deckfedern, Holz Bambuslamellen, schwarze Fäden | 75 x 90 cm | Staatliche Museen zu Berlin, Ethnologisches Museum (VB 14503 / VB 14507 / VB 13776 / VB 18854 / VB 18878)

2/18 a–e Rituelle Grabgefäße der Moche-Indianer
a) Jaguar | 20 x 35 x 18 cm b) Fledermaus | 15 x 19 x 10 cm c) Frosch mit Kind | 15 x 10 x 9 cm d) Schlange | 22 x 30 x 25 cm e) Echse | 20 x 30 x 13 cm | Peru, Moché-Kultur | 200 v. Chr. – 800 n. Chr. | Terracotta | Staatliche Museen zu Berlin, Ethnologisches Museum (VA 19173 / VA 18163 / VA 18202 / VA 18220 / VA 17666)

2/19 a–c Rituelle Grabgefäße der Chimú-Indianer
a) Papagei | 15 x 30 x 12 cm b) Schildkröte | 11 x 23 x 17 cm c) Affe | 15 x 11 x 17 cm | Peru, Chimú-Kultur, 1200 – 1475 | Terracotta | Staatliche Museen zu Berlin, Ethnologisches Museum (VA 17188 / VA 2569 / VA 17135)

2/20 a–n Altamerikanische Goldobjekte
a) Anhänger in Gestalt eines Taschenkrebses | 1,5 x 3 x 3 cm | Costa Rica, Diquis-Veraguas-Stil (800 – 1520 n. Chr.) b) Anhänger in Gestalt eines Skorpions | 3 x 2 cm | Costa Rica, Diquis-Veraguas-Stil (800 – 1520 n. Chr.) c) Anhänger in Gestalt einer Grille / Chichara | 3,3 x 2,5 cm | Costa Rica, Diquis-Veraguas-Stil (800 – 1520) d) Anhänger in Gestalt einer Kröte | 4 x 2,5 cm | Costa Rica, Diquis-Veraguas-Stil (800 – 1520) e) Vogel | 4 x 3 x 4 cm | Peru, Ica (1000 – 1450) f) Vogel | 4 x 3 x 4 cm | Peru, Ica (1000 – 1450) g) Vogel | 4 x 3 x 4 cm | Peru, Ica (1000 – 1450) h) Votivgabe in Form eines Jaguars | 11 x 4 cm | Kolumbien, Muisca (700 – 1540) i) Votivgabe in Form einer Eidechse L 4,4 cm | Kolumbien, Muisca (700 –

1540) j) Votivgabe in Form einer Schlange | L 3,5 cm | Kolumbien, Muisca (700 – 1540) k) Votivgabe in Form eines Insekts | L 3 cm | Kolumbien, Muisca (700 – 1540) l) Votivgabe in Form einer Schlange | L 6 cm | Kolumbien, Muisca (700 – 1540) m) Anhänger in Gestalt eines Frosches | 2 x 1,5 cm | Kolumbien, Muisca (700 – 1540) n) Anhänger in Gestalt eines Frosches | 4,2 x 3 cm | Kolumbien, Muisca (700 – 1540) | Staatliche Museen zu Berlin, Ethnologisches Museum (IV Ca 34194 / IV Ca 34288 / IV Ca 34290 / IV Ca 39774 / VA 16658 / VA 16659 / VA 31 770 / VA 2132 / VA 3151 / VA 3150 / VA 28903 / VA 10157 / VA 10161 / VA 10249 a)

2/21 a–g Medizinisch bedeutsame Gegenstände verschiedener Ethnien Südamerikas
a) Heilmittel gegen Magenbeschwerden im Maisblatt | 13 x 5 cm | Brasilien, Stamm der Wayoró b) Geflochtenes viereckiges Kästchen eines Medizinmannes mit Rauschmitteln (Harz, Quarz) und Zauberstäbchen | 6 x 6 x 3 cm | Grenzgebiet zwischen Kolumbien und Brasilien, Stamm der Macu c) Blutstillende Baumrinde | L 52 cm | Brasilien, Stamm der Munduruku d) Wurzeln als Heilmittel | 24 x 15 cm | Brasilien, Stamm der Tupari e) Cocabehälter aus Kalebasse mit Reiherknochen und geflochtenem Anhängeband und Reiherknochen zum Saugen | 24 x 13 cm | Grenzgebiet zwischen Brasilien und Kolumbien, Stamm der Tucano f) Wundkratzer aus einem Piranha-Kiefer an einem Holzstäbchen | 13 x 2 cm | Brasilien, Stamm der Kuikuró-Nahukwá g) Gifttöpfchen aus Keramik mit Curare | Dm 6,5 cm | Grenzgebiet zwischen Brasilien und Kolumbien, Stamm der Coreguaje | o. D. | Staatliche Museen zu Berlin, Ethnologisches Museum (VB 13457 / VB 13919 / VB 17204 / VB 12774 / VB 5905 / VB 4376 / VB 10243)

2/22 Les Traveaux d'Alexandre
1967 | René Magritte (1898 – 1967) | Bronze | 67,5 x 145 x 102 cm | Privatbesitz »Société P & V Assurances-Bruxelles«

2/23 a–d Pneumatische Installationen
a) Vogel | 130 x 40 x 20 cm b) Moskito | 50 x 80 x 80 cm c) Affe | 40 x 40 x 40 cm d) Threadworm (Wurm) | 75 x 15 x 15 cm | o. D. | Jim Whiting (*1951) | Stahl und Feuerwehrschlauch | Jim Whiting

2/24 E.
1985/86 | Helmut Middendorf (*1953) | Kunstharz auf Nessel | 230 x 300 cm | Coll FRAC Alsace (87010)

→ **gen's thierleben**

2/25 a–e Tierstudien aus der Ambraser Sammlung des Erzherzogs Ferdinand von Tirol
a) Schnecken und Heuschrecken b) Käfer, Grillen, Fliegen c) Zwei Kugelfische d) Zwei Schildkröten, Eidechsen und Feuersalamander e) Seekuh, Weintrauben fressend | 1562 / 63 – 1576 | Giorgio Liberale (um 1527 – 1579/80) | Pergament | 64 x 86/87 cm | Wien, Österreichische

Nationalbibliothek | Handschriften-, Autographen- und Nachlass-Sammlung (Cod. Ser. n. 2669, 93r / 2669, 94v / 2669, 42v / 2669, 96r / 2669, 98r)

2/26 a–h Tierstudien von der zweiten Cook'schen Weltumseglung
a) Springhase | 31,2 x 26,3 cm b) Pompadoursittich | 31,5 x 26,8 cm c) Antarktischer oder Grauweißer Sturmvogel | 27,1 x 31,1 cm d) Wanderalbatros oder Kapschaf | 31,4 x 27 cm e) Glattnackenrappen | 26,5 x 31,2 cm f) Brillenibis | 31,5 x 26,7 cm g) Graukopfalbatros | 31,4 x 26,7 cm h) Weißgesichtscheidenschnabel | 31,3 x 26,8 cm | um 1775 | Johann Georg Forster (1754 – 1794) | Deckfarbe auf Pergament | Forschungsbibliothek Gotha (Handschriften Gotha Memb. I 131, Bl. 2r / Bl. 4 / Bl. 15 / Bl. 16 / Bl. 17 / Bl. 20 / Bl. 21 / Bl. 23)

→ **wal-verwandtschaften**

2/27 Flämischer Krieger (Krieger ohne Hoffnung)
1996 | Jan Fabre (*1958) | Käfer auf Eisendraht, Holz, Rüstung | 240 x 90 x 110 cm | Antwerpen, Angelos/Jan Fabre

2/28 Mur de la Montée des Anges (Mauer der aufsteigenden Engel)
1993 | Jan Fabre | Käfer auf Eisendraht | 160 x 50 x 50 cm | Genua, Marco Baiasdo

2/29 Angelos
1997 | Jan Fabre | Käfer auf Eisendraht | 160 x 80 x 80 cm | Brescia, Galleria Massimo Minini

2/30 Cocon IV
1994 | Jan Fabre | Holz, Erde, Exkremente, Mörtel und BIC Tinte | 25 x 25 x 35 cm | Bonheiden, Jacques Morrens

2/31 Scheibenförmiges Siegel mit zwei unter Wasser schwimmenden Delfinen
Kreta, um 1800-1500 v. Chr. | grüner Jaspis | Dm 1,7 cm | By Courtesy of the Visitors of the Ashmolean Museum, Oxford (1941.91, Dep. of Antiquities)

2/32 Zylindrisches Siegel mit Meerlandschaft und zwei schwimmenden Delfinen
Plakaistro (Ost-Kreta) | 1700 – 1500 v. Chr. | Schwarzer Steatit mit dünnem Goldblech überzogen | Dm 1,6 cm | By Courtesy of the Visitors of the Ashmolean Museum, Oxford (1938.963 91, Dep. of Antiquities)

2/33 Ostionische Schale mit Verwandlung der Piraten in Delfine
Samos | 6. Jh. v. Chr. | Heller Ton mit rötlichem Überzug | H 5,4 cm | Dm 18,3 cm | Archäologisches Museum der Universität Münster (855)

2/34 Siana-Schale aus Vulci mit drei Delfinen, einer davon mit menschlichen Armen und Flöte (Doppelaulos) spielend
Athen | um 570 – 560 v. Chr. | bemalte Keramik |

H 12,5 | Dm 24,5 cm | Rom, Museo Etrusco di Villa Giulia (64608)

2/35 Lekythos, einen Delfin mit Augenbrauen darstellend, auf dem zwei Eros-Figuren reiten
Böotien | um 430/420 | Ton | H 22,2 cm | Staatliche Museen zu Berlin, Antikensammlung (V.I. 3247)

2/36 Knabe auf Delfin
Entwurf: Karl Friedrich Schinkel (1781 – 1841) | Zinkguss | H 88 cm | Potsdam, Stiftung Preußische Schlösser und Gärten Berlin Brandenburg

2/37 Bad Dogs
1987 | William Wegman (*1943) | Polaroid Polacolor ER | 60 x 50 cm | Düsseldorf, Courtesy Galerie Bugdahn und Kaimer (GBK#WW8)

2/38 Do
1991 | William Wegman | Polaroid Polacolor ER | 60 x 50 cm | Düsseldorf, Courtesy Galerie Bugdahn und Kaimer (GBK#WW12)

2/39 Fakes
1990 | William Wegman | Polaroid Polacolor ER | 60 x 50 cm | Privatsammlung Essen, Düsseldorf, Courtesy Galerie Bugdahn und Kaimer (GBK#WW19)

2/40 Posed Preserve
1990 | William Wegman | Polaroid Polacolor ER | 60 x 50 cm | Privatsammlung Düsseldorf, Düsseldorf, Courtesy Galerie Bugdahn und Kaimer (GBK#WW23)

2/41 Shift
1993 | William Wegman | Polaroid Polacolor ER | 60 x 50 cm | Düsseldorf, Courtesy Galerie Bugdahn und Kaimer (GBK#WW55)

2/42 X Ray Lab
1993 | William Wegman | Polaroid Polacolor ER | 60 x 50 cm | Düsseldorf, Courtesy Galerie Bugdahn und Kaimer (GBK#WW56)

→ **die augen der göttin**

2/43 Skulptur der Göttin Kali auf Shiva tanzend, vierarmig, mit Schädelkette, Schwert und Schädel
Jaipur | 19. Jh. | Unbekannter Künstler | Schwarzer Stein | H 70 cm | Staatliches Museum für Völkerkunde München (10.209)

2/44 Skulptur der Göttin Kali auf Shiva stehend, mit herausgestreckter Zunge, vierarmig, Schwert, Schädel und Blutschale haltend
Muttra | 19./20. Jh. | Unbekannter Künstler | Bronze | H 14 cm | Staatliches Museum für Völkerkunde München (Mu 30)

2/45 Skulptur der Göttin Kali, vierarmig mir herausgestreckter Zunge
Westbengalen | vor 1930 | Unbekannter Künstler | Ton | bemalt | H 20 cm | Museum für Völkerkunde zu Leipzig im Grassimuseum

2/46 Büste der Göttin Camunda, der schreck-lichen und ausgemergelten Form von Kali
Bihar | 11./12. Jh. | Unbekannter Künstler | Stein | H 26,5 cm | Staatliche Museen zu Berlin, Museum für Indische Kunst (I 5818)

2/47 Reliefplatte mit sechsarmiger Göttin Kali
Nepal | 17./18. Jh. | Unbekannter Künstler | Kupfer | H 23,5 cm | Staatliche Museen zu Berlin, Museum für Indische Kunst (MIK I 10112)

2/48 Relief der Göttin Kali, auf das Skelett abgemagert, eine Schale, Trommel und Schwert haltend, mit drittem Auge und Lotus
Nepal | 18. Jh. | Unbekannter Künstler | Stein | 13,7 x 9,5 cm | Staatliche Museen zu Berlin, Museum für Indische Kunst (I 1183)

2/49 Skulptur der viermarmigen Göttin Camunda, der schrecklichen, ausgemergelten Form der Kali, mit fünfzackiger Krone und drittem Auge auf der Stirn
Nordindien oder Bengalen, o.D. | Unbekannter Künstler | Bronze | H 29,5 cm (ohne Sockel) | B 15,8 cm | Staatliche Museen zu Berlin, Museum für Indische Kunst (I 2767)

2/50 Skulptur der Göttin Kali mit langer, herausgestreckter Zunge, vierarmig, mit echtem Haar
Bengalen | frühes 20. Jh. | Unbekannter Künstler | Holz, bemalt | H 65 cm | Völkerkundemuseum der von Portheim-Stiftung, Heidelberg (34081)

2/51 »Opfer für Kali in Tempel« Darstellung einer Opfergabe
Indien | vor 1860 | Unbekannter Künstler | Glimmerbild | 20 x 15 cm | Staatliches Museum für Völkerkunde München (1220)

2/52 Gemälde der schwarzen Göttin Kali auf Shiva tanzend, mit Schädelkette und herausgestreckter Zunge
Indien | vor 1830 | Unbekannter Künstler | Öl auf Leinwand | 24 x 29 cm | Staatliches Museum für Völkerkunde München (L 465)

2/53 Göttin Kali auf Shiva sitzend, vierarmig, Schädel, Dreizack, Schwert und Blutschale haltend, um den Hals eine Schlange und Schädelkette tragend
Indien | 18./19. Jh. | Unbekannter Künstler | Miniaturmalerei | 16 x 27 cm | Staatliches Museum für Völkerkunde München (13-92-3)

2/54 Göttin Kali, vierarmig, mit herausgestreckter Zunge
Indien | vor 1900 | Unbekannter Künstler | Farbe auf Papier | 26 x 44 cm | Staatliches Museum für Völkerkunde München (95.268 g)

2/55 a-l Neun Illustrationen einer Sanskrit-Handschrift des Devimahatmya, dem Schlüsseltext der Göttinnenverehrung aus dem sechsten Jahrhundert
a) Das Dämonenheer Candas und Mundas erreicht Ambika, woraufhin diese Kali erschafft |

19,3 x 28,5 cm **b)** Kali kämpft Wagen und Elefanten verschlingend gegen das große Dämonenheer | 20,4 x 28,4 cm **c)** Kali auf dem Löwen Ambika, enthauptet Canda und Munda und bringt der Göttin deren blutende Köpfe | 20,3 x 28,3 cm **d)** Shumbha, der vom Schicksal Candas und Mundas gehört hatte, formiert sein Heer gegen Kali | 2. Hälfte 18. Jh. | 19,3 x 28,6 cm **e)** Kali und die Saktis in der Schlacht | 19,5 x 28,5 cm **f)** Der sich durch eigene Blutstropfen vervielfältigende Dämon Raktabija greift ein | 20,2 x 28,4 cm **g)** Kali leckt mit langer Zunge das Blut Raktabijas und verhindert dessen Vermehrung, woraufhin Ambika ihn töten kann | 19,7 x 28,4 cm **h)** Die Dämonenführer Shumbha und Nishumbha setzen den Kampf gegen Ambika, Kali und die Saktis fort | 19,8 x 28,4 cm **i)** Ambika macht den mehrarmigen Dämon Shumbha kampfunfähig | 19,8 x 28,8) | Guler, Pahahri-Stil, 2. Hälfte 18. Jh. | Unbekannter Künstler | Deckfarben auf Papier | Staatliche Museen zu Berlin, Museum für Indische Kunst (I 5071 fol. 30-33 / 35-38 / 41)

→ **cats and chats – tiger im netz**

2/56 Trophäengruppe »Der Elefant und die Tigerin«
London | 1887 | Burlace (Präparator) | Tierpräparat | 390 x 160 x 360 cm | Collections du Duc d'Orléans-Muséum National d'Histoire Naturelle, Grande Galerie de l'Evolution, Paris

2/57 Spielautomat »Pull Tiger's Tail-Make Him Roar«
Chicago | 1928 | Exhibit Supply (Herst.) | Metall (Tiger) und Holz (Sockel und Rückwand) | 160 x 78 x 52 cm | Museum Gauselmann, Espelkamp (813)

2/58 Tiger
1965 | Gerhard Richter (*1932) | Fotoverwischung Öl auf Leinwand | 140 x 150 cm | Museum Morsbroich Leverkusen (3032)

2/59 Königstiger
o.D. | Eugène Delacroix (1798–1863) | Lithografie | 60 x 54,7 cm | Staatliche Museen zu Berlin, Kupferstichkabinett (9-1911)

2/60 Jagender Tiger
o.D. | Antoine Louis Barye (1795–1875) | Aquarell, überhöht mit Gummi arabicum auf Papier | 25,2 x 33,7 cm / gerahmt | 50,8 x 61 cm | Privatsammlung

2/61 Liegender Tiger mit herabhängenden Tatzen
o.D. | Antoine Louis Barye | Aquarell mit einigen Gouache-Überhöhungen | 8,4 x 11,4 cm | Paris, Musée du Louvre, Dép. des Arts graphiques (RF 4211)

2/62 Tiger, sich auf dem Boden wälzend
o.D. | Antoine Louis Barye | Aquarell | 16,4 x 25,4 cm | Paris, Musée du Louvre, Dép. des Arts graphiques (RF 4209)

2/63 Königstiger auf der Pirsch
o.D. | Antoine Louis Barye | Aquarell | 23,2 x 29,3 cm | Paris, Musée du Louvre, Dép. des Arts graphiques (RF 4206)

2/64 Fellhändler (in Kairo)
1869 | Jean-Léon Gérôme (1824–1904) | Öl auf Leinwand | 61,5 x 50 cm | Privatsammlung/Courtesy The Fine Art Society PLC

2/65 Auf dem Balkon
1898 | John William Godward (1861–1922) | Öl auf Leinwand | 50,5 x 76,1 cm | Manchester, City Art Galleries (1917.91, James Blair bequest)

2/66 Erwartung
1900 | John William Godward | Öl auf Leinwand | 46 x 91,5 cm | Manchester, City Art Galleries (Inv.Nr.: 1917.243 / James Blair bequest)

2/67 a-u Fotografien zur Tigerjagd in Indien während der britischen Kolonialzeit
a) Treibjagd einer verwundeten Tigerin in Jaipur | 1902, Herzog & Higgins **b)** Nach einer Großwildjagd auf eine Tigerin mit Jungtieren in Jaipur | 1902, Herzog & Higgins **c)** Inszenierung eines von der W. W. Hooper Madras Kavallerie erlegten Tigers in einem Felsvorsprung | 1870, W. W. Hooper **d)** Geschossener Tiger | Bombay | um 1870 **e)** Geschossener Tiger | Berar | um 1860 **f)** Geschossener Tiger | Berar | um 1860 **g)** Nahaufnahme eines erlegten Tigers in einem Felsvorsprung mit Jägern im Hintergrund | Bombay | um 1870 **h)** Nahaufnahme eines geschossenen Tigers nach einer Tigerjagd | Bombay | um 1870 **i)** Nachstellung der Jagd: Ein Jäger mit angelegter Flinte zielt auf auf den zuvor geschossenen Tiger, o.D. **j)** Jäger mit erlegtem Tiger | um 1870 **k)** Lord Curzon und Maharadscha Sindhia mit dem ersten geschossenen Tiger des Vizekönigs in Indien | 1899, Din Dayal & Söhne **l)** Vizekönig Lord Curzon mit seiner Gattin vor einem erlegten Tiger unmittelbar nach dem Schusswechsel auf einer Safari in Hyderabad | 1902 | Din Dayal & Söhne **m)** Gruppenbild einer Jagdgesellschaft mit einem erlegten Tiger | 1924 **n)** Gruppenbild einer Jagdgesellschaft in ihrem Zeltlager mit zwei erlegten Tigern | 1893 **o)** Gruppenbild mit Lal Janarthan Singh, dem Maharadscha, dem Vizekönig Lord Curzon und Capt. Wigram (von links nach rechts) am letzten Jagdtag des Vizekönigs | 1903, Herzog & Higgins **p)** Abtransport zweier erlegter Tiger nach einer Jagd in Madras | um 1870 **q)** Abtransport eines geschossenen Tigers durch acht Träger, o.D. **r)** Das Häuten eines Tigers | um 1870 **s)** Begutachtung der Felle am Ende der Safari des Vizekönigs in Hyderabad | 1902, Din Dayal **t)** Lord Reading mit zahlreichen Tigerfellen in Sipri | 1923 **u)** Die Tigertrophäensammlung von William Lee Warner | 1895 | London, British Library (Collection Photo: 430/20 Curzon (182; 100f); 447/2 (10c); 2/2 (11); 303/1 (45, 6d) Jas. Allardyce; 2 (9); 2/2 (10, 38); 303/1 (15v) Jas. Allardyce; 430/17 (31a) Curzon; 430/33 (19); 10/30 b (50) Reading Collection; 448/2 (44); 430/43 (22); 447/3 (46b); 2/9 (123);

254/3 (62a); 556/3 (86); 10/30 b (53) Reading Collection; 2/2 (50)

2/68 a-c Schwarzmarktprodukte mit vom Zoll beschlagnahmten Tigerbestandteilen
a) Gefasster Tigerzahn mit Silberkette | Silber und Zahn **b)** Tigerwein in doppelbauchiger Flasche | Flasche mit Wein **c)** Tigerpflaster der Marke Chongying Traditional Medicine Factory | je 15 x 9 cm | Hauptzollamt Berlin-Packhof, Zollamt Tegel-Flughafen

2/69 a-c Schwarzmarktprodukte mit vom Zoll beschlagnahmten Tigerbestandteilen
a) Getrockneter Großkatzenpenis **b)** Pflaster aus Tigerknochenmehl **c)** Pflaster »Natural Musk & Tiger-Bone« | Deutsches Zollmuseum Hamburg

2/70 Javatiger (*Neofelis tigris sondaica*)
19. Jh. | Tierpräparat | 110 x 60 x 180 cm | Museum Wiesbaden (360, Schaupräparat)

2/71 Bengaltiger (*Panthera tigris tigris*)
ca. 1940er Jahre | Karl Kästner und Gerhard Schröder (Präparatoren) | Tierpräparat | 110 x 250 x 60 cm | Naturhistorisches Forschungsinstitut, Museum für Naturkunde, Zentralinstitut der Humboldt-Universität zu Berlin, Abtlg. öffentliche Ausstellungen

2/72 Amurtiger (*Panthera tigris altaica*)
Lemm (Präparator) | Tierpräparat | 140 x 210 x 55 cm | Naturhistorisches Forschungsinstitut, Museum für Naturkunde, Zentralinstitut der Humboldt-Universität zu Berlin, Abtlg. öffentliche Ausstellungen

2/73 Gegerbtes Fell eines weiblichen Tigers
Chaba-Rowsk am Fluss Matay | Sibirien | 244 x 117 cm | Naturhistorisches Forschungsinstitut, Museum für Naturkunde, Zentralinstitut der Humboldt-Universität zu Berlin, Institut für Systematische Zoologie

2/74 Gegerbtes Fell eines Tigers aus Sumatra, ehemals als Bettvorleger verwendet
216 x 180 cm | Naturhistorisches Forschungsinstitut, Museum für Naturkunde, Zentralinstitut der Humboldt-Universität zu Berlin, Institut für Systematische Zoologie

2/75 a-f Tigerschädel verschiedener Unterarten des Tigers
a) Persien | 17.9.1900, 16 x 23 x 35 cm **b)** Vorderindien, o.D. | 18 x 23 x 36 cm **c)** Sibirien, 10.11. 1910, 16 x 24 x 35 cm **d)** China, o.D, 14 x 19 x 31 cm **e)** Java, o.D. | 16 x 22 x 33 cm **f)** Medan/ Sumatra (vom Tierpark Berlin), 23.9. 1958 | 15 x 21 x 31 cm | Naturhistorisches Forschungsinstitut, Museum für Naturkunde, Zentralinstitut der Humboldt-Universität zu Berlin, Institut für Systematische Zoologie

2/76 a-c Drei unvollständige Skelette verschiedener Tigerunterarten
a) Männlicher Tiger aus dem Tierpark Berlin | 1966 **b)** Männlicher Javatiger, o.D. **c)** Südchine-

sischer Tiger (aus Tonkin), 20.1.1910 | Naturhistorisches Forschungsinstitut, Museum für Naturkunde, Zentralinstitut der Humboldt-Universität zu Berlin, Institut für Systematische Zoologie

2/77 Wirbelsäule eines Zirkustigers mit Schäden durch Spondylose
Berlin | 1978 | Bernd Paschmionka (Präparator) | Institut für Zoo- und Wildtierforschung (JZW) im Forschungsverbund Berlin e.V., FG Reproduktionsmanagement

2/78 a-b Fotografien einer EEG-Untersuchung an einem Zirkustiger
a) Anpassen der EEG-Kappe am Kopf des Tigers b) narkotisierter Tiger während der EEG-Untersuchung | Hoppegarten bei Berlin, 1995 | Fotografie (Reproduktion) | Strausberg, TechnoTrans-Medizintechnik

2/79 a-k Medizinische Gerätschaften für die Untersuchung und Behandlung von Tigern
a) Ultraschallkopf | Fa. Arno Schnorrenberg, Chirurgiemechanik, Woltersdorf b) Ultraschallkopfträger für die Ultraschalluntersuchung der Geschlechtsorgane durch den Enddarm hindurch (transrektal) | Fa. Arno Schnorrenberg, Chirurgiemechanik, Woltersdorf c) Transportables Ultraschallgerät d) Endoskop für Untersuchung der Bauchhöhle und Eizellpunktion e) Elektroejakulator-Zubehör (Rektalsonde) f) Stimulationsgerät zur Samenabnahme (sog. Elektroejakulationsgerät) g) Katheter zur Eizellenentnahme h) Katheter zum Embryonentransfer und künstlichen Besamung i) Applikator zum Einsetzen von Eizellen j) Katheter zur künstlichen Besamung durch den Gebärmutterhals mit Mondrin k) Hormonpräparate zur Empfängnisverhütung (Implantat) | Institut für Zoo- und Wildtierforschung (JZW) im Forschungsverbund Berlin e.V., FG Reproduktionsmanagement

2/80 Rasterelektronenmikroskopische Aufnahme einer Tigereizelle bei der Befruchtung im Reagenzglas
Fotografie (Reproduktion) | Institut für Zoo- und Wildtierforschung (JZW) im Forschungsverbund Berlin e.V., FG Reproduktionsmanagement

2/81 Narkotisierter Zoo-Gepard aus dem Tierpark Hellabrunn vor der ersten künstlichen, nicht-chirurgischen Besamung einer Großkatze
Fotografie (Reproduktion) | Institut für Zoo- und Wildtierforschung (JZW) im Forschungsverbund Berlin e.V., FG Reproduktionsmanagement

→ natur in der schublade

2/82 a-b Fossile Ablagerungen von Bakterien aus dem Präkambrium
a) Blaugrün-Bakterien (*Inseria tjomusi*) b) Blaugrün-Bakterien (*Conophyton cylindricum*) | Naturhistorisches Forschungsinstitut, Museum für Naturkunde, Zentralinstitut der Humboldt-Universität zu Berlin, Institut für Paläontologie

2/83 a-l Fossile Pflanzen
a) Algen-Ablagerungen (*Onkolithe*) b) Pflanze (*Pertica sp.*) aus dem Unterdevon c) Farnsamer (*Lyginopteris hoeninghausi*) aus dem Oberkarbon d) Farn (*Pecopteris plumosa*) aus dem Oberkarbon e) Bärlappgewächs (*Lepidodendron aculeatum*) aus dem Oberkarbon f) Schachtelhalmgewächs (*Equisetites arenaceus*) aus der Trias g) Stammscheibe eines Nadelholzes (*Dadoxylon sp.*) aus der Trias h) Unterwasserpflanze, (*Angiospermae*) aus der Kreide i) Palme (*Trachycarpus rhaphifolia*) aus dem Tertiär (*Oligozän*) j) Pappel (*Populus latior*) aus dem Tertiär (*Miozän*) k) Ahorn (*Acer trilobatum*) aus dem Tertiär (*Miozän*) l) Blattstreu von Birke, Buche und Ulme (*Betula, Fagus, Ulmus*) aus dem Quartär (*Holozän*) | Naturhistorisches Forschungsinstitut, Museum für Naturkunde, Zentralinstitut der Humboldt-Universität zu Berlin, Institut für Paläontologie

2/84 a-c Fossile Schwämme (*Porifera*)
a) Urschwamm mit Basalskelett (*Actinostroma verrucosum*) aus dem Devon b) Schwamm aus der Kreide c) Schwamm (*Coeloptychium decissimum*) aus der Kreide | Naturhistorisches Forschungsinstitut, Museum für Naturkunde, Zentralinstitut der Humboldt-Universität zu Berlin, Institut für Paläontologie

2/85 a-e Fossilien aus der Gruppe der Hohltiere (*Coelenterata*)
a) Kettenkoralle (*Halysites escharoides*) aus dem Silur b) Runzelkoralle (*Cyathophyllum hypocrateriforme*) aus dem Mittleren Devon c) Runzelkoralle (*Mesophyllum sp.*) aus dem Mittleren Devon d) Qualle (*Rhizostomites admirandus*) aus dem Oberen Jura e) Moderne Koralle (*Skleractinie*) aus dem Tertiär (*Miozän*) | Naturhistorisches Forschungsinstitut, Museum für Naturkunde, Zentralinstitut der Humboldt-Universität zu Berlin, Institut für Paläontologie

2/86 a-h Fossilien aus der Gruppe der Stachelhäuter (*Echinodermata*)
a) Seelilie (*Codiacrinus schultzei*) aus dem Unteren Devon b) Seelilie (*Encrinus liliformis*) aus der Mittleren Trias c) Seestern (*Furcaster zitteli*) aus dem Unteren Devon d) Seestern (*Furcaster decheni*) aus dem Unteren Devon e) Seesterne (*Ophiolepis muravii*) aus dem Mittleren Jura f) Seeigel (*Melonechinus multiporus*) aus dem Unteren Karbon g) Seeigel (*Rhabdocidaris nobilis*) aus dem Oberen Jura h) Seeigel (*Clypeaster aegyptiacus*) aus dem Tertiär (*Pliozän*) | Naturhistorisches Forschungsinstitut, Museum für Naturkunde, Zentralinstitut der Humboldt-Universität zu Berlin, Institut für Paläontologie

2/87 a-j Fossile Gliederfüßer (*Arthropoda*)
a) Trilobit (*Acadoparadoxides briareus*) aus dem Kambrium b) Trilobit, Seeskorpion (*Slimonia acuminata*) aus dem Silur c) Trilobit (*Dalmania proaeva*) aus dem Ordovizium d) Trilobit (*Philonyx sp.*) aus dem Devon e) Trilobit (*Na-*

murophyge muelleri) aus dem Unteren Karbon f) Seeskorpion (*Eurypterus remipes*) aus dem Silur g) Pfeilschwanzkrebs (*Mesolimulus walchi*) aus dem Jura h) Krebs (*Aeger tipularius*) aus dem Oberen Jura i) Krabbe (*Paleocarpilius macrocheilus*) aus dem Tertiär (*Oberen Eozän*) j) Libelle (*Aeschnogomphus intermedius*) aus dem Oberen Jura | Naturhistorisches Forschungsinstitut, Museum für Naturkunde, Zentralinstitut der Humboldt-Universität zu Berlin, Institut für Paläontologie

2/88 a-x Fossile Weichtiere (*Mollusca*)
a) Muschel (*Venus gigas*) aus dem Tertiär b) Muschel (*Hippurites radiosus*) aus der Kreide c) Muschel (*Exogyra couloni*) aus der Kreide d) Muschel (*Inoceramus cyclodes*) aus der Kreide e) Muschel (*Pecten gigas*) aus dem Tertiär f) Muschel (*Crassostrea gryphoides*) aus dem Tertiär g) Schnecke (*Murchisonia binodosa*) aus dem Devon h) Schnecke (*Euomphalus sp.*) aus dem Devon i) Schnecke (*Chemnitzia hehli*) aus der Trias j) Schnecke (*Natica macrostoma*) aus dem Jura k) Schnecke (*Fusinus sp.*) aus der Kreide l) Schnecke (*Potamides galeotti*) aus dem Tertiär m) Schnecke (*Cerithium giganteum*) aus dem Tertiär (*Oligozän*) n) Schnecke (*Planorbis multiformis*) aus dem Tertiär o) Kopffüßer, Nautiloide (*Phragmoceras broderipi*) aus dem Ordovizium oder Silur p) Kopffüßer, Nautiloide (*Lituites lituus*) aus dem Ordovizium q) Kopffüßer, Nautiloide (*Orthoceras sinensis*) aus dem Unteren Silur r) Kopffüßer, Nautiloide Nautilus (*Aturia aturi Basterot*) (*Miozän*) s) Kopffüßer, Belemnit (*Belemnites acuarius*) aus dem Unteren Jura t) Kopffüßer, Tintenfisch (*Plesioteuthis*) aus dem Oberen Jura u) Kopffüßer, Ammonit (*Pinacoceras metternichi*) aus der Trias v) Kopffüßer, Ammonit (*Arictites*) aus dem Unteren Jura w) Kopffüßer, Ammonit (*Cenoceras sp.*) aus dem Unteren Jura x) Kopffüßer, Ammonit (*Ancyloceras hillsi*) aus der Kreide | Naturhistorisches Forschungsinstitut, Museum für Naturkunde, Zentralinstitut der Humboldt-Universität zu Berlin, Institut für Paläontologie

2/89 a-k Fossile Wirbeltiere (*Vertebrata*)
a) Panzerfisch (*Lepidotes gigas*) aus dem Jura (*Lias*) b) Rochen (*Drepanaspis gemündenensis*) aus dem Unteren Devon c) Urhai (*Orthacanthus sp.*) aus dem Unteren Perm d) Knochenfisch (*Cladocyclus gardneri*) aus der Unteren Kreide e) Lurch (*Apateon pedestris*) aus dem Unteren Perm f) Fischsaurier (*Ichtyosaurus, Stenopterygius crassistatus*) aus dem Unteren Jura g) Fischsaurier (*Ichtyosaurus, Stenopterygius quadriscissus*) aus dem Unteren Jura h) Hinterextremität eines Fischsauriers (*Leptopterygius acutirostris*) aus dem Unteren Jura i) Schildkröte (*Allaeochelys crassesculptata*) aus dem Tertiär (*Eozän*) j) Urvogel (*Archaeopteryx*) k) Geweih des Riesenhirsches (*Megaloceros*) aus dem Quartär (*Holozän*) | Naturhistorisches Forschungsinstitut, Museum für Naturkunde, Zentralinstitut der Humboldt-Universität zu Berlin, Institut für Paläontologie

2/90 a-o Herbarbögen
a) Schlauchalge (*Caulerpa prolifera*) | Mittelmeer b) Gesteinsbewohnende Flechte (*Caloplaca arenaria*) | Europa, Asien, Nordamerika c) Torfmoos (*Sphagnum magellanicum*) | Europa, Asien, Nord- bis Südamerika, Australien d) Cunoniacae (*Weinmannia parviflora*) | Gesellschaftsinseln | um 1772 von Georg Forster gesammelt, aus dem Wildenow-Herbar e) Cunoniacae (*Codia montana*) | Neukaledonien | um 1772 von Johann Reinhold Forster und Georg Forster gesammelt, aus dem Wildenow-Herbar f) Flacourtiaceae (*Erythrospermum paniculatum*) | Mauritius, von Jean Baptiste de Lamarck gesammelt, aus dem Wildenow-Herbar g) Dryopteridaceae (*Polybatrya serratifolia*) | Tropisches Amerika | 1799 von Alexander von Humboldt gesammelt h) Gewöhnliches Hornblatt (*Ceratophyllum demersum L.*) | weltweit verbreitet | 1829 von Adalbert von Chamisso gesammelt i) Cytheaceae (*Trichipteris procera*) | Guyana | 1842 von Moritz Richard Schomburg gesammelt j) Kannenpflanze (*Nepenthes distillatoria L.*) | Zeylon k) Rose von Jericho (*Anastatica hierochuntica L.*) | Marokko bis Südiran l) Alraunwurzel (*Madragora autumnalis*) | Südeuropa m) Mahagonibaum (*Swietenia mahagoni*) | Südflorida, Mexiko, Westindien, Honduras, Kolumbien bis Peru n) Tillandsie (*Tillsandia bryoides*) | Peru, Argentinien, Bolivien o) Tillandsie (*Tillsandia bulbosa*) | Südmexiko, Mittelamerika, Westindien, bis Kolumbien, Brasilien | Pflanzenpräparate | Freie Universität Berlin, Zentraleinrichtung Botanischer Garten und Botanisches Museum, Berlin-Dahlem

2/91 a-o Nasspräparate von Pflanzenteilen
a) Weiblicher Zapfen des Brotpalmfarns (*Encephalartos hildebrandtii*) | Kenia, Tansania, Sansibar b) Weiblicher Zapfen einer Cycadaceae (*Makrozamia fraseri*) | Australien c) Rötegewächs mit symbiotischen Ameisen (*Hydnophytum formicarum*) | Molukken, Sumatra d) Orchidee (*Catasetum saccatum*) | Guyana, Brasilien, Peru e) Aronstabgewächs (*Philodendron eichleri*) | Brasilien f) Kaffeepflanze (*Coffea arabica*) | Abessinien, Ost-Afrika g) Kannenstrauch (*Nepentis x intermedia*) h) Jack-Frucht (*Artocarpus heterophyllus*) | Vorderindien i) Kapernstrauch (*Capparaceae*) j) Opuntie (*Opuntia pachypus*) | Peru k) Blüte der Prinzessin der Nacht (*Selenicereus pteranthus*) | Ost-Mexiko l) Aronstabgewächs (*Amorphophallus preussii*) | Kamerun m) Alge (*Postelsia palmiformis*) n) Fruchtkörper eines auf Ameisen parasitierenden Pilzes (*Cordiceps myrmicophila*) | Kamerun, Brasilien, China o) Fruchtkörper eines Pilzes (*Auturus klitzingii*) | Deutschland | Pflanzenpräparate | Freie Universität Berlin, Zentraleinrichtung Botanischer Garten und Botanisches Museum, Berlin-Dahlem

2/92 a-j Nasspräparate von Marinen Tieren
a) Glasschwamm (*Euplectella aspergillum*) b) Seefeder (*Pteroides griseum*) c) Koralle (*Plexaura esperi*) d) Koralle (*Leptogorgia petechizans*) e) Staatsqualle, Portugiesische

Galeere (*Physalia physalis*) **f)** Seegurke (*Holothuia scabra*) **g)** Seelilie (*Metacrinus rotundus*) **h)** Salpe (*Salpa vagina*) **i)** Seeigel (*Phyllacanthus imperialis*) **j)** Tintenfisch (*Octopus sp.*) | Naturhistorisches Forschungsinstitut, Museum für Naturkunde, Zentralinstitut der Humboldt-Universität zu Berlin, Institut für Systematische Zoologie

2/93 a-j Nasspräparate von Fischen (*Pesces*)
a) Fliegender Fisch (*Hirundichthys speculiger*) **b)** Rochen (mit Eikapsel) (*Raja senta*) **c)** Löffelstör (*Polyodon spathula*) **d)** Pazifische Muräne (*Gymnothorax steindachneri*) **e)** Blochs Hammerhai (*Sphyrna blochii Cuv.*) **f)** Fledermausfisch (*Ogcocephalus vespertilio*) **g)** Drückerfisch (*Balistes vidua*) **h)** Grenadierfisch (*Coryphaenoides rupestris*) **i)** Viperfisch (*Chauliodus sloani*) **j)** Atlantische Seekatze (*Chimaera monstrosa*) | Naturhistorisches Forschungsinstitut, Museum für Naturkunde, Zentralinstitut der Humboldt-Universität zu Berlin, Institut für Systematische Zoologie

2/94 a-f Nasspräparate von Krebsen (*Crustacea*)
a) Hummer (*Homarus gammaryus*) **b)** Bärenkrebs (*Scyllaride Haani*) **c)** Palmendieb (*Birgus latro*) **d)** Riesenassel **e)** Heuschreckenkrebs **f)** Ruderfußkrebse | Naturhistorisches Forschungsinstitut, Museum für Naturkunde, Zentralinstitut der Humboldt-Universität zu Berlin, Institut für Systematische Zoologie

2/95 a-g Nasspräparate von Lurchen und Kriechtieren (*Amphibia, Reptilia*)
a) Schlange (*Gonyosoma oxycephalum*) **b)** Schlangen (*Coluber melanurus, Compsosoma melanurum*) **c)** Schnappschildkröte (*Chelydra serpentina osceola*) **d)** Ostafrikanisches Dreihornchamäleon (*Chamaeleon jacksoni*) **e)** Gecko (*Eublepharis macularius*) **f)** Wabenkröte (*Pipa pipa*) **g)** Wechselkröte (*Bufo viridis*) | Naturhistorisches Forschungsinstitut, Museum für Naturkunde, Zentralinstitut der Humboldt-Universität zu Berlin, Institut für Systematische Zoologie

2/96 a-c Nasspräparate von Körperteilen verschiedener Vögel (*Aves*)
a) Zunge eines Schwans **b)** Herz eines Kranichs **c)** Flügel einer Ente (*Aix sponsa*) während Mauserung | Naturhistorisches Forschungsinstitut, Museum für Naturkunde, Zentralinstitut der Humboldt-Universität zu Berlin, Institut für Systematische Zoologie

2/97 a-d Nasspräparate von Säugetieren (*Mammalia*)
a) Sechsbinden-Gürteltier (*Euphractus sexcinctus*) **b)** Ratte (*Rattus sp.*) **c)** Fledermaus (*Megaderma frons*) **d)** Tiger (*Panthera tigris*), tot geboren | Naturhistorisches Forschungsinstitut, Museum für Naturkunde, Zentralinstitut der Humboldt-Universität zu Berlin, Institut für Systematische Zoologie

2/98 a-w Sammelkästen verschiedener Insektengruppen
a) Libellen (*Agrion*) **b)** Schrecken (*Acrida*) **c)** Schrecken (*Pseudophyllinae*) **d)** Schaben (*Blattodea*) **e)** Gottesanbeterinnen (*Mantidae*) **f)** Schildwanzen (*Scutelleridae*) **g)** Laternenträgerzikaden (*Laternaria* und *Fulgora*) **h)** Laufkäfer (*Amara*) **i)** Metallkäfer (*Plusiotis*) **j)** Prachtkäfer (*Buprestidae*) **k)** Blatthornkäfer (*Chiasognathus granti*) **l)** Goliathkäfer (*Goliathus sp.*) **m)** Bockkäfer (*Sternotomis*) **n)** Schwalbenschwänze (*Papilio machaon*) **o)** Zitronenfalter (*Gonepteryx rhamni*) **p)** Morphofalter (*Morpho achilles*) **q)** Nachtfalter (*Agaristidae*) **r)** verschiedene ausgeblasene Raupen **s)** Motten (*Noctoidae*) **t)** Fliegen (*Muscidae*) **u)** Schmeißfliegen (*Calliphaidae*) **v)** Bienen oder Wespen (*Apis* oder *Vespa*) **w)** Hummeln (*Bombus*) | Tierpräparate | Naturhistorisches Forschungsinstitut, Museum für Naturkunde, Zentralinstitut der Humboldt-Universität zu Berlin, Institut für Systematische Zoologie

2/99 a-d Sammelkästen verschiedener Vogelarten
a) Eier der Trottellumme **b)** Kuckucks-Eier in verschiedenen Gelegen aus der Teskow'schen Sammlung **c)** Vogelbälge, Stare (*Sturnus vulgaris*) **d)** Vogelbälge, Rotbauchliste (*Dacelo gaudichaud*) / Aruliste (*Dacelo tyro*) | Tierpräparate | Naturhistorisches Forschungsinstitut, Museum für Naturkunde, Zentralinstitut der Humboldt-Universität zu Berlin, Institut für Systematische Zoologie

2/100 a-b Zwei kolorierte Kupferstiche
a) Guajavebaum, verschiedene Insekten und ein Kolibri aus »Metamorphosis Insectorum Surinamesium« (beigebunden: »Der Raupen wunderbare Verwandelung«, 1679) | Amsterdam | 1705 | Kupferstich, von der Autorin koloriert | 52,6 x 37,2 x 6,7 cm **b)** Blumenkranz aus »Der Rupsen Begin, Voedzel en wonderbare Verandering« | Amsterdam 1713 | kolorierter Kupferstich | 24,6 x 19,4 x 4,4 cm | Maria Sibylla Merian (1647 – 1717) | Eberswalde, Bibliothek des Deutschen Entomologischen Instituts (B15: F9a, B15: B743)

2/101 a-c Zeichnungen von Pflanzen und Tieren
a) Ast eines Laubbaumes mit Raupe | Zweite Hälfte 18. Jh. | Aquarellierte Handzeichnung (gebundene Sammlung) | 29 x 23 x 2,9 **b)** Skizzen verschiedener Larven | Zweite Hälfte 18. Jh. | Aquarellierte Handzeichnung (gebundene Sammlung) | 32,5 x 24,7 x 1,4 cm **c)** *Trochilus Colubris* aus »Sammlung auserlesener Vögel und Schmetterlinge mit ihren Namen« | um 1793 | Handschrift, gebunden, mit kolorierten Kupferstichen | 20,3 x 13,6 x 3,2 cm | Jacob Hübner (1761–1826) | Eberswalde, Bibliothek des Deutschen Entomologischen Instituts (B15: B750, B15: B843b, B15: 2134)

2/102 a -t Sammlung von Tier- und Pflanzenzeichnungen aus dem Nachlass der Danziger Familie Breyne
a) *Muscicapa striata* und *Ampelis cristata* (Vögel), aus: »Cimelia physica. Figures of rare curious quadrupeds, birds etc.« 1777 (1796) | John Frederick Miller | kolorierter Kupferstich | 55 x 38 cm **b)** *Falco plancus* (Vogel), aus: »Cimelia physica. Figures of rare curious quadrupeds, birds etc.« 1776/77 (1796) | kolorierter Kupferstich | 55 x 38 cm **c)** *Opossum* (Erdmännchen), aus: »Cimelia physica. Figures of rare curious quadrupeds, birds etc.« 1778 (1796) | John Frederick Miller | kolorierter Kupferstich | 55 x 38 cm **d)** *Alca Hoyen* (Vogel), aus: »Icones vivae avium«, Bd. 1 | o.D. | Geschwister Breyne, Daniel Schultz, Ernst Christian Specht, Lorenz Beger, Ferdinand Stenglin | Handzeichnung | 42,5 x 27 cm **e)** *Lanius* (Vogel), aus: »Icones vivae avium« | o.D. | Geschwister Breyne, Daniel Schultz, Ernst Christian Specht, Lorenz Beger, Ferdinand Stenglin | Handzeichnung | 36,5 x 26 cm **f)** *Scologax* (Vogel), aus: »Icones vivae avium« | o.D. | Geschwister Breyne, Daniel Schultz, Ernst Christian Specht, Lorenz Beger, Ferdinand Stenglin | Handzeichnungen | 37,5 x 26,5 cm **g)** Versteinerung, aus: »Icones vivae avium«, Bd. 1 | o.D. | Handzeichnung | 27 x 21 cm | Geschwister Breyne, Daniel Schultz, Ernst Christian Specht, Lorenz Beger, Ferdinand Stenglin **h)** Versteinerung, aus: »Icones vivae avium«, Bd. 1 | o.D. | Geschwister Breyne, Daniel Schultz, Ernst Christian Specht, Lorenz Beger, Ferdinand Stenglin | Handzeichnung | 16 x 21,5 cm **i)** Pflanzendarstellung, aus: Materialien für die Veröffentlichung »Exoticarum aliarumque minus cognitarum plantarum centuria prima, cum figuris aeneis summo studio elaboratis« Gedani, Raetius, 1678 | Jacob Breyne, Crista Pavonis | Kupferstich mit handschriftlichen Notizen | 39,5 x 26 cm **j)** *Bulbus Liliaceus* (Pflanze) aus: Materialien für die Veröffentlichung »Exoticarum aliarumque minus cognitarum plantarum centuria prima, cum figuris aeneis summo studio elaboratis«, Gedani, Raetius, 1678 | Jacob Breyne | Kupferstich mit handschriftlichen Notizen | 41 x 26 cm **k)** Bananenstaude | um 1745 | Geschwister Breyne, Daniel und David Schulz, Daniel Gottlieb Messerschmidt | Handzeichnung | 88,5 x 53 cm **l)** Kaffeepflanze | o.D. | Geschwister Breyne, Daniel und David Schulz, Daniel Gottlieb Messerschmidt | Handzeichnung, Papier | 54 x 38 cm **m)** *Aloe Africana caulescens* (Pflanze) | o.D. | Geschwister Breyne, Daniel und David Schulz, Daniel Gottlieb Messerschmidt | Handzeichnung | 54 x 38 cm **n)** *Aloe Guineensis* (Pflanze) | o.D. | Geschwister Breyne, Daniel und David Schulz, Daniel Gottlieb Messerschmidt | Handzeichnung | 54 x 38 cm **o)** Beeren | o.D. | Geschwister Breyne, Daniel und David Schulz, Daniel Gottlieb Messerschmidt | Handzeichnung | 54 x 38 cm **p)** Staude | o.D. | Geschwister Breyne, Daniel und David Schulz, Daniel Gottlieb Messerschmidt | Handzeichnung, Papier | 54 x 38 cm **q)** Rhombus I (Fisch) | Mitte 18. Jh. | Geschwister Breyne, Andreas Stech, Daniel Schultz | Aquarell | 42 x 25,5 cm **r)** Knurrhahn (Fisch) | Mitte 18. Jh. | o.D. | Geschwister Breyne, Andreas Stech, Daniel Schultz | Aquarell | 43 x 27 cm **s)** Fisch | Mitte 18. Jh. | Geschwister Breyne, Andreas Stech, Daniel Schultz | Aquarell | 41,5 x 26,5 cm **t)** Zwei Flussfische | Mitte 18. Jh. | Geschwister Breyne, Andreas Stech, Daniel Schultz | Aquarell | 43 x 27 cm | Forschungsbibliothek Gotha (Handschriften Gotha Chart.A : 1365a, Bl. 3-5; 784, Bl. 11/ 22/ 55 /140/ 155; 786, Bl. 63/ 88; 782, Bl. 9/ 17/ 22 / 41/ 46/ 45/ 89/ 92; 783a, Bl. 5/ 33/ 35/ 36)

2/103 a-j Aquarelle verschiedener Insekten
a) Marienkäfer | 1976 – 1981 | 21 x 29,7 cm **b)** Wanzenschildchen | 1978 – 1980 | 21 x 29,7 cm **c)** Spinnenabdomen | 1979 | 21 x 29,7 cm **d)** Fliegenrücken | 1983 – 1985 | 45,3 x 57 cm **e)** Feuerwanze (*Pyrrhocoris apterus*) | Bernau, westlich des Atomkraftwerks Leibstadt, Schweiz 1990 | 42 x 29,7 cm **f)** Baumwanze | Slawutitsch | nördlich des Atomkraftwerks Tschernobyl / Ukraine 1991 | 42 x 29,7 cm **g)** Harlekinwanze (*Pentatomidae*) | Governor's Stable (Nähe »Three Mile Island«) | Pennsylvania, USA | 1992 | 47 x 36 cm **h)** Gartenwanze (*Rhaphigaster nebulosa*) | Küssaberg, westlich des Atomkraftwerks Leibstadt | Deutschland | 1991 | 42 x 29,7 cm **i)** Bodenwanze (*Lygaeidae*) | in der Nähe des Zion Park (Umfeld eines Atomtestgeländes) | Utah, USA | 1998 | 42 x 29,7 cm **j)** Stinkwanzenlarve (*Pentatomidae*) | in der Nähe von Palouse im Osten der Plutioniumfabrik Hanford | Washington, USA | 1998 | 42 x 29,7 cm Cornelia Hesse-Honegger (*1944) | Zürich, Cornelia Hesse-Honegger

→ **schreie und flüstern**

Klanginstallation »Dschungel-Chorus«
Tagesablauf der Tierstimmen im Regenwald
8 Audio-Spuren | jeweils ca. 20 Minuten | In Zu-
sammenarbeit mit Dr. Klaus Riede, Zoologisches
Forschungsinstitut und Museum Alexander
König, Bonn (Tonaufnahmen und Produktion der
Tonspuren).

Insekten-Leuchtwand zur Biodiversität
Ca. 1000 Insekten, gefangen durch die »Bene-
belung« eines einzelnen Baumes in den Tropen
In Zusammenarbeit mit Dr. Andreas Floren,
Universität Würzburg | Theodor-Boveri-Institut,
Abteilung Tierökologie und Tropenbiologie
(Fang und Aufarbeitung der Insektenpräparate)

Ameisen-Projektion
Großprojektion von wandernden Ameisen
Video | ca. 2 Min.| Filmaufnahmen: Dr. Angelika
Sigl, München

→ **gen's thierleben**

Interaktive Computer-Installation
»PICO_SCAN«
© Christa Sommerer und Laurent Mignonneau |
Kyoto, Japan | 1999/2000 | 1 Silicon Graphics
Onyx Infinite Reality Computer | 5 Fujitsu Plasma
Displays 42 inch | 5 PICO_SCANNER, Patent:
Laurent Mignonneau, Christa Sommerer &
Stephen Jones | PICO_SCAN software unter-
stützt von ATR Media Integration and Communi-
cation Research Laboratories Kyoto, Japan

→ **wal-verwandtschaften**

»Delfin-Kommunikation«
Interaktiv abrufbare Video-Clips mit Unter-
wasseraufnahmen von Delfinen in unterschied-
lichen Verhaltenssituationen. Pfiffe und Ge-
räusche der Tiere sind visualisiert und machen
deren Kommunikation sichtbar.
In Zusammenarbeit mit Prof. D. Todt, Institut
für Verhaltensbiologie, FU-Berlin und dem
International Laboratory of Dolphin Behaviour
Research (Archivverwaltung: Frank Veit, Jasmin
Cirillo) | Filmaufnahmen: Oren Lifshitz, Eilat,
Israel | Akustikmaterial: Dolphin Reef, Eilat,
Israel. | Bildauswahl und -bearbeitung: Caren
Liebscher, Berlin | Schnitt: René Perraudin |
Ca. 12 Video-Clips mit Ton und computergene-
rierten Grafiken | je ca. 30 Sekunden

→ **die augen der göttin**

Interaktive Medieninstallation
und Skulptur »Kali-Interactive«
© Franz Fischnaller / F.A.B.R.I.CATORS | Mailand,
Italien | 2 Großprojektionen | 1 Bodenprojektion |
LCD-Shutterbrille für stereoskopisches Sehen
der virtuellen Welten | 3 Computer zur Steuerung
der Installation | Mehrkanal-Ton

→ **cats and chats – tiger im netz**

»Cats and Chats – Tiger-Alltag«
Videoinstallation aus zwei Filmen über den
Alltag von Amurtigern in Zoologischen Gärten
2 Videos mit eingeblendeter Tageszeit | je ca.
15 Minuten | Drehorte: Tierpark Berlin-Friedrichs-
felde Zoologischer Garten, Leipzig | E. Endru-
weit, Berlin (Filmaufnahmen) | Schnitt: Eva Wolf,
Berlin

Videos und Fotografien zur medizinischen
Vorsorge, Diagnostik und Therapie bei
Tigern und anderen Großkatzen, sowie zur
künstlichen Befruchtung von Tigereizellen.
Aufnahmen: Dr. F. Göritz, Dr. Hildebrandt,
Dr. K. Jewgenow | Institut für Zoo- und Wild-
tierforschung (JZW) im Forschungsverbund Ber-
lin e.V., FG Reproduktionsmanagement, Berlin
Friedrichsfelde

→ **natur in der schublade**

»Gen-Memory«
Interaktive Installation zum Auffinden von
Genmaterial archivierter Tierarten
In Zusammenarbeit mit Dr. Karl-Heinz Frommolt,
Tierstimmenarchiv des Instituts für Biologie der
Humboldt-Universität zu Berlin | 1 Computer mit
Barcodescanner | ca. 100 Gefäße mit Barcodes |
20 Tierstimmen

Virtueller Rundgang in den Sammlungen des
Museums für Naturkunde Berlin
Dr. F. Damaschun und Kuratoren der Samm-
lungen | Museum für Naturkunde der Humboldt-
Universität zu Berlin

Aristoteles *De partibus animalium*
Bd. II, 10 | 656 a 7-8 | übersetzt von A. L. Peck |
Cambridge 1968
Barrow, John D. *Der Kosmische Schnitt*
Die Naturgesetze des Ästhetischen | Berlin,
Heidelberg 1997
Begon, Michael E. | **Harper, John L.** |
Townsend, Colin R. | **Sauer, Klaus Peter (Hrsg.)**
Ökologie | Heidelberg, Berlin, New York 1998
Boesch, Ernst E. *Das Magische und das
Schöne* | Zur Symbolik von Objekten und
Handlungen | Stuttgart/Bad Caunstadt 1983
Bredekamp, Horst *Antikensehnsucht und
Maschinenglauben* | Die Geschichte der Kunst-
kammer und die Zukunft der Kunstgeschichte |
Berlin 1993
Coburn, Thomas B. *Encountering the Goddess*
A Translation of the Devi-Mahatmya and a
Study of its Interpretation | Albany, NY 1991
Costanza, Robert et al. *»The Value of the
World's Ecosystem Services and Natural
Capital«* in: Nature, Vol. 387 | London 1997 |
S. 253–259
Czernohaus, K. *Delphindarstellungen
von der minoischen bis zur geometrischen Zeit*
Göteborg 1988
Diamond, Jared *Der dritte Schimpanse*
Evolution und Zukunft des Menschen | Frank-
furt/Main 1994
Doumas, C. *The Wall-Painting of Thera*
Athen 1992 | S. 181–183
Flusser, Vilém *Dinge und Undinge*
Phänomenologische Skizzen | München 1993
Foucault, Michel *Die Ordnung der Dinge*
Eine Archäologie der Humanwissenschaften |
Frankfurt/Main 1997
Gierer, Alfred *Die gedachte Natur*
Ursprung, Geschichte, Sinn und Grenzen der
Naturwissenschaft | München 1998
Harding, Elisabeth U. *Kali*
The Black Goddess of Dakshineswar | Maine
1993
Hassenstein, Bernhard *Klugheit — Bausteine
zu einer Naturgeschichte der Intelligenz*
Stuttgart 1988
Irblich, Eva (Hrsg.) *Thesaurus Austriacus*
Europas Glanz im Spiegel der Buchkunst |
Ausstellungskatalog der Österreichischen
Nationalbibliothek | Wien 1996
Isler, H. P. *»Eros auf dem Delphin?«*
in: Lebendige Altertumswissenschaft | Fest-
gabe zur Vollendung des 70. Lebensjahres von
H. Vetters | Wien 1985 | S. 74–76
Jacob, Francois *Die Maus, die Fliege und
der Mensch* | Berlin 1998
Kelly, Kevin *Das Ende der Kontrolle*
Die biologische Wende in Wirtschaft, Technik
und Gesellschaft | Regensburg 1994
Krottenthaler, Robert *Die Jagd im alten
Indien* | Frankfurt/Main 1996
Küster, Hansjörg *Geschichte des Waldes*
Von der Urzeit bis zur Gegenwart | München,
1998 | *Magie der Bäume* | Katalog zur gleich-
nahmigen Ausstellung in der Fondation Beyeler |
Riehen/Basel 1998
McIntyre, Joan *Der Geist in den Wassern*
Frankfurt/Main 1982

Morris, Desmond *Der nackte Affe*
München 1968
Müller, Peter u.a. *Internationales
Tigerzuchtbuch 1995–1998* | Leipzig 1996–1999
Noske,Barbara *Beyond Boundaries: Humans
and Animals* | Montréal 1997
Pichot, André *Die Geburt der Wissenschaft*
Von den Babyloniern zu den frühen Griechen |
Frankfurt/Main, New York 1995
Plinius *Historia naturalis*
übersetzt von E. Saint-Denis | Paris 1955
Remmert, Hermann *Ökologie, ein Lehrbuch*
Berlin, Heidelberg, New York 1992
Schama, Simon *Der Traum von der Wildnis*
Natur als Imagination | München 1996
Schatzkästchen und Kabinettschrank | Möbel
für Sammler im Kunstgewerbemuseum |
Katalog zur gleichnahmigen Ausstellung im
Kunstgewerbemuseum der Staatlichen Museen
Preußischer Kulturbesitz | Berlin 1989
Schlosser, Julius von *Die Kunst und Wunder-
kammern der Spätrenaissance* | Leipzig 1908
Schrödinger, Erwin *Was ist Leben?*
Die lebende Zelle mit den Augen des Physikers
betrachtet | Bern 1946
Selle, Gert *Siebensachen*
Ein Buch über die Dinge | Frankfurt/Main,
New York 1997
Stebbins, E. B. *The Dolphin in the Literature
and Art of Greece and Rome* | Menascha 1929
Thoreau, Henry David *Walden oder Leben in
den Wäldern* | Zürich 1979
Toyne, Paul *Ein Jahr für den Tiger —
Rückblick auf das »Jahr des Tigers«*
Aktionen und Maßnahmen des WWF zum Schutz
der Großkatze, 1998/99 | Frankfurt/Main 1999
Völger, Gisela (Hrsg.) *Die anderen Götter*
Volks- und Stamesbronzen aus Indien |
Köln 1993
Völger, Gisela | **Dyckerhoff, Ursula (Hrsg.)**
*Federarbeiten der Indianer Südamerikas aus
der Studiensammlung Horst Antes* | Katalog
zur gleichnahmigen Austellung im Rauten-
strauch-Joest-Museum | Köln 1995
Wilson, Edward O. (Hrsg.) *Das Ende der
biologischenVielfalt?* | Der Verlust an Arten,
Genen und Lebensräumen und die Chancen
für eine Umkehr | Heidelberg, Berlin,
New York 1992
Wilson, Edward O. *Der Wert der Vielfalt*
Die Bedrohung des Artenreichtums und das
Überleben des Menschen | München 1995
Wilson, Edward O. *Die Einheit des Wissens*
Berlin 1998
Wissowa, G. *»Delphin«*
in: Paulys Real-Encyclopädie der Classischen
Altertumswissenschaft | Stuttgart 1901 |
S. 2504–2511
Zimmer, Heinrich *Indische Mythen und
Symbole* | Schlüssel zur Formenwelt des
Göttlichen | Düsseldorf, Köln 1981

→ **schreie und flüstern**

→ **Bruno Latour**

Chauvel, A. | **Grimaldi, M.** | **Barros, E.** |
Blanchart, E. | **Desjardins, T** | **Sarrazin, M.** |
Lavelle, P. *»Pasture Degradation by an
Amazonian Earthworm«* in: Nature, Vol. 389 |
London 1999 | S. 32–33
Descola, Philippe *In the Society of Nature*
Native Cosmology in Amazonia | Cambridge 1993
Latour, Bruno *Politiques de la nature*
Comment faire entrer les sciences en démocra-
tie | Paris 1999 | in Übersetzung bei Suhrkamp
Lavelle, P. | **Brussaard, L.** | **Hendrix, P.**
*Earthworm Management in Tropical Agroeco-
systems* | Wallingford, UK 1999
Viveiros de Castro, Eduardo *The Worlds as
Affect and Perspective* | Nature and Culture in
Amerindian Cosmologies (in Vorbereitung)
Western, David | **Wright, R. Michael** | **Strum,
Shirley** *Natural Connections Perspectives
in Community-based Conservation* |
Washington DC 1994

→ **gen's thierleben**

→ **Oliver Grau**

Anonimo *Tractato de li capituli di passione*
Questi sono li misteri che sono sopra el Monte
di Varale | Milano 1514
Boden, Margaret A. (Hrsg.) *The Philosophy
of Artificial Life* | Oxford 1996
Bredekamp, Horst *»Überlegungen zur
Unausweichlichkeit der Automaten«*
in: Phantasmen der Moderne (Ausstellungs-
katalog) | Düsseldorf 1999 | S. 94–105
Grau, Oliver *»Into the Belly of the Image:
Historical Aspects of Virtual Reality«*
in: LEONARDO | Bd. 32 | Nr. 5, 1999 | S. 365–371
Grau, Oliver *»The History of Telepresence,
Automata, Illusion, and The Rejection of the
Body«* in: The Robot in the Garden, Telerobotics
and Telepistemology in the Age of the Internet,
hg. von Ken Goldberg | Cambridge 2000
Helmholtz, Hermann von *»Optisches über
Malerei«* in: Vorträge und Reden | Braun-
schweig 1903 | (1871) | S. 96
Humboldt, Alexander von | **Beck, Hanno von
(Hrsg.)** *Kosmos* | Entwurf einer physischen
Weltbeschreibung | Bd. 7 | Teilbd. 2 | Darm-
stadt 1993
Kac, Eduardo *»Transgenic Art«* in: LifeScience:
Ars Electronica 1999 | Wien | 1999 | S. 289–295
u. S. 296–303
Langton, Christopher (Hrsg.) *Artificial Life —
an Overview* | Cambridge/Mass 1995
Langton, Christopher *»Artificial Life«*
in: The Philosophy of Artificial Life | hg. von
Margret Boden | Oxford 1996 | S. 39–94
Latour, Bruno *On Technical Mediation,
Philosophy, Sociology, Genealogy*
in: Common Knowledge | Bd. 3, Nr 2 | Oxford
1994 | S. 29–64

Lévy, Pierre *L'intelligence collective*
Pour une anthropologie du cyberspace |
Paris 1995
Moravec, Hans *»Körper, Roboter, Geist«*
in: Kunstforum International | Bd. 133, 1996 |
S. 98–112
Nova, Alessandro *»Popular Art in Renaissance
Italy. Early Response to the Holy Mountain at
Varallo«* in: Refaiming the Renaissance, Visual
Culture in Europe and Latin America 1450–1650 |
hg. von Claire Farago | New Heaven 1995 |
S. 113–126
Ray, Thomas *»An Approach to the Synthesis
of Life«* in: Artificial Life II | hg. von C. Langton |
C. Taylor | J. D. Farmer | S. Rasmussen | Red-
wood City | S. 371–408
Schöneburg, Eberhard *Genetische Algo-
rithmen und Evolutionsstrategien* | Bonn 1994
Sommerer, Christa | **Mignonneau, Laurent**
»Interacting with Artificial Life: A-Volve«
in: Complexity, Bd. 2 | Nr. 6, 1997 | S. 13–21
Stewart, Ian *Life's other Secret*
The New Mathematics of the Living World |
New York 1998

→ **natur in der schublade**

→ **U. Zeller** | **Hannelore Hoch**

Butler, D. | **Gee, H.** | **Macilwain, C.**
*»Museum Research Comes off the Endangered
Species List«* in: Nature | Vol. 394 | London
1998 | S. 115–120
Courtillot, V. *Evolutionary Catastrophes*
The Science of Mass Extinctions | Cambridge
1999
Duncker, H.-R. *»Das Lebenswerk Walther
Arndts«* in: Verh Zool Ges | Bd. 84, 1991 | S. 3–8
Engelhardt, W. *Das Ende der Artenvielfalt*
Darmstadt 1997
Fränzle, O. | **Müller, F.** | **Schröder, W. (Hrsg.),**
Handbuch der Umweltwissenschaften | 1997
Held, D. | **McGrew, A.** | **Goldblatt, D.** |
Perraton, J. *Global Transformations Politics*
Cambridge 1999
Huston, M. A. *Biological Diversity*
The coexistence of species on changing land-
scapes | UK 1994
**Senatskommission für geowissenschaftliche
Gemeinschaftsforschung der Deutschen
Forschungsgemeinschaft Potsdam**
*Geotechnologien: Das »System Erde«, vom
Prozeßverständnis zum Erdmanagement* |
Potsdam 1999
Steininger, Fritz F. (Hrsg.) *Kleine Sencken-
berg-Reihe* | Nr. 22: Agenda Systematik 2000 |
Erschließung der Biosphäre | Frankfurt/Main
1996
Ulanowicz, R. E. *Ecology*
The Ascendent Perspective | New York 1997
Wilson, Edward O. *Der Wert der Vielfalt*
Die Bedrohung des Artenreichtums und das
Überleben des Menschen | München 1995

BODO-MICHAEL BAUMUNK
geb. 1952, Ausstellungsleitung u. a. von »Berlin, Berlin« (1987), »Darwin und Darwinismus« (Dresden 1994), Gestaltung der Dauerausstellung der Franckeschen Stiftungen (Halle 1995). Freier Ausstellungsorganisator.

LORRAINE DASTON
geb. 1951 in USA, hat Geschichte und Wissenschaftsgeschichte an den Universitäten Harvard, Princeton, Brandeis, Goettingen und Chicago gelehrt, und ist seit 1995 Direktorin am Max-Planck Institut für Wissenschaftsgeschichte und seit 1998 Honorar-Professorin an der Humboldt-Universität zu Berlin. Schwerpunkte ihrer Forschungsinteressen liegen bei der Geschichte der Statistik, der wissenschaftlichen Objektivität und der Natur als Ordnung.

ANDREAS FLOREN
geb. 1961 in Düsseldorf, Studium der Zoologie, Botanik und Geographie an der Universität Köln. Nach dem Diplom Wechsel an den Lehrstuhl für Tierökologie und Tropenbiologie in Würzburg. Promotion 1996 über die Diversität und Wiederbesiedlungsdynamik von Arthropodengemeinschaften in Baumkronen eines Tieflandregenwaldes auf Borneo. Seitdem Wissenschaftler Assistent in Würzburg.

OLIVER GRAU
geb. 1965, studierte Kunstgeschichte, Wirtschaftswissenschaften und italienische Literatur in Hamburg, Siena und Berlin. Lehrt an der Humboldt-Universität zu Berlin und leitet das Forschungsprojekt »Kunstgeschichte und Medientheorien der Virtuellen Realität« der Deutschen Forschungsgemeinschaft. Zahlreiche Veröffentlichungen und internationale Vorträge im Bereich Kunsttheorie und Neue Medien, wiederholte Forschungsaufenthalte an Hochtechnologiezentren.

HANNELORE HOCH
Studium der Biologie an der Philipps-Universität Marburg. 1985 Promotion, 1993 Habilitation an der Universität Hamburg, anschliessend Privatdozentin (Universität Hamburg). Seit 1994 Professorin für Systematische Zoologie an der Humboldt-Universität Berlin, Museum für Naturkunde. Forschungsinteressen: Systematik und Evolutionsbiologie, insbesondere Fragen der Artenbildung. Forschungsobjekte: Insekten, v.a. höhlenbesiedelnde Zikaden Hawaiis und Australiens.

JASDAN JOERGES
geb. 1965 in Saarbrücken, Studium der Biologie und Informatik in Berlin mit den Schwerpunkten Gehirnforschung, künstliche Intelligenz und Anthropologie. Teilnahme an Medienkunstfestivals mit Filmen zu »visueller Musik« (Ars Electronica 1989). 1993 Forschungsaufenthalt am Salk Institute, San Diego. 1996 Promotion. Bis 1997 am Institut für Neurobiologie der Freien Universität Berlin. Tätig als Wissenschaftsjournalist und Autor von Fernsehbeiträgen. Seit 1998 bei der Berliner Festspiele GmbH für die Ausstellung »Sieben Hügel«.

TINA KITZING
geb. 1968 in Baden-Württemberg, lebt in Augsburg. Studium der Theater und Veranstaltungstechnik in Berlin und London. Arbeitet als freiberufliche Bühnen-, Kostüm- und Ausstellungsgestalterin (Stadttheater Augsburg, Landestheater Innsbruck, Niederdeutsche Bühne Flensburg, Schauspielhaus Berlin, London). Ausstellungsgestaltungen am Deutschen Hygiene-Museum Dresden. Aktionsausstellungen für Kinder an verschiedenen Orten in Berlin.

DANIELA KRATZSCH
geb. 1969 in Berlin. Studium der Biologie, Kunst und Philosophie in Berlin mit den Schwerpunkten Neurobiologie, Bildhauerei und Erkenntnistheorie. Von 1997 bis 1998 freiberuflich tätig als Beraterin und Trainerin im Softwarebereich. Seit 1998 bei der Berliner Festspiele GmbH für die Ausstellung »Sieben Hügel«.

BRUNO LATOUR
Studierte Philosophie und Anthropologie. Professor am »Centre de Sociologie de l'Innovation« an der Ecole Nationale Supérieure des Mines in Paris und Gastprofessor an der London School of Economics. Spezialisiert auf die Analyse der Arbeit von Wissenschaftlern. Beteiligung an Studien zur Wissenschaftspolitik und Forschungsmanagement. Publikationen: »Laboratory Life – The social construction of scientific facts«, »Science in Action«, und »The Pasteurization of France«. Derzeit schreibt er an einem Buch über die »Politik der Natur«.

KARL EDUARD LINSENMAIR
geb. 1940 in München. Studium der Zoologie, Botanik, Chemie und Anthropologie an den Universitäten Heidelberg, Freiburg und Frankfurt/Main. 1967 bis 1972 Stipendiat der Deutschen Forschungsgemeinschaft und Assistent der Universität Regensburg. Dort Habilitation und Professor für Zoologie. 1976 Ruf auf den Lehrstuhl für Tierökologie (heute: Tierökologie und Tropenbiologie) am Zoologischen Institut der Universität Würzburg. Forschungsschwerpunkte: Ethoökologie, Soziobiologie, Ökophysiologie und Tropenbiologie.

DEODATH MAHARAJ MAHARAJ
Studium der Informatik. Verschiedene wissenschaftliche Tätigkeiten. Widmet sich derzeit vergleichenden Studien zu Philosophie, Kultur und Leben in Orient und Okzident

GUNTHER NOGGE
Direktor des Kölner Zoos. Sein besonderes Engagement gilt der Zucht bedrohter Tierarten in Menschenobhut. Er ist Vorsitzender des Europäischen Erhaltungszucht-Programms (EEP) des Europäischen Zooverbandes (EAZA).

ANNE PFEIL
geb. 1968 in Bonn. Nach einem einjährigen Auslandsaufenthalt in Paris Studium der Biologie mit dem Schwerpunkt Verhaltensphysiologie an der Rheinischen Friedrich-Wilhelms-Universität Bonn, lebt seit 1994 in Berlin und studiert Architektur an der Technischen Universität. Seit 1997 ist sie bei der Berliner Festspiele GmbH für die Ausstellung »Sieben Hügel« tätig.

ANDREAS SENTKER
geb. 1964, studierte Wissenschaftstheorie und Kunstgeschichte am Leibniz-Kolleg Tübingen, anschließend Biologie und Rhetorik an der Eberhard-Karls-Universität Tübingen, arbeitete als freier Wissenschaftsjournalist und Autor für verschiedene deutsche Zeitungen, bevor er 1995 zur Wochenzeitung »Die Zeit« kam, wo er seit Anfang 1998 das Ressort »Wissen« leitet.

ROLF PETER SIEFERLE
geb. 1949 in Stuttgart, Studium der Geschichte, Politikwissenschaft und Soziologie in Heidelberg und Konstanz. Seit 1991 apl. Professor für Neuere Geschichte an der Universität Mannheim. Zahlreiche Veröffentlichungen zur Umweltgeschichte und zur Ideengeschichte.

CHRISTA SOMMERER
LAURENT MIGNONNEAU
International anerkannte Medienkünstler und Medienwissenschafter. Nach Studien der Biologie, Elektronik und Medienkunst arbeiten sie seit 1992 zusammen, derzeit am ATR Media Integration and Communications Research Lab in Kyoto, Japan. Ihre interaktiven Installationen und Webprojekte erhielten zahlreiche internationale Auszeichnungen (u.a. die Goldene Nica der Ars Electronica) und sind Teil großer Medienkunstsammlungen (ICC-NTT Tokyo, Cartier Foundation Paris, ZKM Karlsruhe, MOMA New York, AEC Linz, Millennium Dome London, u.a.). Herausgeber des Buches »Art@Science« (Springer Verlag Wien/New York, 1998).

DIETMAR TODT
Leiter des Instituts für Verhaltensbiologie an der Freien Universität Berlin und wissenschaftlicher Direktor des Laboratoriums für Delphinforschung am Roten Meer (Eilat, Israel). Zu seinen Arbeitsgebieten gehören die Themen »Struktur und Leistung auditorisch-vokaler Gedächtnisse«, »Eindruck und Ausdruck im akustischen Signalbereich« sowie »Soziale Intelligenz und ihre biologischen Grundlagen«. 1998 und 1999 gestaltete er die »Science Fair Berlin«.

CORNELIA VOGELSANGER
ist Ethnologin am Völkerkundemuseum der Universität Zürich, mit Lehraufträgen an der Universität und am C.G.Jung-Institut. 1993 hat sie eine Ausstellung »Kali – Visionen der Schwarzen Mutter« realisiert, in der die Schwarze Göttin aus indischer und aus westlicher Sicht dargestellt wurde. Langjährige Forschungsthemen: indische Gottheiten, Rituale, Schwarze Madonna, Textilien.

ULRICH ZELLER
geb. 1956 in Tübingen, Studium der Medizin und Biologie in Göttingen. 1977–1994 Tätigkeit am Anatomischen Institut Göttingen. 1976–1982 Stipendiat der Studienstiftung des Deutschen Volkes. 1988 Habilitation. 1994 apl. Professor. 1994 C3-Professor für Zoologie an der Johannes Gutenberg-Universität Mainz. 1996 C4-Professor (Direktor) für systematische Zoologie am Museum für Naturkunde Berlin/Humboldt-Universität (MfN). 1997 Gründungsinitiator der Gesellschaft für Biologische Systematik (GfBS). Seit 1996 Deligierter des MfN beim Consortium of European Taxonomic Facilities. Seit 1998 Chief Editor der Mitteilungen aus dem Museum für Naturkunde, Zoologische Reihe. Seit 1998 Sprecher des Graduiertenkollegs »Evolutive Transformationen und Faunenschnitte«. Forschungsgebiet: Morphologie und Evolutionsbiologie der Wirbeltiere, funktionelle Biodiversitätsforschung.

→ **Abbildungen Umschlag**

Vorderseite außen:
nach dem Gemälde von Johann Melchior Roos,
**Die Menagerie des Landgrafen Carl von
Hessen-Kassel, 1722 – 28** (Staatliche Museen
Kassel – Dokumentation von Kluger & Böhme,
Kassel), siehe Kat.Nr. 2/1 | **Rasterelektronen-
mikroskop-Fotografie (SEM) der Pollen
von Gänseblümchen** (© Andrew Syred Science
Photo Library/Agentur Focus Hamburg) |
Medieninstallation **»Kali interactive«** von
F. Fischnaller/ F.A.B.R.I.ATORS s.a.s. Mailand |
Sequenzanalyse der Erbsubstanz DNA
(© J. Joerges, Berlin), siehe Seite 100, Abb.5
Vorderseite innen:
**Mikroskopaufnahme von Otto Müller, Diato-
meen (Kieselalgen), 1870** siehe Kat.Nr. 2/6_b;,
(© Botanisches Museum und Botanischer Gar-
ten Berlin-Dahlem) | Fotografie von **Christoph
Hellhake,** Naßpräparat im Museum für Natur-
kunde Berlin, 1998 (© Hellhake, München)
Rückseite innen:
Fotografie von **Christoph Hellhake, Präpa-
rierte Insekten** im Museum für Naturkunde
Berlin, 1998 (© Hellhake, München) | **Solva
Caesa Cum Ficu Grandaeva,** aus Carl Friedrich
Philipp von Martius, *Flora brasiliensis*, Mün-
chen und Leipzig 1840 – 1906 (Botanische Staats-
sammlung München)
Rückseite außen:
**Rasterelektronenmikroskop-Fotografie
(SEM) einer Staubmilbe** siehe Kat.Nr 2/4_h
(© Jeremy Burgess/Science Photo Library/
Agentur Focus Hamburg)

→ **Abbildungen Innenseiten**

Staatliche Museen Kassel: 8, 9, 10/1
(Fotodokumentation J. Böhme / C. Kluger,
Kassel).
Christoph Hellhake, München © 2000: 8/1,
98/1, 99, 100/2, 101/3, 102/1, 102/2, 103/5, 103/6,
118-119.
World Wide Fund for Nature: 8/2.
Patrick Lavelle, Bondy: 10/2, 17, 18/2.
Bridgeman Art Gallery, London: 12/1.
Botanische Staatssammlung München, Bib-
liothek: 12/2
Galerie Christine et Isy Brachot, Brüssel: 15.
Agentur Focus, Hamburg: 18/1 (© Hans W.
Silvester).
Science Photo Library / Agentur Focus
Hamburg: 23/4, 23/5 (© Cath Wadforth,
University of Hull), 24/1 (© Biophoto Associates).
Vereinigung der Freunde der Staatlichen
Kunsthalle Karlsruhe e.V.: 20.
The Museum of Modern Art, New York. Inter-
American Fund. Photograph MOMA © 2000: 21.
Andreas Gumbert, Berlin: 23/1, 36/1-5.

Lamont-Doherty Earth Observatory, Dee Breger:
22/2, 22/3, 25/6.
Klaus Riede, Zoologisches Forschungsinstitut
und Museum König, Bonn: 24-25.
Staatliche Museen zu Berlin – Ethnologisches
Museum (Foto: Dietmar Katz): 25/2, 25/4, 25/7,
26/1-3, 27/10.
Museum für Naturkunde der Humboldt-
Universität zu Berlin (Fotos: Tobias
Buddensiel): 25/3, 25/5, 26/4-8, 86/1, 87/4,
88/4, 90/2, 112, 113 (alle), 114/2, 115 (alle),
116/1, 116/2.
Verein Aktionskunst e.V. Leipzig © J. Whiting
2000 (Foto: Christian Baur, Basel): 26/9, 29/4
(Stefan Hoyer, Leipzig).
Sprengel Museum Hannover: 27/11.
Karl Blossfeldt Archiv – Ann und Jürgen Wilde,
Zülpich: 28/1-3.
The Imogen Cunningham Trust, Berkeley
© 2000: 29/5-7, 30/1-2.
Albert Renger-Patzsch Archiv – Ann und Jürgen
Wilde, Zülpich: 30/3, 30/5, 31/6, 31/7.
Kunsthalle Bielefeld: 30/4, 31/8-10.
Botanischer Garten und Botanisches Museum
Berlin-Dahlem, Freie Universität Berlin:
32, 102/3, 102/4, 104/1, 104/2 (Foto: Roman
März, Berlin).
Andreas Floren, Würzburg: 33/1, 33/2, 34/1-3,
35/4.
Deutsches Zollmuseum, Hamburg: 91/3.
Yordi Vazquez, www.geocities.com/granotes:
37/1-5.
Österreichische Nationalbibliothek, Bildarchiv:
38/1, 39/2, 39/3, 40-41, 42/2, 43/5.
Sommerer & Mignonneau © 99: 39/4, 42/3, 52
(alle), 53.
Thomas S. Ray © 1991: 42/1, 47 (beide).
Forschungsbibliothek Gotha: 43/4, 45/1-3, 110/2,
111/3 (Foto-Atelier: Louis Held / S. u. E. Renno).
Robert Brandt, Berlin ©: 46.
Przemyslaw Prusinkiewicz © 1996: 49.
Eduardo Kac, Chicago © 2000: 50/2, 50/3, 51/1.
Galerie Bugdahn und Kaimer, Düsseldorf:
54/1, 54/3, 56/1,57/2, 59/4, 62/1.
Dolphin Reef Eilat Ltd. (Foto: Elke Bojanowski):
54, 56/4, 69 (alle).
Angelos, Antwerpen (Foto: Sheila Burnett):
56/2, 60/2, 64/1, 64/2.; (Foto Attilio Matranzano:
60/1, 61, 63/2, 65/3.
Ashmolean Museum, Oxford: 58/1, 58/2.
Archäologisches Museum der Universität
Münster: 58/3.
Staatliche Museen zu Berlin, Antikensamm-
lung: 59/5.
Dietmar Todt, Berlin: 66-67 (alle).
Staatliche Museen zu Berlin, Museum für
Indische Kunst: 70/1, 75/1-5, 76/2, 77/4, 77/5.
F.A.B.R.I.CATORS, Mailand: 71/2, 72/1, 76/1,
78, 80-83 (alle).
Staatl. Museum für Völkerkunde München:
72/3, 73/3, 77/3 (Foto: S. Autrum-Mulzer).
The British Library ©: 84/1, 86/3, 89/6, 90/1.
Berliner Festspiele (Foto: Roman März, Berlin):
84/2, 89/7, 89/8, 107/3, 107/4, 108/1, 108/2,

109/3, 110/1, 111/3, 117 (Foto: Margret Nissen,
Berlin): 109/4; (Aufnahme J. Joerges): 100/5.
Städtische Galerie im Lenbachhaus, Mün-
chen: 85.
Manchester City Art Galleries: 86/2.
Muséum National d'Histoire Naturelle, Grande
Galerie de l'Evolution, Paris (Foto: Bessol-
M.N.H.N): 88/1.
Adp-Gauselmann GmbH, Espelkamp: 88/5.
Museum Wiesbaden (© Fotodesign Reinhard
Berg): 88/2.
Wildenstein & Co., Inc.: 91/1.
Museum Morsbroich, Leverkusen – © Gerhard
Richter: 92/1.
The Fine Art Society PLC, London: 92/2.
Institut für Zoo- und Wildtierforschung (IZW)
Berlin e.V.: 94/1, 95/2, 97/2.
TechnoTrans-Medizintechnik, Strausberg: 96/1.
National History Museum, Picture Library,
London: 98/3, 100/1, 100/4, 114/1.
Cornelia Hesse-Honegger, Zürich (Foto: Peter
Schälchli): 105/3, 106/1, 106/2.

Wir danken den folgenden Verlagen und
Autoren für ihre Genehmigung zum Abdruck
von Texten:

Diederichs Verlag, München
(Heinrich Zimmer)
© Droemersche Verlagsanstalt Th. Knaur
Nachf., München
(Desmond Morris)
Haffmans Verlag, Zürich
(Robert Gernhardt)
Insel Verlag, Frankfurt am Main
(Joseph Conrad, David Kinsley)
Suhrkamp Taschenbuch Verlag, Frankfurt
am Main
(Claude Levi-Strauss)

In einigen wenigen Fällen konnten die Rechte-
inhaber nicht ermittelt werden. Die Berliner
Festspiele GmbH ist selbstverständlich bereit,
rechtmäßige Ansprüche auf Anforderung ab-
zugelten.